旅行・出張に必携！

47都道府県のフーゾクの名店
遊べる穴場を完全ガイド

全国フーゾクの歩き方

裏モノJAPAN編集部【編】

はじめに

どこかにいいフーゾク店はないか？　出張先でガッツリ抜ける店はないものか？

そんなときネット検索してみても、広告や提灯記事、悲惨な体験談ばかりでほとんど参考にならないものだ。

ところで、弊社発行の月刊誌「裏モノＪＡＰＡＮ」には、ひとつの人気企画がある。全国のフーゾクの名店、過激店を紹介する特集コーナーだ。

リポーターは全国の裏モノ読者。彼らはイイ風俗に出会うと、すぐにメールや手紙で報告してくれるのだ。こんな具合に。

「今日、風俗に行ってきて、めっちゃキレイな嬢からあんなことやこんなことをしてもらいました。最高でした」

ありがたいことである。彼らの熱意ある投稿がなければ、

この人気企画は成立しないのだから。

本書は、そういった読者からの投稿を集めて再編集した、47都道府県すべて網羅の風俗ガイドブックだ。

ときには投稿者本人と直接、面談し、それが無理なら電話で。とにかく、各店のプレイ内容を徹底調査した。

彼らの大半は特定の店の常連客であり、本文中にたびたび出てくる「常連客」や「とある客」といった表現はむろん、彼らを指している。また遊ぶときは毎回、身銭を切っているが、その総額はザッと1千万円。

いわば本書は大金を注ぎ込んで行った覆面調査なのだ。

彼らが体験調査をしたのはおよそ300店以上。その中から太鼓判の押されたフーゾクの名店、過激店のみを厳選し、計200店舗をピックアップした。

風俗に行きたくなったらこの一冊。必ずや、あなたに最適な店と出逢えるはずだ。

裏モノJAPAN編集部

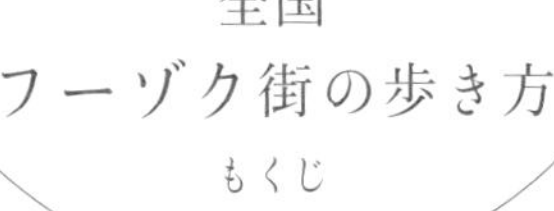

全国 フーゾク街の歩き方

もくじ

246

体験ルポ　漫画

大阪・新世界の映画館には「談話室」という名の乱交ルームがあります

※本書は月刊裏モノＪＡＰＡＮの特集「全国　過激すぎるＨなお店」「自粛は終わりだ　GO TO フーゾク！」「２万円以下で遊べるフーゾクの名店」「新快感フーゾク」で取り上げた３００以上の店舗から２００店を厳選し、加筆、再編集したものです。

フーゾク用語解説

風俗業界では一見、意味不明な専門用語を用いられることが多々ある。この際、これら用語の意味を理解して、より快適な風俗ライフを楽しんでいただきたい。

パネマジ

パネルマジックの略。例えば、太った嬢が、風俗店側の画像修正や加工によって、ホームページ上（以下、HP）では「モデル並みのスタイル」に見える場合に使う。平たく言うと写真詐欺。

また、プロフィール欄にある「スリーサイズ」や「カップ数」などもデタラメな場合が多く、これらもパネマジの一種と見なすことも。

パネマジはどんな店でも多かれ少なかれやっているが、重要なのは、店側がどれくらい客をダマそうとしているかだ。実際、身バレ防止の意味でパネマジをやっている店もある。いずれにせよ、客の立場では、パネマジのキツい店は利用したくない。

ちなみに、逆パネマジは写真以上にカワイイという意味で使われている。

ホテヘル

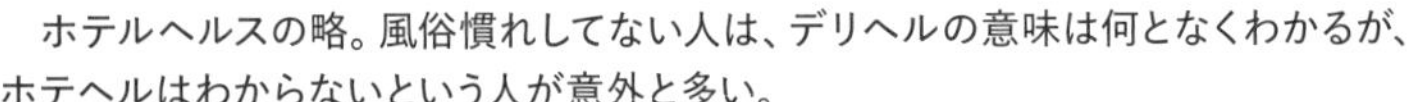

ホテルヘルスの略。風俗慣れしてない人は、デリヘルの意味は何となくわかるが、ホテヘルはわからないという人が意外と多い。

ホテルヘルスとはその名のとおり、ラブホテルの一室をプレイルームとして、嬢をそこへ派遣することを指す。

一見、似ているホテヘルとデリヘル。両者の大きな違いは受付の有無と営業時間だ。ホテヘルは受付の存在をおおやけにしているが、デリヘルはそうじゃない。デリヘルが無店舗型風俗店と呼ばれるゆえんだ。

また、デリヘルが24時間営業が可能なのに対して、ホテヘルの営業時間は風営法で、午前6時～深夜24時までの間と規定されている。「24時まではホテヘル」「24時以降はデリヘル」と、営業形態を変えている店があるのはそのためだ。

時短

時間短縮の略。風俗嬢がプレイ時間をわざと短くする行為のこと。

プレイ時間がまだ終わってないにもかかわらず、勝手に帰ってしまうようなあからさまな行為もあれば、ムダ話をしたり、客をさっさとイカせて、故意にサービス時間を短くするような行為も含まれる。いずれにせよ、時短嬢は客から嫌われ、口コミに悪く書かれるものと相場は決まっている。

メンズエステと風俗エステ

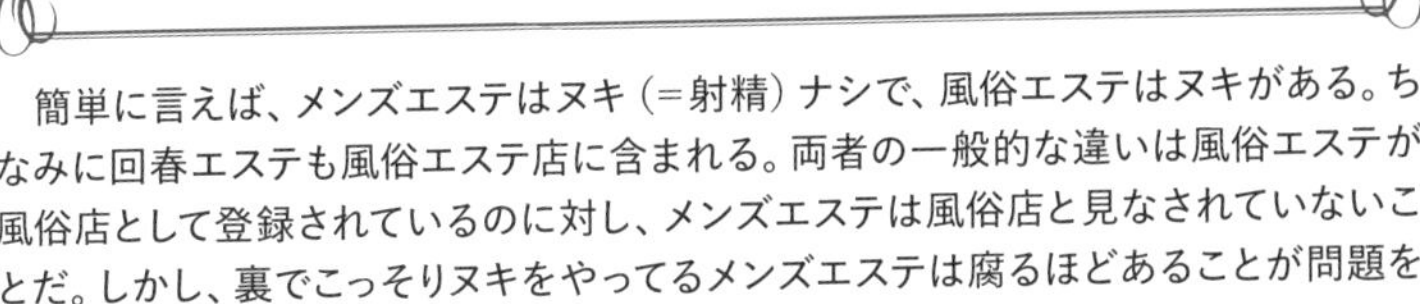

簡単に言えば、メンズエステはヌキ（=射精）ナシで、風俗エステはヌキがある。ちなみに回春エステも風俗エステ店に含まれる。両者の一般的な違いは風俗エステが風俗店として登録されているのに対し、メンズエステは風俗店と見なされていないことだ。しかし、裏でこっそりヌキをやってるメンズエステは腐るほどあることが問題を複雑化させている。“こっそりヌキのメンズエステ”はもちろん、摘発の対象である。

キワ

メンズエステで使われる用語で「鼠径部（そけいぶ）」を意味する。場合によってはキワキワとも呼ばれるが、意味は同じ。

鼠径部をエステティシャンに触られると、ゾクゾク快感を得られることから、キワ施術の有無によって、そのまま店の人気が左右される。そのために、多くの店では基本プレイに組み入れたり、オプションで選択できるようにしている。

フリー客

嬢の指名をせず遊ぶこと。多くのフーゾク店では指名料を取られるため、少しでも安く済ませたい人はフリーで入ることを好む。

本指名

以前、指名した嬢を再度、指名する行為。本指名をするには指名料など別途料金を支払う必要があり、また各種割引が適用されないケースがほとんどだ。にも関わらず、本指名するのはその嬢が客に気に入られたことを意味する（客の立場から言えば“オキニ”ができた状態）。本指名客は必然的に店に通う頻度が増え、店にチャリンチャリンとお金を落としていくことになるので、本指名の多い嬢は店から優遇されることに。

全国フーゾク街の歩き方
大歓楽街
歌舞伎町編

店名 **にゃんにゃんパラダイス**

業種 **ピンサロ**

場所 **東京 歌舞伎町**

JR新宿駅東口から徒歩５分。
焼肉店「勝手にサワーホルモンおいで屋歌舞伎町博ビル店」の真向かい。

住所 **新宿区歌舞伎町1-16-11**

基本料金

30分	12:00～16:00	7,000円
	16:00～20:00	8,000円
	20:00～LAST	9,000円
60分	12:00～16:00	16,000円
	16:00～20:00	18,000円
	20:00～LAST	20,000円

指名 2,000円

客引きもあきらめる！嬢のルックスのレベルが高すぎるピンサロ

この店、嬢のルックスのレベルが高すぎるピンサロと言われている。店の周辺は怪しい客引きの多い一帯なのだが、「ごめん、にゃんパラ行くんで」と言うとすぐにあきらめて離れていくのだ。あのしつこさにかけては定評のある連中が。彼らも、にゃんパラの名を出されたらさすがに無理だと思うのだろう。

とにかく、都内のピンサロ好きなら誰もが薦めてくる超優良店なので、死ぬまでに一度は行っておきたい店だ。

若い娘のローションプレイでEDおやじも勃起した

店名 **VIPクリスタル**

業種 **店舗型マットヘルス**

場所 **東京 歌舞伎町**

JR新宿駅東口から徒歩5分。

住所 **新宿区歌舞伎町1-16-9**

基本料金

9:00〜15:59
45分 13,000円
60分 18,000円
75分 22,000円
90分 26,000円
120分 36,000円

16:00〜24:00
45分 14,000円
60分 19,000円
75分 23,000円
90分 28,000円
120分 38,000円
延長20分 8,000円

入会金 無料
指名 2,000円
本指名 2,000円

昨今はマットを毛嫌いする女の子が多いため、マットヘルスと聞けばおばちゃん嬢をイメージしがちだ。実際、何度おばちゃんとヌルヌルになったかわからないという人もいるだろう。

しかし、そんなマットヘルスのイメージを打ち破る店が、都内の歌舞伎町に存在する。ここに在籍する嬢は、全員がピチピチの10〜20代前半の子ばかり。若い子特有の、ハリのあるオッパイを押し当てられながら、ヌルヌルのローションプレイを味わえる。マットに寝っ転がっているだけで、日々すり減った心も癒されていくのだ。

ちなみに、ED（勃起不全）気味の客が久しぶりにこの店を訪ねたところ、なんとフル勃起したという。

ローションプレイに若い体が組み合わさると、ここまでの威力があるのだ。

なでしこジャパンは嫌だけど 広末の若いころならいたぶりたい

店名 **ボーイッシュ**

業種 **デリヘル**（東京・神奈川・埼玉・千葉への派遣可）

場所 **東京 歌舞伎町**

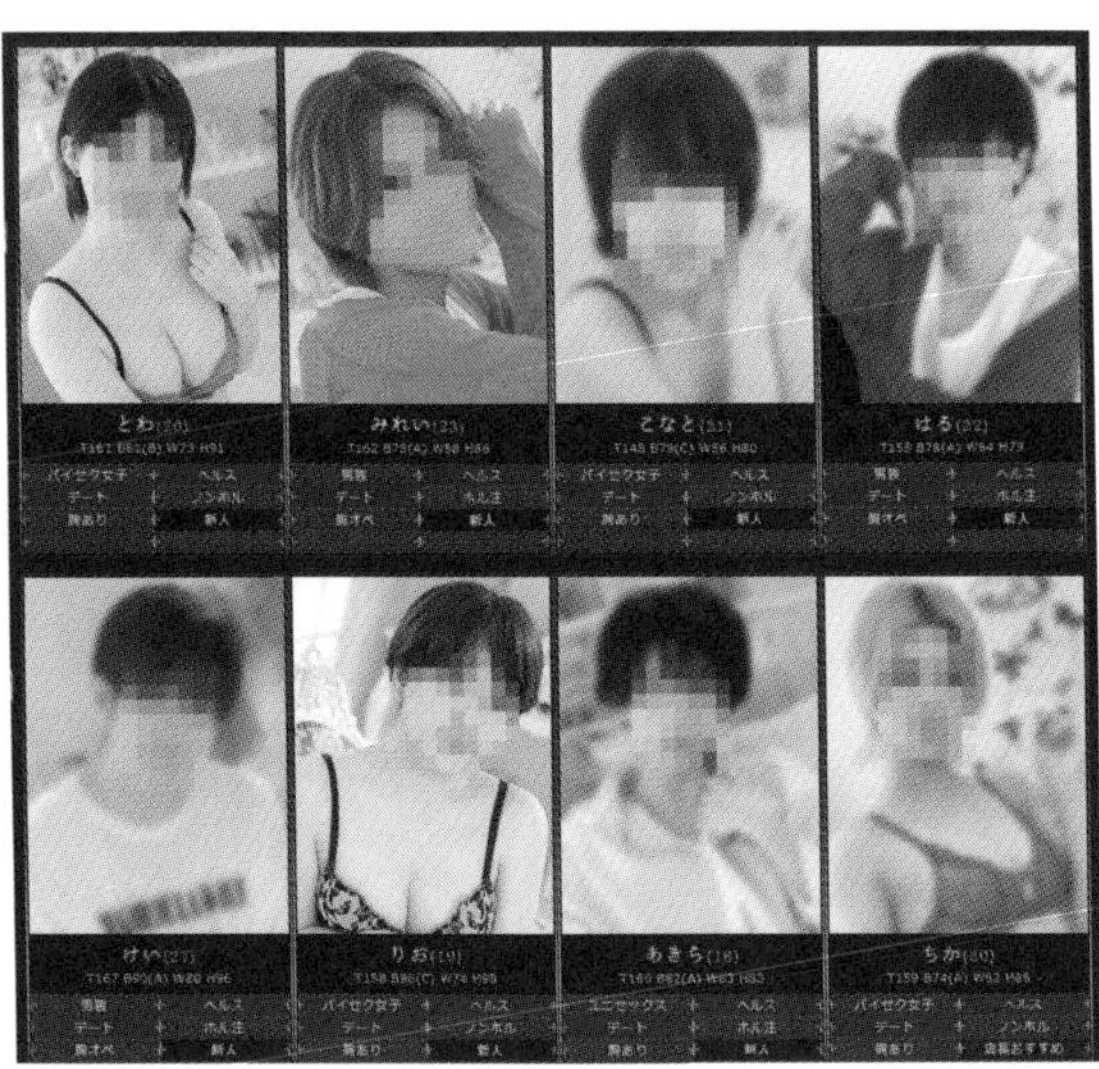

なでしこジャパンみたいなのはちょっとあれだが、まあまあ美形でボーイッシュな女に、グッとくる男はいつの世も必ず一定数はいる。デビューしたころの広末が好きだった人なら、たぶんわかるだろう。

少年みたいなのに、脱いだらマン●ついてるじゃん。あれれ、濡れてるじゃん。え、指入れたら気持ちいいの？　ジャニーズジュニアみたいな顔してんのに不思議だねぇ――。

こんな脳内ことば責めを楽しみたい方にオススメのデリだ。ただし、好みの〝少年〟に出会えるかどうかは賭けだ。ボーイッシュにも色々とあるので。

基本料金

60分　18,000円
90分　23,000円
120分　28,000円
8時間（23時以降）　50,000円
10時間（23時以降）　60,000円
12時間（22時以降）　70,000円
24時間　90,000円

白ギャル黒ギャルたちに精液を絞りとられる

店名 **ギンギラ東京**
業種 **デリヘル**
場所 **東京 歌舞伎町**

基本料金

スタンダードコース
60分 18,000円
75分 22,000円
90分 26,000円
120分 36,000円
150分 46,000円
180分 56,000円
延長30分 12,000円

ギンギラコース
（エロエロボディコンなどが無料に）
60分 22,000円
75分 26,000円
90分 30,000円
120分 40,000円
150分 50,000円
180分 60,000円
延長30分 12,000円

入会金 2,000円 **指名** 2,000円
本指名 3,000円

誰を呼んでもピッチピチのギャルが来るデリヘルが、歌舞伎町にある。HPからしてギャルばかり、本当にギャルしかいない。黒いギャルや白いギャルが、とんでもなくエロい格好で精液を搾り取ってくる。

ギャル好きなら、指名の女性を選ぼうとするだけで、マイクロビキニにボディコン衣装、キワキワショートパンツと頭がオカシくなる人もいるのでは？

最近、ある客が気に入っているのは、前職がAV女優の、金髪ショートが目に眩しいエッロい体つきをした子だ。すべすべの肌につるつるのマン●、そんな女性が目の前に現れたら全部忘れて楽しむしかない！

ドスケベギャルとシックスナイン、パイズリ、唾液を交換するようなねっとりとしたディープキス。休憩中も忘れずにキンタ●をマッサージしてくるサービスも抜かりなしだ。

店名 **ココドール東京**

業種 **デリヘル**

場所 **東京 歌舞伎町**

彼女ができたら絶対にエロパジャマを着せたいと思いました

以下は、先日、この店を初めて利用した男性からの投稿である。

セクシールームウェアって何なんだ。パジャマと何が違うんだ？ たまたまネットで見つけた〝セクシールームウェアを着たいちゃいちゃプレイ〟デリヘルとやらを利用してみたところ、フル勃起必至のエロパジャマを着た嬢が現れた。ひらひらしたスケスケ勝負下着のような恰好で、こりゃ俺の知る限り、最新型のエロエロルームウェアだ。

この格好で抜いてもらえるのかと感動していたところ、彼女がいきなり襲い掛かってきた。

「もぅ〜かまってよぉ〜」

いきなりのイチャイチャプレイにしどろもどろだ。かわいい彼女がいるってこんな気持ちなんだろうな。

基本料金

60分	20,000円
75分	24,000円
90分	28,000円
120分	38,000円
150分	48,000円
180分	58,000円
延長30分	12,000円
入会金	2,000円
指名	2,000円
本指名	3,000円

熟女客さえ草刈民代クラス! 名実ともに東京ナンバー1ハプバー

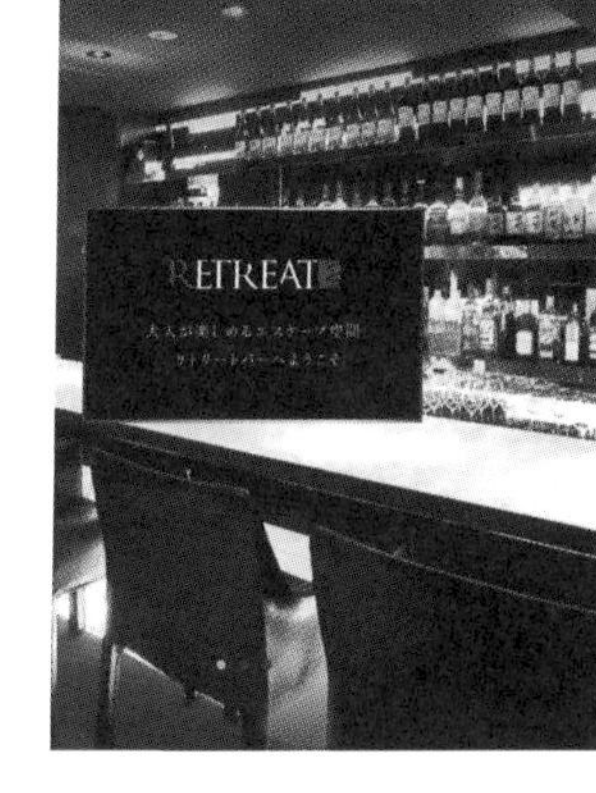

店名 **リトリートバー**

業種 **ハプニングバー**

場所 **東京 歌舞伎町**

JR新宿駅東口から徒歩8分。3番通り沿い、ラブホテル「WAKO」そば。

住所 **新宿区歌舞伎町2-35-5 LIZONビル地下2階**

都内にハプバーは腐るほどある中、ここは知名度もナンバー1なら、女性客のレベルもナンバー1という、2冠の店だ。常連客が言う。

「不思議なことに、いつ行ってもキレイな女性がわんさかいるんです。熟女客でさえ草刈民代クラスがうじゃうじゃいるのだから、レベルの高さは簡単に想像できるでしょ?」

もっとも、それだけに女性を巡る争奪戦はし烈を極める。

が、最低限の社交性、すなわち明るく挨拶ができて、気持ち悪い印象を与えないなどがちゃんとできていれば、それほど難しいことではない。

加えて、その日その場を仕切っている男の常連客（この手の男は必ず店にいる）に上手く取り入れば、なにかとアシストしてくれるので、ここぞとばかりにおべっかを使うべし。

基本料金

男性
入会金（初回のみ） 1,000円
入場料昼の部 8,000円
入場料夜の部（平日） 13,000円
入場料夜の部（金・土・日・祭日前・祭日） 15,000円

女性
入会金（初回のみ） 1,000円
入場料昼の部 0円
入場料夜の部（平日） 0円
入場料夜の部（金・土・日・祭日前・祭日） 0円

カップル
男性 1,000円
女性 1,000円
入場料昼の部 5,000円
入場料夜の部（平日） 8,000円
入場料夜の部（金・土・日・祭日前・祭日） 9,800円

ガイドブックに掲載され、外国人観光客を集めるハプバー

店名　**ブリスアウト**

業種　**ハプニングバー**

場所　**東京　歌舞伎町**

JR新宿駅東口から徒歩5分。

住所　**新宿区歌舞伎町1-17-13 J1ビル7階**

基本料金

入会金
単独男性　5,000円
単独女性　1,000円

cafe time入場料
単独男性　10,000円
単独女性　0円

Through time（15:00～21:00）入場料
単独男性　11,000円
単独女性　0円

延長料
単独男性　2,000円/h
単独女性　0円

Bar time（月曜～木曜）入場料
単独男性　12,000円
単独女性　0円

Bar time（金曜・土曜）入場料
単独男性　14,000円
単独女性　0円

有料アルコール飲み放題
単独男性　3,000円
単独女性　2,000円

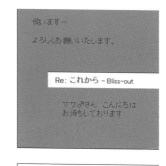

伺います～
よろしくお願いいたします。
Re: これから - Bliss-out
お待ちしております

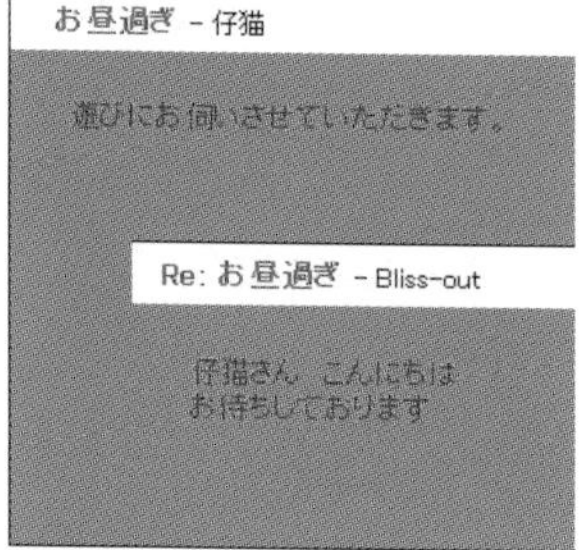

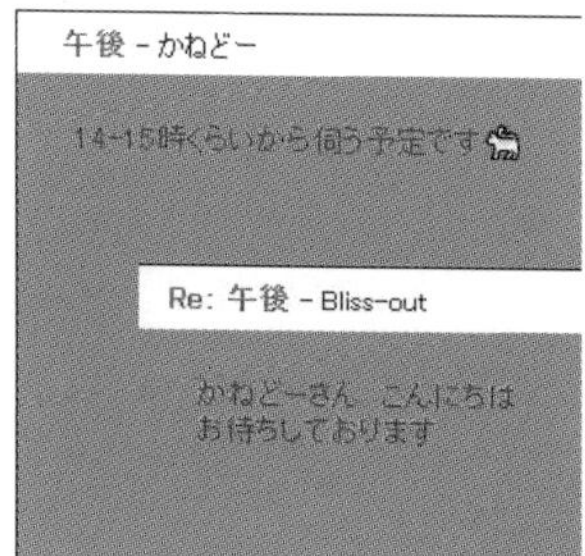

　このハプバー、外国人向けの観光ガイドに載ったそうで、そのおかげで海外からの観光客（欧米系メイン）の比率がやけに高い。全体の25％とか。ハプバーなんて文化は彼ら、彼女らにも珍しいのだろう。

　AVでしか見たことのない白人や黒人のカラミが目の前で繰り広げられていると、正直やや気圧される部分もあるが、彼らのファックはやはり迫力がある。

　観光客だけに日本語がほとんどわからず、プレイに混ざるには身振り手振りでのコミュニケーションが求められる。それでもある夜、この常連客はオーストラリア人女性4人組がキャッキャッと騒ぎながら、全員からフェラを受けたという。

　彼女らの目に日本はどんな国に映ったのだろう。

店名 **世界のあんぷり亭新宿店**

業種 **派遣型手コキ**

場所 **東京　歌舞伎町**

新人がどんどん入ってくるからデビュー嬢にも遭遇します

一見、ただの手コキ専門店だが、ここの良さは嬢の究極のシロート感にある。

店のHPからもおわかりのとおり、毎日のように新人嬢が入店。とにかく、女の子を大量に採用しまくっているわけだ。そのため、フーゾクデビューの娘とも当たる確率が高い。ウブな手コキを味わえてしまうのだ。

値段もレンタルルーム込みで3200円とリーズナブルなので、新人嬢が入店したことを耳にしたら、即座に店へ突撃する客が多いこと、多いこと。

基本料金

20分　2,500円
30分　3,500円
45分　5,000円
60分　8,000円
75分　11,000円
90分　14,000円
120分　18,000円
延長10分　1,500円

デートコース

45分　8,000円
60分　10,000円
90分　15,000円
120分　24,000円
150分　29,000円
それ以上　応相談

指名　500円
特別指名　1,000円〜

巨乳ってデブばっかりだなと、お嘆きの方へ

巨乳専門店と聞いて、ネガティブに受け取る人は結構いると思う。どうせ、デブばっかりなんだろと。実際、そういう店は多い。

しかし、ここだけは違う。乳ドーン！　腰キュ！　といった嬢ばかりなのだ。いわば峰不二子がたくさん在籍してるようなステキな店というか。また、良心的だなと感じるのが、パネマジ写真を使ってない点。いざ嬢と対面しても「え、誰これ？」となった経験は一度もないとの声が多数だ。

さらにこの店は店舗型。ラブホを使う必要がないため、気軽に遊べる点では高ポイントだ。が、常連客の中には個室が狭すぎるという声も少なくないので、そこさえ改善されれば文句ナシの名店だ。

店名 **ココメロ巨乳専門店**

業種 **店舗型ヘルス**

場所 **東京 歌舞伎町**

JR新宿駅東口から徒歩4分。セントラルロード沿い、ラーメン店「天下一品歌舞伎町店」の右隣のビル。

住所 **新宿区歌舞伎町1-14-3 第103東京ビル地下1階**

基本料金

平日 6:00〜10:00
30分　8,000円／45分　12,000円
60分　16,000円／75分　21,000円
90分　26,000円

平日 10:00〜17:00
30分　9,000円／45分　13,000円
60分　17,000円／75分　22,000円
90分　27,000円

平日 17:00〜24:00
30分　10,000円／45分　14,000円
60分　18,000円／75分　23,000円
90分　28,000円

入会金・部屋代　無料
写真指名　2,000円
電話予約　2,000円
本指名　2,000円
特別指名料+2,000円〜5,000円
延長15分　5,000円

土日祝日　オープン〜24:00
30分　10,000円／45分　14,000円
60分　18,000円／75分　23,000円
90分　28,000円

入会金・部屋代　無料
写真指名　2,000円
電話予約　2,000円
本指名　2,000円
特別指名料+2,000円〜5,000円

ハイレベルなシロート娘がわんさか集まるカップル喫茶

店名 **オリーブ21**

業種 **カップル喫茶**

場所 **東京 歌舞伎町**

JR新宿駅南口から徒歩10分。野郎寿司本店そば。雑居ビル「ゲスト3」6階。

住所 **新宿区歌舞伎町2-10-2 6階**

都内のカップル喫茶といえば、遊び人の誰もが名前を挙げるのがこの店だ。

なぜか、この店には明日花キララのようなとびきりのシロート美女が集まってくると称されており、それほど女性客のレベルが飛び抜けている（男性客も同様にイケメンが多い）。こう聞くと、容姿に自信のない方や彼女のいない人は自分には関係ないと思うかもしれないが、どうか早まらないでほしい。

実はこの店には必ずしも、本物のカップルがやって来るわけではない。事前に出会い系サイトなどでワリキリ女性を調達している男性も意外といるのだ。実際、条件次第ではカップル喫茶への同行もやぶさかでないという女性もたくさんいる。

むろん、タダでは厳しいが、どれくらい店に滞在するか、時間を2人で話し合い、小遣い（相場2万円）を渡してやれば、必ず見つかるはずだ。

2万の出費は痛いが、それをエサに他のカップル美女とセックスできると思えば、決して悪い話ではない。

基本料金

カップルのみ対象

入会費 5,000円

入店料 7,000円

ソフトドリンク 無料

アルコール 500円〜

※入会の際、身分証の提示が必要（男性のみ）

極上美女の超絶手コキに歓喜の絶叫を

店名　**東京アロマスタイル**

業種　**派遣型風俗エステ**

場所　**東京　歌舞伎町**

基本料金

50分　9,000円

70分　11,000円
（会員 13,000円）

90分　15,000円
（会員 17,000円）

120分　21,000円
（会員 23,000円）

150分　27,000円
（会員 29,000円）

180分（会員 36,000円）

240分（会員 50,000円）

延長15分　4,000円
（会員 4,000円）

入会金　無料

指名　2,000円

本指名　2,000円

特別指名料

ダイヤモンド　3,000円

プラチナ　2,000円

ゴールド　1,000円

※特別指名料は通常指名や本指名に1,000円〜3,000円を加算

　都内でも人気の風俗エステ店だ。常連客によれば、人気の理由として上のレベルの高さとマッサージの上手さがあるという。

　プレイは通常マッサージからスタート。アロマオイルを垂らしながら、指圧や揉みほぐし主体のマッサージだ。後半はお待ちかねの性感マッサージだが、こちらも高評価を博している。基本は手コキだが、直接的なタッチとフェザータッチを絶妙に織り交ぜてくるため、射精時、思わず絶叫する者があとを絶たないんだとか。

憧れのデリヘル3Pに挑むなら複数プレイに特化した店が安心

店名 **Email東京**

業種 **デリヘル**

場所 **東京 歌舞伎町**

新人割引
指名料込み
65分 16,000円
80分 20,000円
100分 24,000円
130分 30,000円
Fカップモデル体型美少女
ヒメナ(18)
T169 B89 (F) W57 H91
3P/4P
スワッピング / カップル3P / 逆3P
あなたの夢、かなえます
Email東京
PHOTO DIARY
写メ日記
VISA

この店の良いところはたくさんある。

♥嬢のパネマジがほとんどなく、それでいて可愛い子が多い

♥スタッフの対応が親切

等など、挙げればキリがないが、何より声を大にして言いたいのは、複数プレイが豊富に用意されているところだ。

まずは定番の3Pコース、3Pコースの途中でもう1人別の嬢が乱入してくる4Pコース、他にも逆3Pやカップル3P、挙げ句には嬢2人を客2人で責めまくるスワッピングコースなんてのものも。憧れのデリヘル3Pの夢を叶えるなら、やはり複数プレイに特化した店でやるのが何かと安心だ。

基本料金

通常ヘルスコース

45分 14,000円/**60分** 18,000円

75分 22,000円/**90分** 26,000円

120分 32,000円

※45分コースは大久保周辺のホテル限定

3Pコース（客1人、嬢2人）

70分 36,000円/**90分** 46,000円

120分 60,000円

※4P、5Pも可能。嬢が増えるたびに、18,000円/70分、22,000円/90分、28,000円/120分が加算されていく

乱入4Pコース

40分 3Pコース料金＋12,000円

※乱入する嬢の指名は不可

※乱入4Pコースは、大久保周辺のホテル限定

逆3Pコース（客2人、嬢1人）

60分 35,000円/**75分** 45,000円

90分 55,000円/**120分** 70,000円

カップル3Pコース（カップル2人と嬢1人）

70分 25,000円/**90分** 33,000円/**120分** 45,000円

※レズプレイ不可

スワッピング（客2人、嬢2人など）

60分 22,000円×2/**75分** 26,000円×2

90分 30,000円×2/**120分** 38,000円×2

※指名料、入会金別途

※表示料金は2対2の場合。3対3の場合は×3に。

※嬢を一人だけ増やしたい時も上記の料金1人分増える。

入会金 3,000円

指名 2,000円

本指名 2,000円

フリーで入ってもハイレベル嬢を可能な限りつけてくれる

店名　**デザインプリズム新宿**

業種　**デリヘル**

場所　**東京　歌舞伎町**

きら (21)
158cm 86(E)/58/83

あき (19)
158cm 80(B)/56/78

りほ (19)
156cm 84(D)/56/83

ゆら (19)
153cm 94(F)/56/83

デリヘルは自宅やホテルに来てくれるから便利だが、自宅が使えない場合は、ホテル代を出費しなければならず、交通費だってかかる。結局、高くつくイメージが。

であれば、この店のパック料金はかなりお得かも。なんせ交通費（都内23区ならオールOK）や指名料がすべてコミコミになって75分2万円。これは相当安い。そもそもここは18才〜22才までの嬢をそろえた店で、なんと18才嬢の在籍率は都内でもトップクラスと評判だ。おまけにパネマジがほとんどないと言われてるだけあって、在籍嬢は美少女ばかりだ。

だが、ここの常連客の多くは特定の嬢を指名したりはせず、代わりに、S18（スーパーイチハチ）スペシャルコースを利用しているそうな。スーパーイチハチコースとは嬢を指名せず、フリーで入ることの意味だが、ハイレベルな嬢を店側が選んでくれるのだ。このコース、80分1万8千円（イチハチの由来）である。安っ！

基本料金

S18（スーパーイチハチ）
スペシャル（フリーコース）
80分　18,000円

指名料・交通費・ローター込み
60分 D17,000円 N19,000円
75分 D20,000円 N22,000円
90分 N24,000円 N26,000円
120分 N32,000円 N34,000円
150分 N40,000円 N42,000円
180分 N49,000円 N51,000円
D＝デイパック（18時〜6時）
N＝ナイトパック（6時〜18時）

本指名（再指名）プラン
指名料、ローター込み
75分　25,000円
90分　28,000円
120分　36,000円
150分　44,000円
180分　53,000円
延長20分　6,000円
チェンジ・キャンセル　2,000円

高級デリヘルなみの美女と普通店レベルの料金で遊べる

店名 **ステラネクスト**

業種 **デリヘル**

場所 **東京 歌舞伎町**

リヘル『STELLA NEXT−ステラネクスト−』 ＞ トップページ

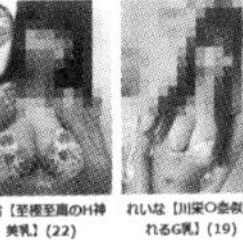
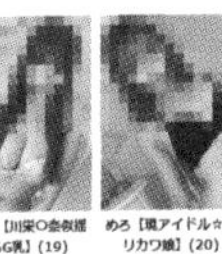

ここは風俗情報サイトで常に上位にランキングされている歌舞伎町の人気デリヘルだ。ハイレベルな嬢がそろってるのは言うまでもないが、料金が普通のデリヘル程度（正確には若干割高）なのだ。おそらく、このあたりが人気の理由だろう。

事実、常連客に話を振ってみても、称賛の声ばかりだ。

A「このレベルの女の子と遊んで60分2万1千円（指名込み）は安すぎる。だって高級デリヘルにいてもおかしくないほどキレイなんだもん」

B「ここの女の子はマジで逆パネマジばっかだよ」

C「いつ行っても写真より可愛い子が来るんだよな〜。性格もいい子ばっかりだしさ」

D「スタッフの接客態度もいいんだよ。ちゃんと教育が行き届いてるんだろうね」

以上だ。

基本料金

60分	19,000円
80分	25,000円
90分	28,000円
100分	32,000円
120分	39,000円
150分	48,000円
延長30分	12,000円

指名 2,000円

本指名 無料

イチャイチャの名手に骨抜きにされる快感

店名 **東京リップ新宿店**

業種 **デリヘル**

場所 **東京 歌舞伎町**

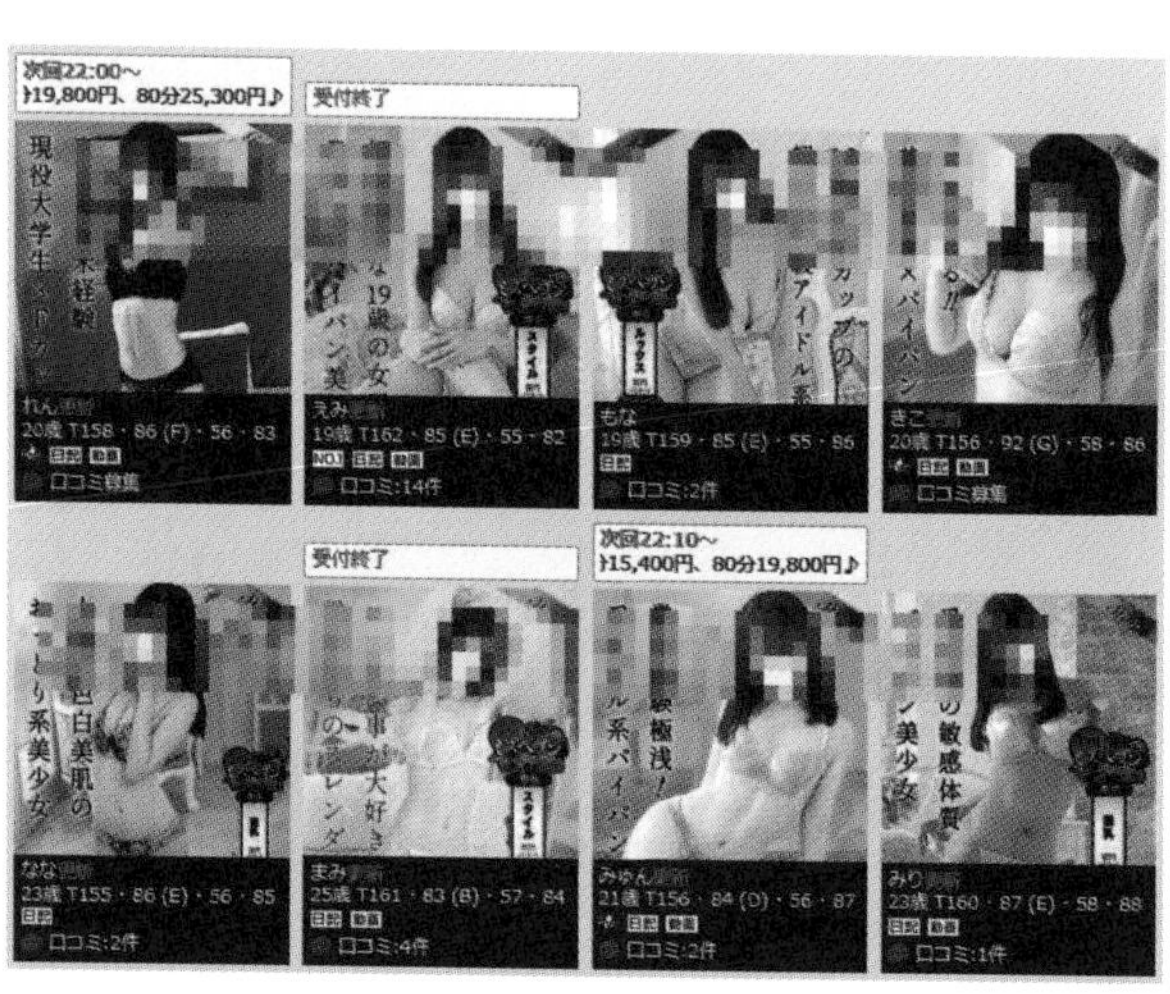

基本料金

45分 ス15,400円
60分 ス18,700円 ゴ23,100円 プ27,500円
70分 ス22,000円
80分 ス25,300円 ゴ29,700円 プ36,300円
90分 ス28,600円
100分 ス31,900円 ゴ37,400円 プ44,000円
120分 ス37,400円 ゴ44,000円 プ51,700円
150分 ス45,100円 ゴ55,000円 プ62,700円
180分 ス52,800円 ゴ66,000円 プ73,700円
延長20分 ス6,600円〜 ゴ8,800円〜 プ9,900円〜

入会金 2,200円 **指名** 2,200円

ス＝スターキャスト
ゴ＝ゴールドキャスト
プ＝プラチナキャスト

「可愛い子だけを厳選採用」、そう高らかに謳っている店がここだ。それだけに美人がわんさか在籍している。メイン層は10代〜20代前半で、中には現役女子大生も少なくない。

だが実は、この店を推す常連客の中でもっとも多いのは、イチャイチャプレイの名手が多いという声である。

「ヒマさえあればすぐキスとかハグとかしてくるから、あやうくマジ惚れしちゃいそうになっちゃうんだよね。あれはズルいわ〜」

「タメ口に切り替えるタイミングが絶妙なんだよな。『今日はお仕事お休みだったんですか?』のあとに『はい、ぎゅってして』だもん。もう骨抜きにされちゃうよ」

イチャイチャプレイの好きな人は、ぜひ。

ブサイク男が絶世の美女と恋人プレイを堪能できるのはここだけ

店名　**しろうと娘 in 新宿**

業種　**デリヘル**

場所　**東京　歌舞伎町**

基本料金

育成コース
（新人嬢限定。嬢は下着＋タッチ＋手コキ）

40分　12,000円
60分　15,000円
90分　18,000円

通常コース

60分　18,000円
70分　22,000円
80分　25,000円
100分　31,000円
120分　36,000円
180分　54,000円

最高級プラチナコース

60分　25,000円
80分　30,000円
100分　35,000円
120分　50,000円
180分　75,000円

入会金　2,000円
指名　2,000円
本指名　2,000円

この店の特徴をひと言で説明すると、現役●●が多い、となる。つまり、昼間は別の仕事をしているかけ持ちフーゾク嬢ばかりなのである。

現役エステティシャンもいれば受付嬢、カフェ店員、モデル、もちろん女子大生だっている。

この職業ラインナップは美女を彷彿とさせるが、実際も美人でカワイイ子ばかりだ。この店で、もっともアツいのは最高級プラチナコースらしい。SSS（スリーエス）の称号を持つ絶世の美女と対戦できるコースだ。

当コースで遊んだことのある客は自信ありげに言う。

「他のコースより割高だけど、そもそもこんな美女と恋人プレイしたことってある？　俺みたいなブサイク男には一切ないんだよ！　でもそんなチャンスをカネでものにできるなら安いもんだよね？」

ひとつ、難点を挙げるとすれば、出勤嬢の少なさか。連日、平均3名ほどしかスタンバイしてないのだ。改善を求む。

セーラー服につられたロリコンはついでにスク水の土手をそっとナデる

長年、歌舞伎町のフーゾク界を牽引してきた老舗ヘルス店だ。ここのウリはセーラー服女子とエッチを楽しめること。しかも45分以上のコースを選択すると、体操着かスク水で「着たままプレイ」が楽しめる。実はこの着たままプレイが好評なのだ。

ある常連客はスク水の着たままプレイが大好きで、「スクール水着ってなんだか背徳感があるじゃん。スク水の土手の部分をそーっとナデナデしてやると、ものすごく興奮するんだよね」と、毎回存分に楽しんでいるという。

また、ある常連客はここの安さが気に入って、ヘビーユーズしてるらしい。確かに30分7千円はピンサロなみだ。早朝6時から営業してるので、舞伎町で夜通し飲んだときの締めとして訪れるのも悪くない。

店名　**新宿平成女学園**

業種　**店舗型ヘルス**

場所　**東京　歌舞伎町**

JR新宿駅東口より徒歩5分。1階にカレー店「CoCo壱番屋」が入ってるビルの5階。

住所　**新宿区歌舞伎町1丁目18-10 歌舞伎町 吉川ビル5階**

基本料金

30分 A7,000円 B8,000円
45分 A11,500円 B12,500円
60分 A15,500円 B16,500円
30分 C9,000円 D10,000円
45分 C13,500円 D14,500円
60分 C17,500円 D18,500円
延長15分　6,000円

A＝6時～9時　B＝9時～12時
C＝12時～17時　D＝17時～ラスト

入会金・写真見学　無料

写真指名　2,000円　**本指名**　2,000円

美形のケバ系ギャルが大好きなら！

店名 **風神会館 新宿店**

業種 **デリヘル**

場所 **東京 歌舞伎町**

60分2万円の、どちらかといえば高級デリヘルにカテゴライズされる店だ。

ケバ系女子の都内トップクラスと言われているだけあって、キャバ嬢やアパレル嬢など見た目が派手で、ケバケバしい、ハイレベルなギャルが多数在籍している。

となるとパネマジを疑いたくなるところだが、常連客によると、嬢によっては多少、修正している場合もあれど、おおむね写真通りの嬢がやって来るらしい。彼の知る限り、写真とまったくの別人が来た、なんてことは皆無だそうな。

基本料金

60分	20,000円
75分	24,000円
90分	28,000円
105分	32,000円
120分	36,000円
150分	46,000円
180分	56,000円
延長30分	13,000円
本指名	3,000円

3Pコース
（コース料金×2）

入会金 無料

指名 無料

自分の目で嬢を確認できるから絶対パネマジにダマされることはない

店名 **アメリカンクリスタル**

業種 **店舗型ヘルス**

場所 **東京 歌舞伎町**

JR新宿駅東口から徒歩6分。ファミリーマート「歌舞伎町一番通り店」そば。

住所 **新宿区歌舞伎町1-22-2 上杉ビル1階**

基本料金

30分 A8,000円 B9,000円
45分 A12,000円 B13,000円
60分 A16,000円 B17,000円
30分 C10,000円
45分 C14,000円
60分 C18,000円
15分延長 7,000円

A=9時〜11時59分
B=12時〜16時59分
C=17時〜24時

入会金 無料 **写真見学** 無料 **ネット指名** 2,000円
店頭写真指名(完全顔見せ) 2,000円 **本指名** 2,000円

創業35年以上を誇る老舗のファッションヘルスだ。18、19才から28才と、比較的若めの女性が中心で、HPで写真を確認すると、かなりハイレベルな印象を受ける。

だが中にはパネマジを疑いたくなる店もチラホラあるものの、この店に関しては、パネマジでダマされることはまずあり得ない。

なぜなら、マジックミラーで指名ができるからである。追加で2千円を払えば、マジックミラー越しに、自分の目で嬢を選べるのだ。

ただし、世の中がコロナ一色になってからはマジックミラー指名は中止しているらしく、店に確認したところ、いずれは復活するそうな。だから復活してから遊びに行くのも手だ。絶対に嬢選びで失敗したくないのなら。

ちなみに、創業35年と古い店だけあって、ここのフェラはすべてゴムフェラ（コンドームを着けた状態でのフェラ）だ。時代錯誤感は否めないが、どうしても生フェラがいいという人は、オプション代1千円を払うしかない。

店名 **ときめき純情ロリ学園 東京乙女組 新宿校**

業種 **デリヘル**

場所 **東京 歌舞伎町**

身長140センチ台の成人女性に興奮するのはロリコンなのだろうか?

基本料金

早乙女パック（歌舞伎町・大久保・新大久保限定 12時～16時）
60分 17,000円／**80分** 21,000円／**100分** 25,000円
130分 34,000円／**160分** 43,000円／**190分** 52,000円
以後30分 10,000円

夜乙女パック（オールタイム）
60分 19,000円／**80分** 23,000円／**100分** 27,000円
130分 36,000円／**160分** 45,000円／**190分** 54,000円
以後30分 10,000円

入会金 無料／**写真指名** 1,000円
本指名 3,000円／**延長30分** 11,000円

店名どおり、合法ロリっ子と遊べる店だ。面白いのは、この店で遊んで以降、急にロリコンに目覚める客が多いことだ。まさか自分にそんな気質があったなんてと。ある客の場合、キッカケは低身長嬢を指名したことらしい。

「一度、140センチ台前半の嬢と遊んでから世界がガラリと変わったんです。僕自身も身長はそんなに高くないんですが、それでも指名嬢の頭は僕の胸あたりです。これだけで犯罪者の気分になってくるというか」

彼が興奮気味に続ける。

「服を脱がすと女児のような体型で、公園で遊んでる子供のように感じちゃうんですよね。そんな子が僕のチン●一生懸命、舐めるんですよ。ヤバくないですか?」

小さい体で必死に奉仕をする姿を見て、バキバキに勃起したチン●を口に突っ込む。その中毒性はなかなか拭い去れない。

大歓楽街 渋谷編

全国フーゾク街の歩き方

このフーゾク業界未経験専門店にはハイレベルな嬢がそろってるのでド興奮は確実

店名 **渋谷じゃっくす**

業種 **デリヘル**

場所 **東京 渋谷**

こちら、在籍嬢が業界未経験を売りにする店だ。もちろん、それを証明するものは何一つないが、店側の売り文句を素直に受け入れようというのが本書のスタンスである。

その観点から彼女たちと話すと、あながち大ウソとも思えない。ある常連客はこう証言する。

「指名した嬢にこの業界に入った経緯を聞いたんだけど、淀みなく、コト細かに事情を語ってたから本当の話だと思うよ。彼女、その日が出勤3日目だったんだけど、まだガチガチに緊張してたしね。初々しくて楽しかったよ」

なるほど、信じましょう。

最後に、この店で見逃せないのはハイレベル嬢だらけという点だ。ズングリ体型やポチャ体型がほぼ皆無。均整のとれたモデル体型が多数いるのも魅力のひとつだ。

基本料金

60分 A16,000円 B17,000円
75分 A20,000円 B21,000円
90分 A24,000円 B25,000円
120分 A34,000円 B35,000円
180分 A50,000円 B51,000円

A＝オープン〜17時
B＝17時〜ラスト

顔出し動画を撮影してもオプション代が発生しないなんて！

店名　**とある風俗店やりすぎコレクション**
業種　**デリヘル**
場所　**東京 渋谷**

コスパ最高のフーゾク店のひとつとして、覚えておいてほしい。なにせ、嬢を指名さえすれば、70種類近いオプションがすべて無料で使えるようになるのだ（女の子によってどれがOKか違う）。

しかもオプションのラインナップはハードなものばかりで、顔射、口内発射された精子を飲み込む「ごっくん」、お湯浣腸や牛乳浣腸、尿顔射と枚挙にいとまがない。さらにはこのご時世に顔出しの動画撮影まであり、正気の沙汰とは思えない。

とにかく、普通のフーゾク店なら、ひとつのオプションに5千円や1万円を請求されておかしくないものが無料なのだ。

そもそもこの店、45分8千円と、料金設定から安いので、財布に優しいことこの上ない。ありがたや、ありがたや。

基本料金

45分　8000円
60分　10000円
75分　12000円
90分　14000円
※45分は渋谷のホテル限定

入会金　無料
パネル指名　2000円
本指名　3000円
延長30分　10000円

とびきりの美女と恋人のようにイチャイチャしながらの手コキ射精は最高すぎる

店名 **東京メンズボディクリニック TMBC 渋谷店**

業種 **デリヘル**

場所 **東京 渋谷**

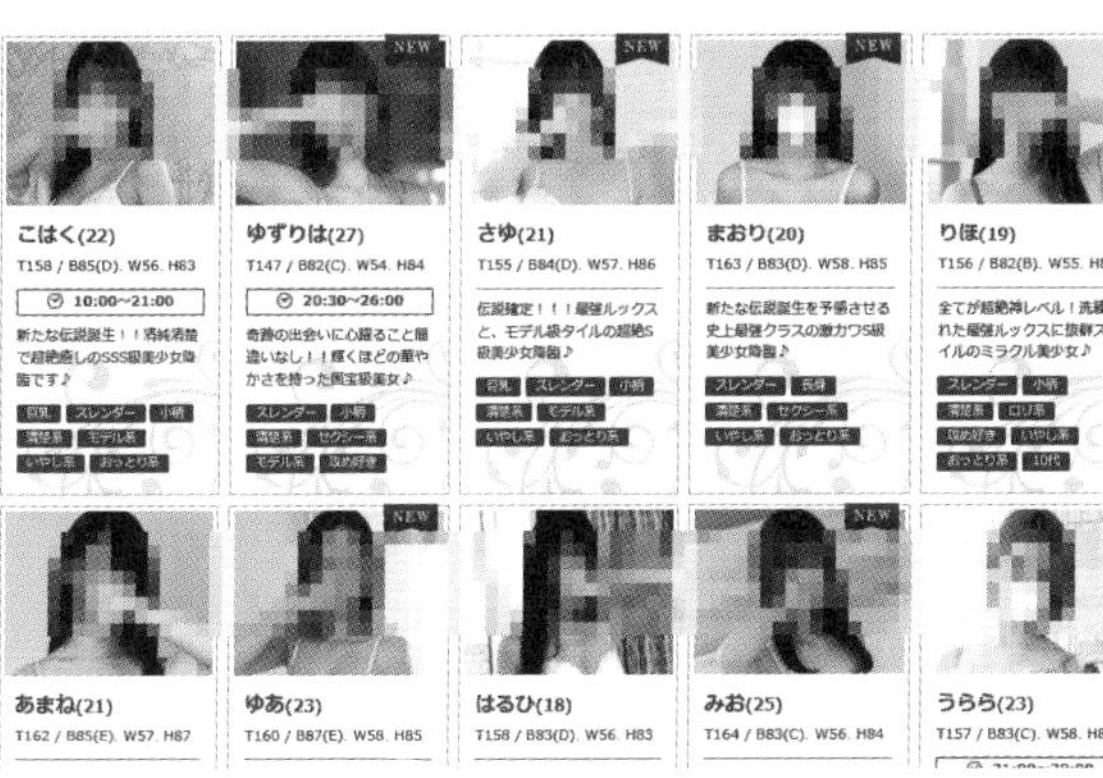

ここは風俗エステ、つまりヌキ有りエステを標榜している。

プレイの流れを説明する。まず客はひとりでシャワーを浴び、終われば、ベッドの上で嬢がナース服に着替えて待機している。ここからマッサージタイムだ。

マッサージは背中からスタートし、その後は腰や脚、腕と進んでいく。マッサージの気持ち良さは、嬢の熟練度次第なので何とも言えないが、おおむね心地いいそうだ。で、最後は仰向けの状態になり、手コキでフィニッシュだ。この内容で40分9千900円は高いと思うかもしれないが、そんなことは決してない。

なぜならここの嬢はアイドル級に可愛く、めちゃくちゃフレンドリーだからだ。とびきりの美人と恋人みたいにイチャイチャしながら、射精する。そんな贅沢を9千900円で味わえるなら、むしろ安いくらいである。

基本料金

40分 9,900円／**60分** 14,850円／**70分** 17,600円／**80分** 19,800円
90分 22,000円／**100分** 25,300円／**120分** 29,700円／**40分** 9,900円
60分 14,850円／**70分** 17,600円／**80分** 19,800円／**90分** 22,000円
100分 25,300円／**120分** 29,700円／**150分** 37,400円
180分 44,000円／**延長20分** 5,500円〜
入会金 3,300円／**指名料** 2,200円

友人と遊びたい嬢がカブったらその友人を交えて3Pを楽しめばよろしい

店名　**渋谷ポアゾン倶楽部**

業種　**デリヘル**

場所　**東京 渋谷**

この店の特徴は何といっても、3Pハーレムコースにある。これはフーゾクにおける一般的な3P、すなわち客1人と嬢2人の組み合わせ以外にも変則的な複数プレイが可能なのだ。

たとえば、客2人と嬢1人の組み合わせもOKだし、客2人と嬢2人、あるいは客2人に対して嬢を3人つけることも可能。とにかく自由度がハンパないのだ。友人と一緒にフーゾクに遊びに行くと、指名したい嬢がカブるのはありがちだ。で、結局、どちらかが諦めて別の嬢を指名するのだが、この店の場合はいっそのこと同じ嬢と同時に遊んでしまえばいいのだ。むろん、友人に拒否されたらそれまでの話だが。

ちなみに、この店には現役のAV女優が多数在籍している。つまり、嬢のレベルは総じて高いのだ。

基本料金

3Pハーレムコース料金

50分 A34,000円 B51,000円
60分 A42,000円 B63,000円
75分 A50,000円 B75,000円
90分 A60,000円 B90,000円
120分 A80,000円 B120,000円
50分 C34,000円 D51,000円
60分 C42,000円 D63,000円
75分 C50,000円 D75,000円
90分 C60,000円 D90,000円
120分 C80,000円 D120,000円
50分 E68,000円 F102,000円
60分E84,000円 F126,000円
75分 E100,000円 F150,000円
90分 E120,000円 F180,000円
120分 E160,000円 F240,000円
※50分は渋谷のホテル限定

A＝客1人嬢2人
D＝客3人嬢1人
B＝客1人嬢3人
E＝客2人嬢2人
C＝客2人嬢1人
F＝客2人嬢3人

ガリ勉の生徒がエロい先生からエッチな手ほどきを

店名　派遣女教師
業種　派遣型イメクラ
場所　東京 渋谷

店名どおり、嬢が先生役、客は生徒役を演じる派遣型のイメクラである。なので部屋に嬢が着いたら、軽い打ち合わせが始まる。ちなみに、嬢はみなスカートスーツという出で立ち。女性教師が好きな人にはタマらない服装だ。

「今日はどんな授業にしたい？」

「ガリ勉の生徒に、先生がエッチなことを手とり足とり教えるような感じがいいかな」

打ち合わせが終われば、シャワーを浴びてからプレイに突入だが、人前で演技するのはやはり、小っ恥ずかしいものだ。

緊張で言葉が出ずにいると、先生が助言をくれることも。

「イメクラなので恥ずかしがらずに演じてね。しっかり生徒になりきれたら、すごい快感がやってくるよ」

とはいえ、あまり小難しく考えないことだ。店の常連によれば、この店では嬢のことを「●●●先生」と客に呼ばせるルールがあるため、多少、イメージプレイがチグハグになっても、どうにかこうにか形になるそうだ。

基本料金

60分	19,000円
70分	21,000円
85分	25,000円
100分	29,000円
130分	37,000円
160分	45,000円
190分	53,000円

顔出し動画を公開してるから パネマジにダマされる可能性は 低い

店名 **まだ舐めたくて学園渋谷校**

業種 **デリヘル**

場所 **東京 渋谷**

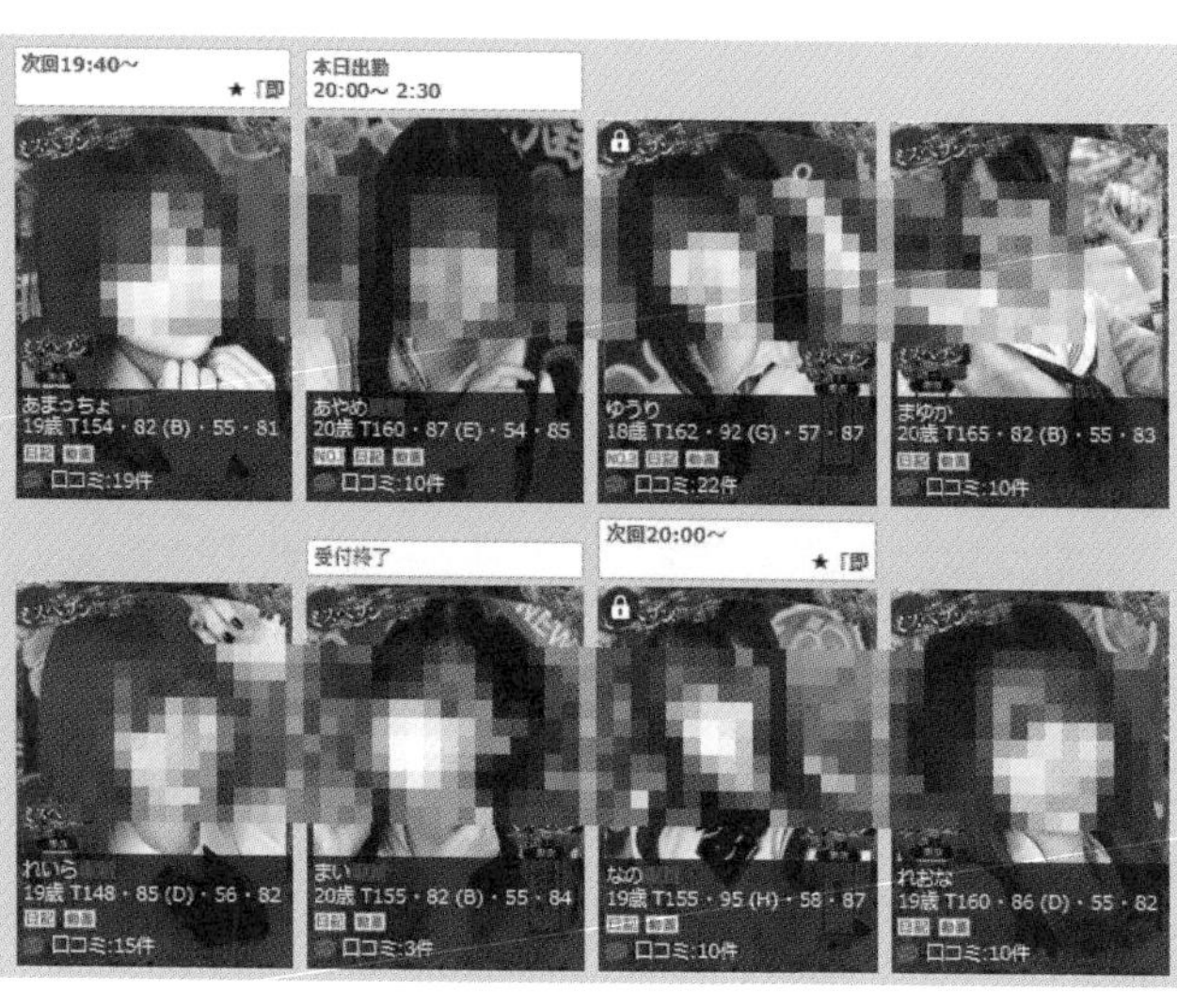

ＪＫやロリコンがコンセプトの店で、この店ならではの見逃せない特徴がある。風俗店に付き物のトラップ、パネマジがほとんどないのだ。

理由はシンプル。店のＨＰ上に、嬢の顔出し動画のコンテンツが豊富にあるからだ。加工しづらい動画で顔を公開することによって、パネマジはやってませんと言ってるわけだ。嬢によっては顔の一部を手で隠しているものの、雰囲気は手に取るようにわかる。少なくとも、掲載写真と大きくかけ離れているかの判定は容易だ。

念のため、こちらでもチェックをしてみたが、ＨＰの掲載写真と顔出し動画で著しく違う嬢はほとんど確認できなかった。

まあ、そもそも、この店はパネマジの必要性がないと思えるほど、嬢のレベルが高いのだ。

基本料金

60分 17,600円
75分 22,000円
90分 27,500円
120分 38,500円
180分 60,500円
240分 82,500円

入会金 無料
写真指名 2,000円
本指名 3,000円

アイマスクを着けて嬢に逆痴漢される悦び

店名 **ガッツリ痴漢倶楽部in渋谷**

業種 **ホテヘル**

場所 **東京 渋谷**

JR渋谷駅ハチ公口から徒歩5分。

住所 **渋谷区道玄坂2-20-4 インターリンク百貨店ビル101号室**

ここのウリは痴漢プレイだ。ラブホテルで臨場感のある痴漢プレイは難しそうだが、着脱式のつり革を使うことで、どうにかこうにか電車内の雰囲気を出している。

痴漢専門店だけあって嬢に求めるキャラクターも指定できる。「大人しくて内気」、「怯える弱気」、「怖くて泣く」、「抵抗する（少し強気）」、「本気で嫌がる（強気）」、「喜び感じる痴女」などだ。

さらにプレイスタイルもリクエスト可能で、「完全な受け身」、「受けと責め両方」、「積極的な責め」、「超ご奉仕」といった要望をリクエストカードに記入し、つり革に摑まった嬢の体を好き放題触りまくるのも全然悪くない。

だが、常連客によると、これよりもっと興奮できるプレイがあるという。逆痴漢だ。

文字通り、客がアイマスクを着けた状態で嬢に体をまさぐられるプレイで、もともとマゾっ気のある彼は死ぬほど興奮したという。読者のみなさん（特にM男さん）も挑戦してみては？

基本料金

（痴漢・夜這い・逆痴漢・恋人など各コースあり）

45分 12,600円
60分 16,800円
75分 21,000円
90分 25,200円
120分 33,600円
180分 50,400円
※45分は恋人コース限定

延長20分 6,300円
入会金 2,100円
写真指名 2,100円
本指名 2,100円

本格マッサージで肩のコリを取り、エロマッサージでチン●のコリを取る

店名　**メンテジュニア**
業種　**派遣型回春エステ**
場所　**東京　渋谷**

基本料金

40分 A9,000円 B9,000円
50分 A10,000円 B11,000円
60分 A11,000円 B12,000円
70分 A12,000円 B13,000円
80分 A13,000円 B14,000円
90分 A14,000円 B15,000円
120分 A19,000円 B20,000円
150分 A22,000円 B23,000円
180分 A28,000円 B28,000円
240分 A39,000円 B39,000円
300分 A50,000円 B50,000円
360分 A60,000円 B60,000円

ダブルセラピスト
60分 C22,000円 D23,000円
90分 C29,000円 D30,000円
120分 C38,000円 D39,000円
延長30分　6,000円
延長30分（Wセラピスト）12,000円
写真指名　無料
本指名　1,000円

A＝通常料金
B＝写真指名
C＝フリー
D＝写真指名（1人の場合）

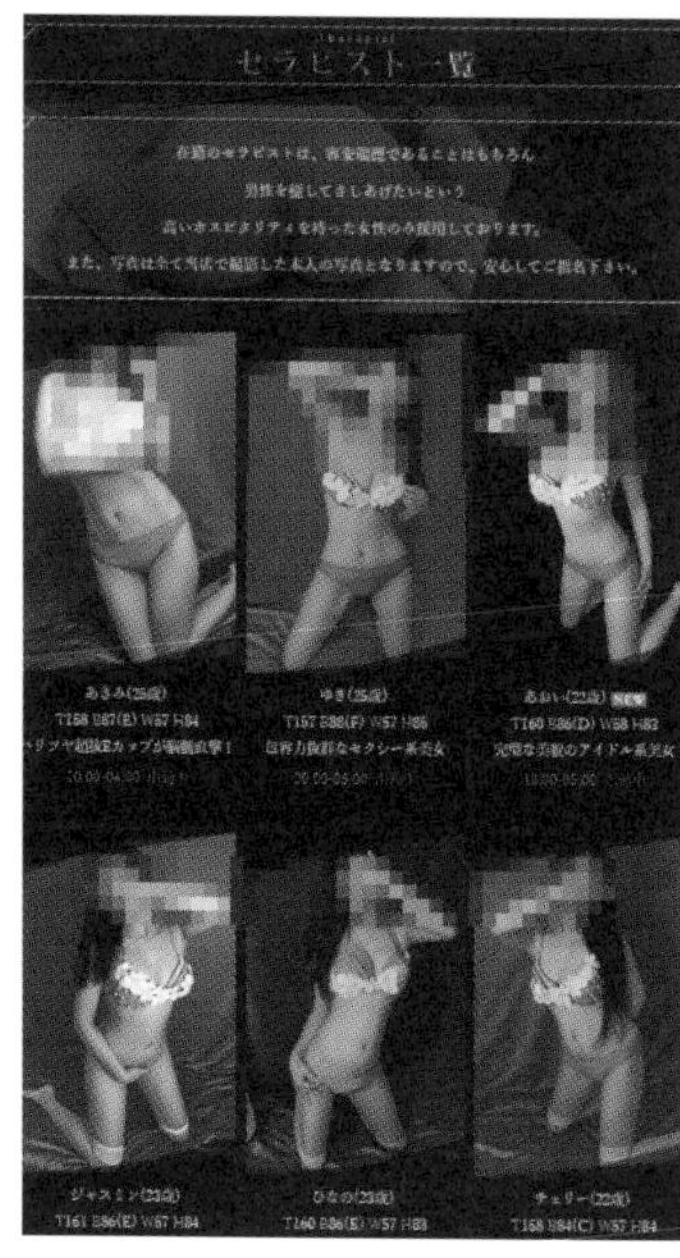

まずは回春エステとはなんぞや？　という疑問から説明していこう。本来は男性機能の改善が見込めるエステ（風俗エステの一種）という意味だが、実際はフツーのフーゾク店と大差はない。フェラや手コキで射精させてくれるわけだ。

ただし、エステと名乗る以上、必ずマッサージが付く。ここが一番大きな違いだろう。

ここはそのマッサージが素晴らしいともっぱらの評判だ。ゴリゴリに固まった肩や腰の筋肉が、マッサージ後、羽が生えたように軽くなったという声を多数耳にする。聞くところによれば、店側がしっかりした研修を嬢に課しているらしい。マッサージを目当てにここを利用する客がいるというのも納得だ。

ただし、在籍嬢は基本的に外国人（中国人や韓国人など）だ。絶対に日本人がいいという人には強くオススメできないが、料金も低く抑えられていて、おまけにカワイイ嬢も多いそうな。

店名 **セレブ倶楽部ルーブル**

業種 **デリヘル**

場所 **東京 渋谷**

元モデルのミセス美女が恋人のように接してくれる興奮

60分2万円もする高級デリヘルである。と同時に、人妻店でもあるため、オジサンでもあまり気後れせず利用できるのが高ポイントだ。

いや、やはり気後れすること必至だろう。なんせ、元モデルや元グラビアモデルのミセスやモデル体型の人妻など、極上のカラダを持った嬢が腐るほどいるのだ。とにかく脚の長い嬢が多いこと！　常連客いわく「思わず見とれてしまうような美形ばかりなんです！」

ここまで嬢のルックスレベルの言及に終始したが、彼女たちの客に対する対応もまた相当なレベルらしい。客に「俺の恋人か？」と勘違いさせるほど、イチャイチャ演出がバッチリなんだとか。まさに高級デリヘルの名に恥じない評判だ。

基本料金

60分 20,000円／**90分** 30,000円
120分 40,000円 ※60分は渋谷のホテル限定

ダブルコース
120分(60分+60分) 40,000円
渋谷駅周辺限定
180分(90分+90分) 57,000円
240分(120分+120分) 76,000円
※女性は前半・後半の交代制
※60分は渋谷のホテル限定

トリオリズム（3P）
60分 25,000円×2
90分 35,000円×2
120分 45,000円×2
※女性2名が同時に相手する
※60分は渋谷のホテル限定

入会金 無料
ネット指名 無料
本指名 1,000円
延長30分 12,000円

店名 **クラブ虎の穴渋谷店**

業種 **ホテヘル**

場所 **東京 渋谷**

JR渋谷駅ハチ公口から徒歩5分。寿司店「明石鮨」の隣のビル。モンテ道玄坂ビルの地下に降り、黄色い暖簾をくぐった先が同店の受付。

住所 **渋谷区道玄坂2-20-3 モンテ道玄坂地下1階**

基本料金

GOLD
60分 25,000円/**75分** 29,000円
90分 33,000円/**105分** 37,000円
120分 41,000円
延長30分 13,000円

PLATINUM
60分 35,000円/**75分** 39,000円
90分 43,000円/**105分** 47,000円
120分 51,000円
延長30分 22,000円

DIAMOND
70分 50,000円～
90分 60,000円～
120分 70,000円～
150分 ASK/**180分** ASK
240分 ASK/**300分** ASK
延長30分 ASK

LEGEND
70分 100,000円～/**90分** ASK
120分 ASK/**150分** ASK
180分 ASK/**240分** ASK
3000分 ASK/**延長30分** ASK

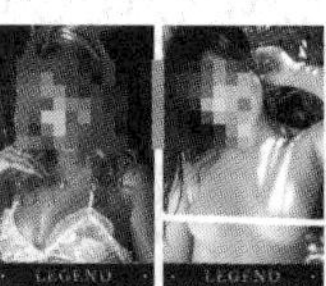

本物のAV女優と一度でも遊べれば一生誇れます

AV女優を、金のためにカメラの前でセックスするふしだらな女と見るか、それとも画面の向こうのアイドルと見るかによって、この店の価値は変わる。もちろん後者にこそ、通っていただきたい！

在籍するAV女優は有名どころばかり。ただ、出勤日がなかなかわからないので予約は大変だ。常連客が言う。

「私は過去、一度だけ某女優と遊べたおかげで、彼女の作品を見るたびに優越感に浸れます。男優以外にこの乳房をもてあそんだ男はそうそういないだろうと」

まあ、こんなことを言い張る常連客もいるくらい、彼らにとっては一生ものの思い出なんだろう。

メンエスの紙パンツなど意味がないことを証明した店

メンエスではかされる紙パンツって何のためにあるのだろうか。誰しもが思っていることだが、多くの店で紙パンツは絶対に着用させられる。日本国憲法にでも書いてあるんでしょうか。

でもこの店にそんなルールはない。紙パンツなんて最初から存在しないのだから。

煩わしいパンツがないぶん、キワのキワまで指先でなぞられる快感、最初から最後までギリギリを攻めてくる施術内容は他のメンエスでは到底、味わえぬそうな。

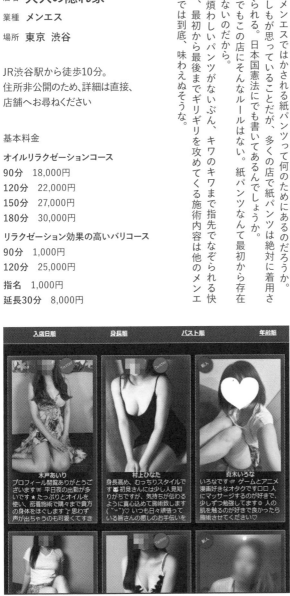

店名 **大人の隠れ家**

業種 **メンエス**

場所 **東京 渋谷**

JR渋谷駅から徒歩10分。
住所非公開のため、詳細は直接、
店舗へお尋ねください

基本料金

オイルリラクゼーションコース
90分 18,000円
120分 22,000円
150分 27,000円
180分 30,000円

リラクゼーション効果の高いバリコース
90分 1,000円
120分 25,000円

指名 1,000円
延長30分 8,000円

マジックミラー指名でパネマジの不安を消すか、早朝割で安くヌクのが王道！

　創業30年以上の歴史を誇る老舗ヘルスだ。道玄坂クリスタルといえば、マジックミラー指名が有名で、追加で2千円を払えば、実際に嬢を見ながら選ぶことができる。これでパネマジの不安はなくなるわけだ。

　同店にはもうひとつ、忘れてはならない名物がある。早朝割引だ。ここは毎日、朝6時からオープンするのだが、朝7時までに入ればたったの7千円で嬢にヌイてもらえるのだ（プレイ時間は30分）。40分の料金が1万1000円～1万3000円かかるところの7千円である。かなり安い。

　さて、肝心の嬢のルックスはどうか。正直、いろんなタイプの嬢がいるが、人によって好き嫌いがあるため、ここではあえてつまびらかにしない。ま、その辺は安さに免じてご勘弁いただこう。

店名 **道玄坂クリスタル**

業種 **店舗型ヘルス**

場所 **東京 渋谷**

東京メトロ渋谷駅から徒歩5分。道玄坂小路沿いにある「カラオケの鉄人」そば。激安コインロッカーが設置されてる雑居ビルの3階が受付。

住所 **渋谷区道玄坂2-27-2 トーワ道玄坂ビル3階**

基本料金

30分 A7,000円
40分 B11,000円 C12,000円 D13,000円
50分 B16,500円 C17,500円 D18,500円
60分 B20,000円 C21,000円 D22,000円

入会金　無料
写真指名　無料
本指名　2,000円
予約指名　2,000円
マジックミラー指名　2,000円

※マジックミラー指名は、午後12時～22時の間に50分以上を選択した客限定

A＝6時～7時
B＝6時～11時59分
C＝12時～16時59分
D＝17時～23時59分

池袋編

大歓楽街

全国フーゾク街の歩き方

店名 **ハイパーグレイス**

業種 **ホテヘル**（営業終了後にデリヘルにチェンジ）

場所 **東京 池袋**

各線「池袋駅」東口から徒歩3分。

住所 **豊島区東池袋1-40-8 玉川ビル3階A号室**

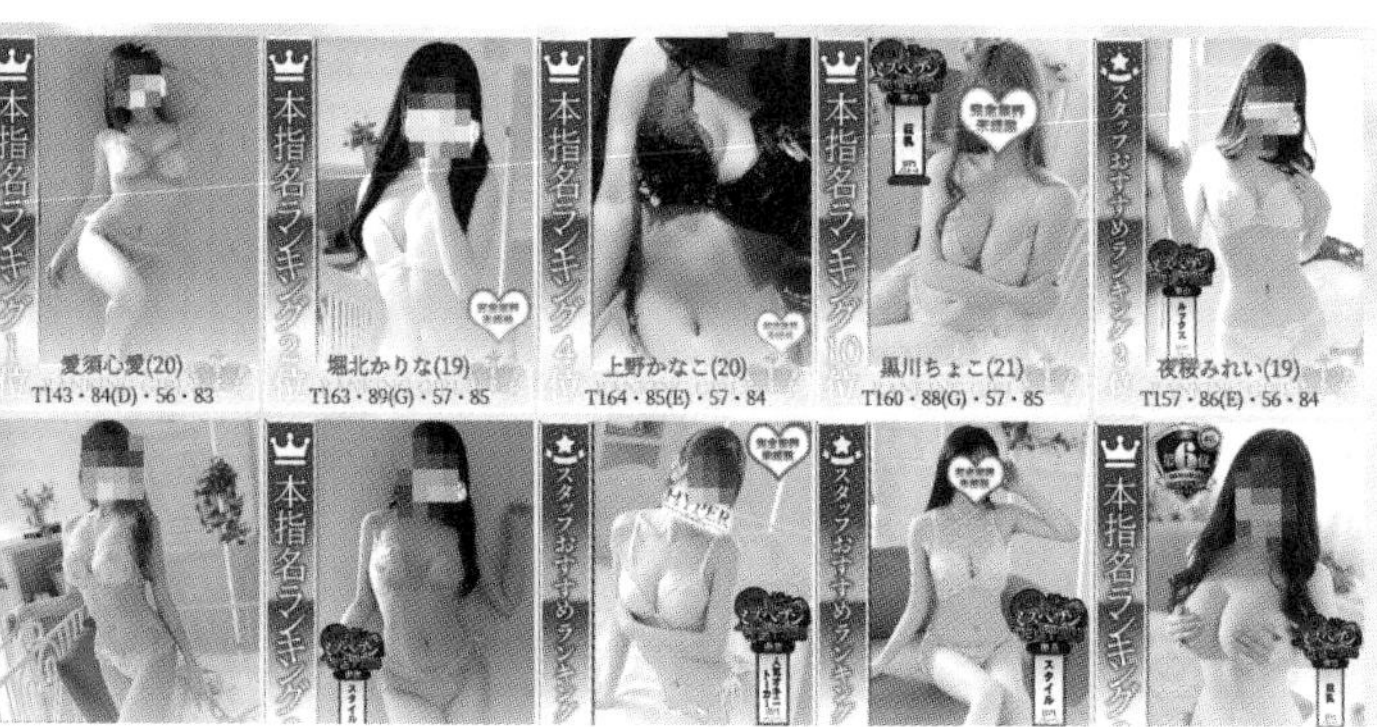

ハズレがないから待ち時間すら楽しい

都内には無数の風俗店があるが、利用するのはハイパーグレイス一択という客は少なくない。この店だけは彼らの評価で最高ランクの位置にある。

なんといっても、どの娘が来てもハズレがない。みんな天使かと思うような可愛い女の子ばかりらしい。可愛い系の他にも綺麗系だって揃っている。高級デリヘルと遜色がない。何より嬉しいのは、毎日の出勤表に数多くの女性がいることだろう。

ある常連客は電話で予約をして仕事帰りにホテルで到着を待つ時間が、この店を使い始めてから楽しみになったという。もし写真と違う女の子が来たらどうしようかと、他のデリヘルだと常に付きまとう不安が一切ないのだ。その点、彼は完全に店を信用しているからこそ、「僕はワクワクしながら待ち時間も楽しめる」そうな。

基本料金

60分 A17,600円 B20,900円
75分 A22,000円 B25,300円
90分 A27,500円 B31,900円
120分 A34,100円 B40,700円
延長30分 11,000円
写真指名 1,100円
電話予約 2,200円

A＝10時～12時
B＝12時～翌6時

店名　**コレクション**

業種　**ピンサロ**

場所　**東京 池袋**

JR池袋駅から徒歩3分。ストリップ劇場「ミカド」そば。
1階にソープ店「角海老」が入ったビルの地下1階。

住所　**豊島区東池袋1-43-15 西宮ビル地下1階**

基本料金

10時～14時59分
30分　7,000円
60分　14,000円
指名　2,000円

15時～18時59分
30分　8,000円
60分　15,000円
指名　2,000円

17時～ラスト
30分　9,000円
60分　16,000円
指名　2,000円

常に新規開拓したくなる悩ましいピンサロ

池袋東口のストリップ劇場「ミカド」のビルの横の地下1階にあるピンサロは常に大人気だ。

行列まではできないが、10分に1人ほどの勢いで客が吸い込まれていく。

若い娘好きなら絶対に行くべき店として知られていて、ある常連客の場合はオキニの娘ができたら、60分のロングコースで恋人プレイを楽しんでいるという。

ただ一方で、他にはどんな娘がいるんだろうと、常に新規開拓したくなるのも事実らしく、どうにも悩ましいという。アイドルグループで誰を推すか決められない心境に似ているそうな。

夜の公園で痴女と遭遇したような「はっ」とする感

店名　**全裸SUPERプレミアム**

業種　**ホテヘル**

場所　**東京　池袋**

JR池袋駅北口から徒歩3分。

住所　**豊島区池袋2-42-8　幸運館ビル6階**

痴女デリヘルは数多くあれど、部屋に入ってくるときから全裸な痴女はなかなかいない。しかし、ここの嬢は、全裸に上着を羽織ってホテルにやって来るのだ。

脱がせる過程が楽しいんじゃん、とおっしゃる殿方もいると思うが、いきなり全裸も一度味わってみてほしい。キャラクターを知るより先に裸を見るという体験は、なんとなく体形の想像がついてから脱がせていくのとはまったく違う面白さがある。

まさに、夜の公園で痴女を目撃したような「はっ」とする感覚というか。

基本料金

40分　10,000円
60分（ローター）15,000円
80分（ローター+バイブ）20,000円
100分（ローター+バイブ+電マ）25,000円
120分（ローター+バイブ+電マ）30,000円
150分（ローター+バイブ+電マ）37,500円
180分（ローター+バイブ+電マ）45,000円

※60分コース以上は無料でローターなどの貸出しアリ

延長20分　5,000円
入会金　無料
写真指名　無料
本指名　2,000円

女子水泳選手にムラッとしてる、そこのあなた！

店名 **コーチと私とビート板**

業種 **デリヘル**

場所 **東京 池袋**

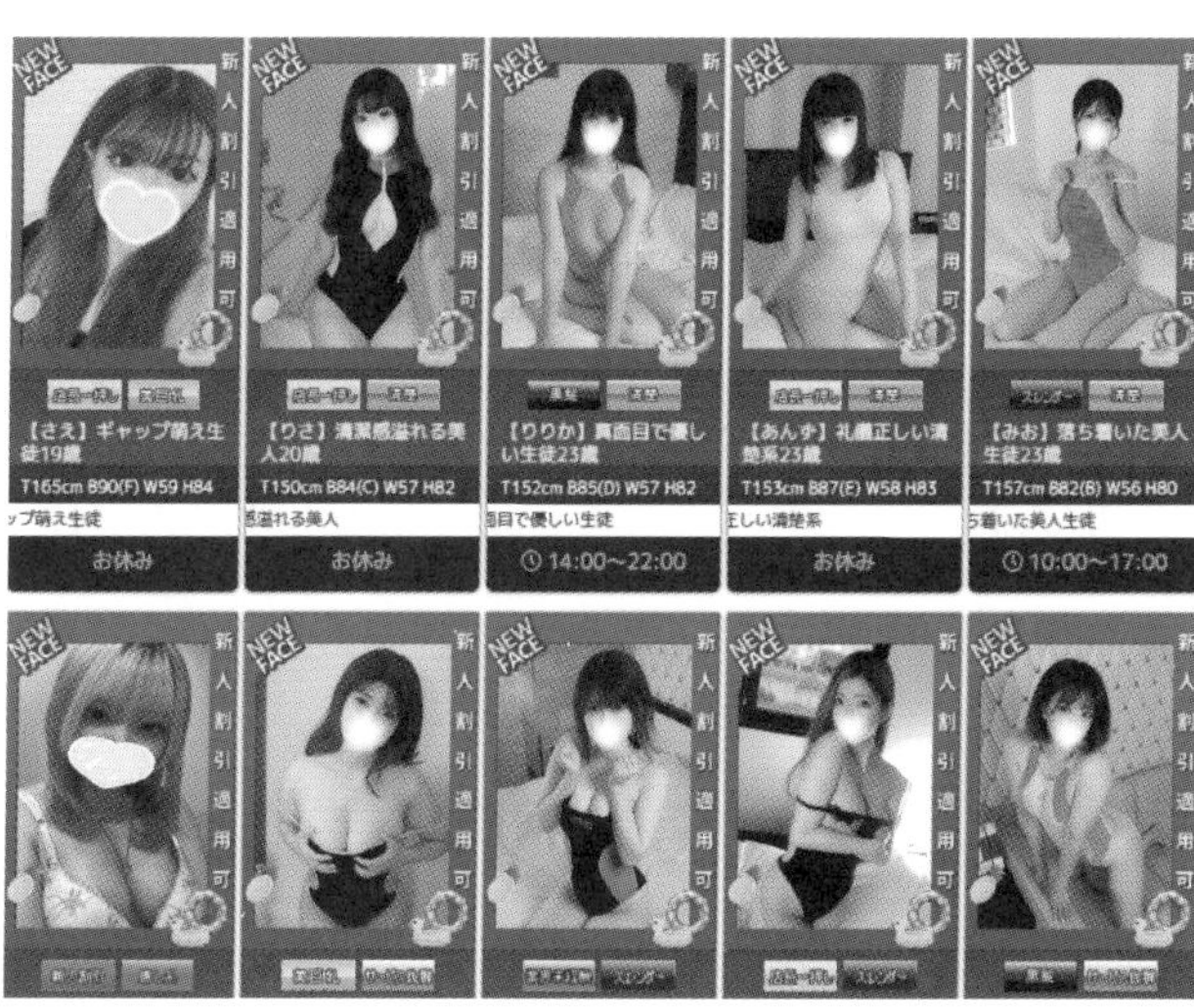

女子競泳選手におもわずムラっとした人、あなたはたぶん正常だ。あの競技をエロい目でしか見てない人も、きっと正常だ。その正常者さんは、引き締まった肉体ではなく、おそらく競泳水着にクラっときているのではないか？　あの激しい切れ込みに。

しかしフーゾク界には、スクール水着やビキニを売りにした店はあっても、競泳水着を選べるところはなかなかない。だからこそ、ここは貴重なのだ。

嬢の体型によって似合う似合わないはあるので、イメージとはかけ離れるかもしれないが、鋭角に切れ込んだあの部分にあれこれできるだけでも良しとしようではないか。

基本料金

スク水夜這いコース
50分（お試し） 14,300円
75分 18,150円
90分 22,000円
120分 29,700円
150分 37,400円
180分 45,100円

スク水AF夜這いコース
75分 29,150円
90分 33,000円
120分 40,700円
150分 48,400円
180分 56,100円

入会金 2,200円
指名 2,200円
本指名 2,200円
延長30分 11,000円

黒乳首を吸いながら、つい家庭の心配をしてしまう赤ちゃんプレイ

妊婦や母乳ママさんの集まる店だ。ここの客は妊婦特有の黒く肥大化したデカ乳首を舌の上で転がして、キスマークを付けるように甘く吸う。そのうち母乳（厳密には乳汁という）が溢れだしてくるのでチュウチュウ味わう。グミを口の中で味わっている感覚に近いらしい。母乳味の果汁が含まれたグミだ。ある常連客はバブちゃんになりきりながらも、頭の片隅でいつも思うそうな。この妊婦さんはこんな時期にこんなとこで働いてどういうつもりなんだろうと。父親とはどういう話になってるんだろう。ま、内緒だろうけど。

　このように、集中しづらい赤ちゃんプレイではあるが、なぜかいつも客で賑わう同店なのであった。

店名　**ミルキーベイビー**

業種　**ホテヘル**

場所　**東京 池袋**

各線池袋駅から徒歩5分。ファミリーマート「東池袋セイコービル店」のそば。マンション「トーカン池袋第二キャステール」に着いたら店舗へ電話。部屋番号を教えられる。

住所　**豊島区東池袋1-31-15 トーカン池袋第二キャステール**

基本料金

母乳コース
60分　22,000円
90分　32,000円
120分　42,000円
延長30分　10,000円
入会金　2,000円
（90分以上無料）
指名　無料

妊婦コース
60分　22,000円
90分　32,000円
120分　42,000円
延長30分　10,000円
入会金　2,000円
（90分以上無料）
指名　無料

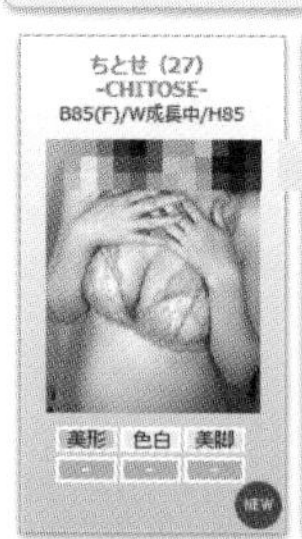

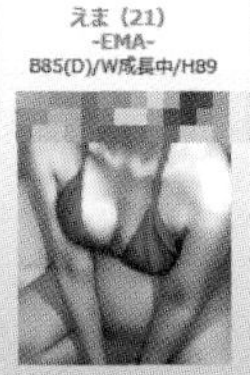

母乳コース

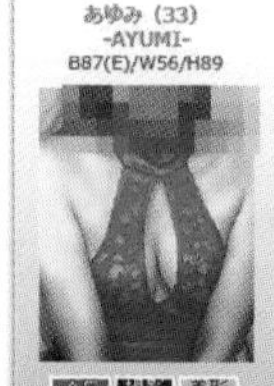

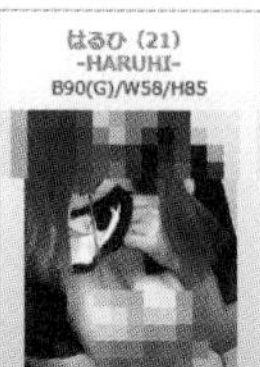

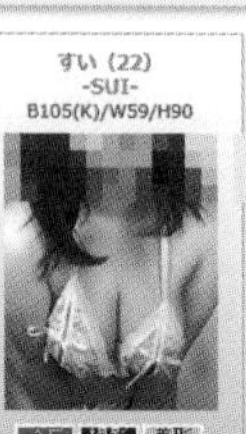

日焼けしたギャルの腹と白い精子のコントラストは美しい

店名 **黒ギャル専門池袋ギャルデリ**

業種 **ホテヘル**

場所 **東京 池袋**

各線池袋駅北口から徒歩1分。風俗無料案内所と中華料理店との間にある通路奥の雑居ビル9階が受付。

住所 **豊島区西池袋1-29-19 グランドビル9階**

すでに令和の時代となって久しいが、いまだに平成の絶滅危惧種「黒ギャル」と遊べる店がある。ギャル好きいわく、黒に焼けた褐色の肌と、ビビットに染めた派手な髪がこれ以上ない組み合わせらしい。近ごろは、アイドル系やぴえん系などの人気に押されて、ギャル風俗もほとんど見かけなくなったが、ここは逆風にも負けず、常連客によると、最高にナイスなギャルを多く抱ける素晴らしいデリヘルらしい。

食わず嫌いでナスが食えない人もいるだろうが、食ってみると意外と美味いものだ。

黒ギャルも同じこと。だまされたと思って一度行ってみると黒ギャルの良さがわかる、かも。

基本料金

通常コース

60分 22,000円／**75分** 26,000円
90分 31,000円／**120分** 42,000円
180分 63,000円／**延長30分** 10,000円

即尺コース

60分 27,000円／**75分** 31,000円
90分 37,000円／**120分** 47,000円
180分 68,000円／**延長30分** 10,000円

3Pコース

60分 42,000円／**75分** 50,000円
90分 62,000円／**120分** 82,000円
180分 123,000円／**延長30分** 19,000円

OL制服のせいでムラムラしてしまう会社員の皆さまへ

店名　**e女商事 池袋店**

業種　**派遣型イメクラ**

場所　**東京 池袋**

35才男性から以下の投稿が届いたので紹介する。

ウチの会社はイケイケ気味の不動産屋なんですが、女子OLたちが白ブラウスに紺の制服なので、いつも同僚や後輩にムラムラしてしまいます。

制服OLのいる会社の男性社員ってみんな同じですよね。あれってヤバイですよね。私服のほうがまだ欲望を抑えやすいですよね。

この店は、どちらかというと先輩OLに犯されるようなMプレイをプッシュしてきますが、僕のように後輩や新人をいじめたいタイプにももちろん対応してます。

あまりに制服が似合うので、この娘、表の顔は本当にどっかの新入社員なんじゃないかと錯覚したこともあります。

ただ問題は、制服OLに一度舐めてもらうと、勤務先の娘らにもしゃぶってもらえそうな気がして仕事にならないことです。

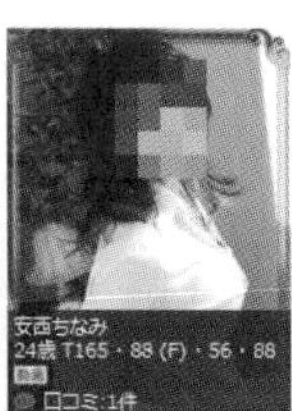

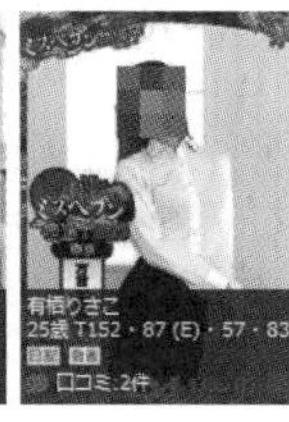

基本料金

50分　14,000円
60分　16,000円
75分　20,000円
90分　24,000円
120分　32,000円
150分　40,000円
180分　48,000円

1人シャワー利用時

60分　17,000円
75分　21,000円
90分　25,000円
120分　33,000円
150分　41,000円
180分　49,000円

延長15分　5,000円
入会金　3,000円
指名料　2,000円

美形揃いのリフレならエロを楽しみたい！

店名 **JKMAX**

業種 **派遣型リフレ**

場所 **東京 池袋**

基本料金

30分×2（合計60分） 9,000円
30分×3（合計90分） 13,000円
30分×4（合計120分） 17,000円
30分×5（合計150分） 20,000円
30分×6（合計180分） 24,000円

スタンダードコース

40分 8,000円／**60分** 10,000円
90分 16,000円／**120分** 20,000円
150分 26,000円／**180分** 30,000円
210分 36,000円／**240分** 40,000円
270分 46,000円／**300分** 50,000円

リフレには、大きく分けて店舗型と派遣型の2種類がある。店舗型は、ベッドで軽く添い寝したりハグしたりと、いわゆる健全店であることがほとんど。

対して派遣型は、裏オプションとして、追加で金を払うことでエロいこともできる店が多い。その派遣型リフレで人気なのが、この店だ。実際に行ってみればすぐわかると思うが、とにかく嬢のルックスの高さがハンパじゃない。

店のＨＰのランキングに食い込んでいる嬢は、どの子もアイドルやモデルクラスの美貌を誇っている。

さて、ここはエロいことができる店か否か。それほど美形ぞろいなら、エロを楽しめる場所であってほしいと願うのが、男心というものだが。

ガチ本物リアル制服

コスプレ料金：10000円

No.1 No.2 No.3 No.4

A田RK制服
聖な女子高が令和2
から共学に！**伝統**
る木製校舎の教室
咲く白と水色の美
さは目を細めて閲
したくなる絶景！
の制服を眺めて征

S玉KGK制服
母校キャストからコメント⇒『真面目な人が多かったかな！遅刻欠席も私以外いなかった(笑)**自称進学校て感じだから絶妙に厳しかった！！！**

M重県TDK制服
今回のコロナ禍でオンライン対応ゼロ…ただただ休校…問題集を購入させ、スタディサプリを見て「勝手にやれと」生徒に丸投げ。学校の意味と

NNNTGK制服
田舎の●校は数が少ないので進学校、普通校、ヤンキー校と極端に別れています。**地元のイオンでこの制服を身につけた清純そうな女の子がヤ**

立ちんぼより安く中の上の嬢を抱ける

40分で総額1万1千円は、ソープランドとしては格安と言っていい。そんな激安店、どうせブスばっかりだと思われがちだが、店の常連によると、中の上ぐらいの子もゴロゴロいたりするらしい。

そんな中、ちょっと面白いやり方で自らを鼓舞する常連客も。彼はいつも店に行く前に、池袋の立ちんぼスポットを一通り観察して、「俺は今日、あいつらより安く、あいつらよりいい女を抱く！」と自分を盛り上げて店に向かうのだそう。賢い！

店名 **マリンブルー池袋本店**

業種 **ソープ**

場所 **東京 池袋**

各線「池袋駅」北口から徒歩3分。ファミリーマート「池袋北口店」そば。

住所 **豊島区西池袋1-43-10**

基本料金

6時～9時59分
40分 11,000円
60分（マットあり） 17,000円
80分（マットあり） 23,000円

10時～17時59分
40分 15,500円
60分（マットあり） 21,500円
80分（マットあり） 27,500円

18時～24時
40分 16,500円
60分（マットあり） 27,500円
80分（マットあり） 28,500円

延長20分 6,000円
本指名 2,000円
写真指名 無料
ネット指名 1,000円
外国人 2,000円

いつも行列が絶えない店舗型の手コキ店

店名 **ニュークリスタル**

業種 **店舗型手コキ**

場所 **東京 池袋**

住所 **豊島区東池袋1-2-4**

基本料金

Aコース
30分　3,200円
（嬢への体のタッチは不可）

Bコース
40分　5,200円
（嬢の上半身はトップレス。
バストタッチのみ）

Cコース
40分　7,200円
（バストタッチ+ゴムフェラ）

Mコース
50分　10,200円
（完全受け身のコース。嬢へのおさわり不可）

※ムチ打ち、拘束、乳首責め、言葉責め、唾垂らし、足コキ、コスプレがセットになったお得コース。（コスプレは女王様、ポリス、OL、女子高生、メイドの中から選択可）

花びら回転コース
【女の子が交代で入室します】
（個別指名可）

花Aコース　6,000円
（15分×嬢2人。おさわり不可
ならびに個別指名可）

花Bコース
嬢のバストタッチのみ可
9,000円
（20分×2人。嬢へのバストタッチ
のみ可ならびに個別指名可）

花Cコース　11,500円
（プレイ20分×2人。
嬢はトップレス+ゴムフェラ）

入会金　プレイ代に含まれる
ルーム代　プレイ代に含まれる
指名料　1,000円

　この店、いつもいつも、入居してる雑居ビルの薄暗い階段に、男たちが列をなして座っている。そこまでしてでも遊びたい魅力があるのだ。
　魅力のひとつは、店舗型の手コキ店であること。ホテルを押さえなくていいのは、断然、手軽だ。
　もうひとつは安さ。たったの3200円で抜いてくれるのだ。
　さらに、美形な嬢もそろっているので、行列が途絶えないのも無理はない。

財布の中身が寂しいときに頼りたくなるデリヘル

店名 **シルフ東京**

業種 **デリヘル**

場所 **東京 池袋**

ここのコンセプトは「高級店レベルの女性たちとお手ごろ価格でお遊びできる」だ。が、たしかに清楚で上品な美人な嬢も在籍しているものの、高級店レベルはさすがに言い過ぎの感がある。明らかなおデブちゃんも普通にいるわけで。

ただし、ここがコスパに優れてるのは事実だ。たとえばピンサロコース、40分6千600円はかなり安い。しかも、指名込みの額だから、美人嬢を指名すれば相当にお得だ。

続いてオプションの1千100円パック。たった千円ぽっちの出費でオプション30種類が使い放題になる。オプションの内容はローター、即尺など比較的ライトなものから、AF、精子ごっくんなどハードなものまであり、ハードなのばかり選べば、お得感はグンと跳ね上がる。

さらにフリー客には5分~10分プレイ時間が延びるだけでなく、コース料金も1千円ほど安くなる特典が。財布の中身が寂しいときに頼りたくなるデリヘルだ。

基本料金

通常コース

60分　11,000円
90分　14,300円
120分　20,900円
150分　26,400円
180分　31,900円

フリーコース

60分➡65分　9,900円
90分➡100分　13,200円
120分➡130分　19,800円

※フリーコースは池袋北口エリア限定
※オプションの利用は不可

ピンサロコース（即尺）

40分　6,600円

※ピンサロコースは
池袋北口エリア限定

入会金　無料
指名　1,100円（新規客は無料）
本指名　2,200円

悪徳マッサージ師になってお仕事のはずの嬢を本気ヌレさせる

店名 **ヌルテカ**

業種 **デリヘル**

場所 **東京 池袋**

AVの悪徳マッサージシリーズというのがある。女性客にオイルマッサージを施すのだが、最初は普通のマッサージだったはずが、どんどんおかしくなっていくアレのことだ。

ここは、あの悪徳マッサージを再現できる店。つまり我々は料金を払って、マッサージをしてあげる側に回るわけだ。

お金の使い方として間違ってる？　いやいや、誰だって一度はなってみたいだろう、悪徳マッサージ師に。フェザータッチから始まって、ソケイ部のリンパへ。嬢がムズムズ動き出したら、さりげなく手マン。ある常連客いわく、いつもどの嬢も、この時点で相当ビシャビシャに濡れているらしい。そして、彼はこう結論づける。

「女性って、たとえフーゾクのお仕事中でも、オイルマッサージされると濡れちゃうもんなんですね。そう学んでからは、プライベートでもヌルヌルマッサで女性を喜ばせてます」

基本料金

60分　16,500円

ヌルテカオイルお試しコース

80分　23,100円
（アイマスク＋ローター＋バイブ＋客用白衣）

100分　27,500円
（アイマスク＋ローター＋バイブ＋電マ＋客用白衣）

120分　31,900円
（アイマスク＋ローター＋バイブ＋電マ＋客用白衣）

180分　48,400円
（アイマスク＋ローター＋バイブ＋電マ＋客用白衣）

延長20分　6,600円

入会金　3,300円

指名　1,100円

本指名　2,200円

全国フーゾク街の歩き方

大歓楽街

東京その他編

吉原のソープ街

疲れたおっさんにはくたびれたおばさんが丁度いい

店名 **熟女の風俗最終章**

業種 **ホテヘル**

場所 **関東各地にアリ**

以下に、この店の常連客59才が語った推しコメントを紹介する。

HPで店が嬢のことを「ばばあ、ばばあ」と連呼してるもんだから、よっぽどの地雷を集めてるのかと思いきや、そうでもなかったんです。

なんか私ぐらいの疲れた中年にはちょうどいい具合の、同じようにくたびれたおばさんが毎回やってくるんです。

もちろん私だって若い美女が好きですけど、どこか気疲れするんですよね。せっかく遊びに来てるのに「嫌われないように頑張る」みたいな本末転倒なことになって。

その点、くたびれたおばさんには何の遠慮もいりません。もっとしゃぶれ、ごっくんしろ、と命じても文句は言いませんし。私らみたいな男には、こういう空間がときに必要なんですよ。

基本料金

60分　9,995円
80分　11,995円
100分　14,995円
120分　18,995円

入会金　無料
写真指名　無料
本指名　無料

マジでＪＫっぽい子らがおっぱいやマンスジを見せつける

店名　**ぱんちんぐ**

業種　**見学店**

場所　**東京　大塚**

JR大塚駅北口から徒歩1分。

住所　**豊島区北大塚2-6-2 共同計画ビル5階**

見学店というフーゾクの業種をご存知だろうか？　のぞき部屋なんて呼ばれ方もしており、マジックミラー越しに、制服姿の女の子のエッチな姿を拝む内容だ。一般のフーゾクに比べて、嬢のルックスレベルが高いことが人気の理由である。ここでは評判のひときわ高い、「ぱんちんぐ」なる店を紹介する。

ここ、いったい何がすごいのかというと、女の子がマジでＪＫのように見えることだ（もちろん成人済み）。

TikTokなんかを見ていると、ちょっとませてそうな女子高生が、たくさん踊ってるが、まさにあんな見た目をした制服女子が、マジックミラー越しにオッパイやマンスジを見せてくれるのだ。

もちろん全員がハタチ以上であるのはたしかだが、ときに恐怖すら感じる常連客もいるほどだ。それだけリアルに見えるのだ、彼女たちは。

基本料金

さくっと30分
4,000円
10分指名1回 or 5分指名2回

定番60分
6,000円
10分指名2回 or 5分指名4回

ゆったり100分
9,000円
10分指名3回 or 5分指名6回

延長10分　1,000円
追加指名　5分　1,000円
　　　　　10分　2,000円
VIP席（8・9番）　1,000円

※その他オプション、コスプレメニュー多数あり

貧乳の硬い乳房と小さな乳首を味わう

貧乳好きにはロリコンが多いと思われがちだ。貧乳＝未発達な乳房から少女の体を連想するからだろう。

しかし、この店の存在を我々に教えてくれた常連客は、幼児や少女にはまったく興味ないらしい。

彼の場合、貧乳が好きな理由はコンプレックス萌えだという。小さな胸を見られて恥じらう姿がタマらないという人種である。彼の好きな薄い顔の女性には貧乳が多いらしい。彼が照れたように笑う。

「全世界的にそんな傾向にあると思ってるんですけど」

この店の在籍嬢は全員Aカップだ。胸を見られて恥じらう子、ロリっぽい娘、なんでもそろってるので、貧乳マニアはぜひ、硬い乳房をモミモミと揉んだり、小さめの乳首をつまんだりして、心ゆくまで遊んでほしい。

店名 **貧乳パラダイス**
業種 **デリヘル**
場所 **東京 新大久保**

基本料金

60分 A14,000円 B16,000円
75分 A18,000円 B20,000円
90分 A22,000円 B24,000円
105分 A26,000円 B28,000円
120分 A28,000円 B30,000円
150分 A33,000円 B35,000円
180分 A38,000円 B40,000円

入会金 1,000円
本指名 2,000円
ネット指名 2,000円
延長15分 5,000円
延長30分 10,000円
延長60分 18,000円

A＝12時～18時
B＝18時～翌1時

亀頭をひたすらゴシゴシされて男を磨け

店名 **もしもし亀よ亀さんよ**

業種 **デリヘル**

場所 **東京 五反田**

多くの人が答える。亀頭責めで一番好きな瞬間は亀頭を手のひらで包みこむようにして、ぐりぐりと撫でまわされているときだと。腰が引けて情けない声も出て、ガクガクと震えてしまうと。

しかしあれ、自分でやろうにも、力を加減をしてしまっては意味がない。やはり他人に責めてもらわねば。

この店は、「亀頭磨き」のプロたちがアナタの亀さんを執拗に責め立ててくれる。

「ほらこれがいいの？　カメさんテカテカで気持ちいいの？」

手のひらだけでなく、足の裏やパンストを使って、ひたすらに亀頭の一番弱い部分を刺激され、逃げ場を失くしたところで、昇天。常連客いわく、それが最高に気持ちいいんだとか。

基本料金

60分　10000円
80分　13000円
100分　17000円
120分　21000円
延長30分　5,000円

3Pコース
60分　19000円
80分　25000円
100分　33000円
120分　40000円
延長30分　5,000円

男だって乳首をイジメてほしいのだ

店名 **乳首愛撫専門店 シルキータッチ**

業種 **派遣型手コキ**

場所 **東京 五反田**

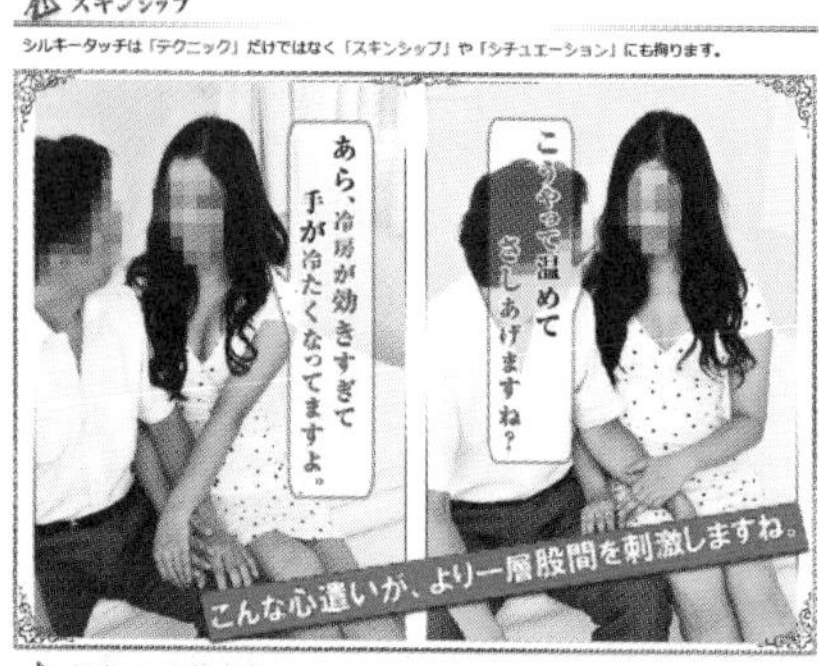

スキンシップ
シルキータッチは「テクニック」だけではなく「スキンシップ」や「シチュエーション」にも拘ります。
あら、冷房が効きすぎて手が冷たくなってますよ。
こうやって温めてさしあげますね？
こんな心遣いが、より一層股間を刺激しますね。

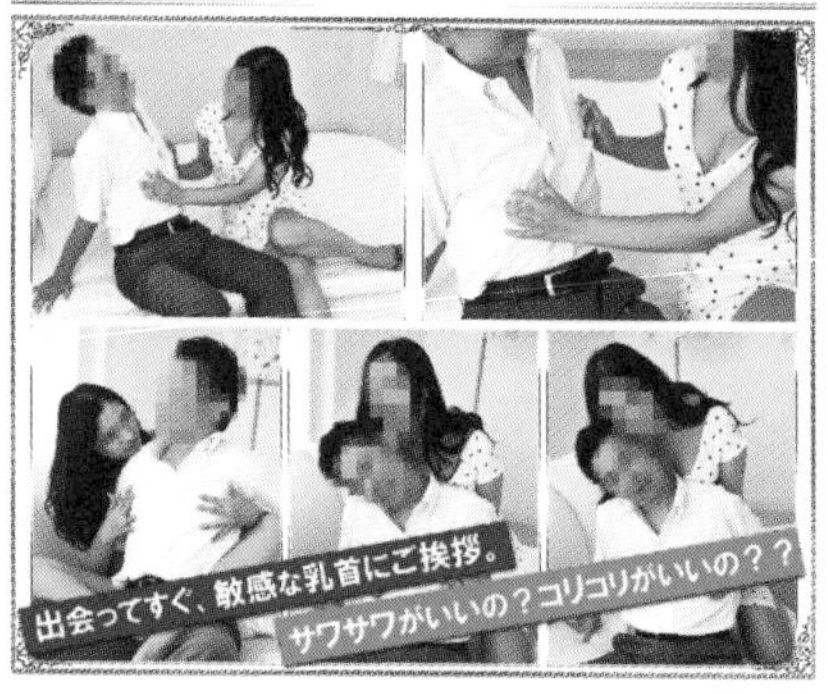

着衣での乳首愛撫
出会ってすぐ、敏感な乳首にご挨拶。
サワサワがいいの？コリコリがいいの？？

基本料金

40分 9,000円
※40分コースはフリー限定。予約や指名は不可

60分 11,000円

90分 16,500円

120分 22,000円

延長30分 7,000円

延長60分 13,000円

低周波パルス乳首刺激コース

60分 12,000円

90分 17,500円

120分 23,000円

延長30分 7,000円

延長60分 13,000円

乳首責めは好きか？　男性にこう質問すると、回答がイエスとノーとでキレイに分かれる。性器とはまったく関係のない部位なのに、ここまで答えが両極端になるのは実に興味深い。乳首責め問題をウンと掘り下げていけば、いつか人間の快楽の根源にたどり着けるかもしれない。

さて、ここは乳首責めに特化した、世にも珍しい専門店だ。やさしく、穏やかに、さわさわ、コリコリと乳首をイジメてくれる。

おすすめコースは低周波パルス乳首刺激コース。常連客によると、微弱な電流を乳首に流すのが、最高に気持ちいいという。小学生のころ、ガチャガチャで手に入れた、微弱な電気ショックを発するオモチャ銃を乳首に当てて悶絶していたのを思い出すそうな。

最後は乳首を舐められながら、ねっとり手コキでフィニッシュ。チクビニストは絶対に行った方がいい。

店名 **おもらし派遣倶楽部**
業種 **デリヘル**
場所 **東京 五反田**

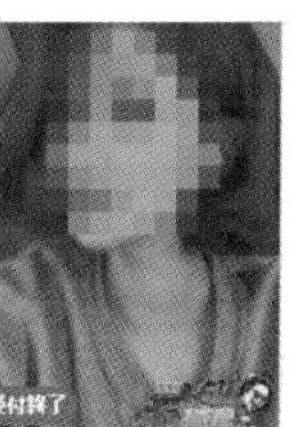

みな（23）
T162 87(F)-58-86

みき（24）
T159 85(D)-57-85
ヒメ割 あり

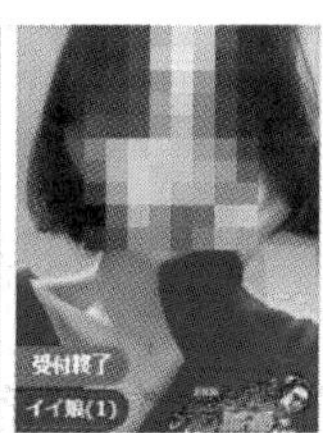

ももか（23）
T153 84(C)-56-85
待機中 ヒメ割 あり
ヒメ日記 99+ イイ娘 1人

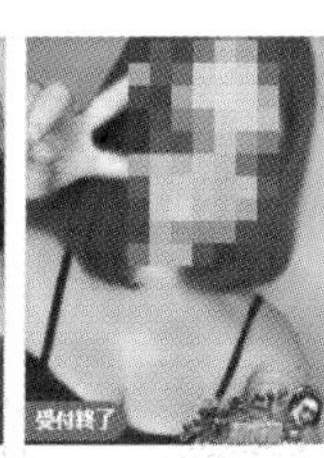

りり（22）
T155 89(E)-57-86
ヒメ割 あり ヒメ日記 99+

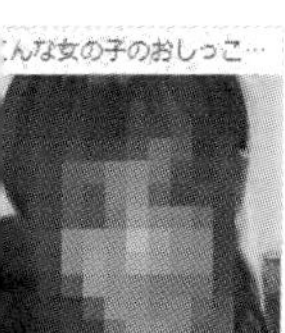

«愛嬌抜群のロリ系美少…

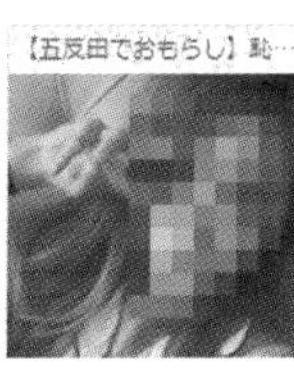

言われてみれば女性の放尿シーンって見たことなかったかも

マトモな女性は、ションベンしているところを他人に見られたがらない。だからこそ、放尿鑑賞の価値は高まる。パンチラと同じく、隠そうとすればするほど、見たくなるのが人間のサガだ。それが美人ならなおさらである。あんなキレイな女がはしたない姿で放尿してる…。そんな想像をするだけでフル勃起する人もきっといるだろう。

放尿をじっくり見られれば、大多数の人にとって、十分なのかもしれないが、こちらの店では尿を飲んだり、体にかけられたりするプレイも可能だ。数段上のマニアでも十分満足できるだろう。

ただし、この店の客からは一部の嬢のパネマジがキツイという指摘が複数出ている。嬢選びの際はくれぐれも用心されたし。

基本料金
60分 17,000円
75分 20,000円
90分 26,000円
120分 35,000円

入会金 無料
指名 1,000円
本指名 2,000円
延長30分 10,000円

店名　**即クンニ&顔面騎乗専門店 五反田Cスタイル**

業種　**デリヘル**

場所　**東京　五反田**

客がずっと奉仕するナメナメ好きの天国

思うに、AVを見て前半のクンニシーンでヌケる男こそが真のクンニマニアなのではないか。中盤以降を用無し扱いできるような。そんな、我こそはクンニマンだ！　と自称する男性はぜひこの店へ。

フェラが有料オプションというだけあって、ここは基本、男が奉仕に徹するシステムだ。舐めて舐めて舐めまくって、さらには顔面騎乗でケツの重みを感じながら、ヌルヌルのマン汁を顔に受ける。そして、舌がつりそうになったところで、ようやく手コキフィニッシュである。お疲れ様でした。

基本料金

基本コース（クンニ・顔面騎乗・手コキ）
30分 7,000円／**50分** 11,000円
60分 14,000円／**80分** 18,000円
110分 25,000円
延長15分 4,000円／**延長30分** 8,000円
※30分コースは新規客限定。
指名不可・フリーのみ。
※基本コースは客から嬢へのボディタッチはNG

顔面騎乗圧迫コース
（顔面騎乗・嬢主導の強制クンニ・手コキ）
50分 12,000円／**60分** 16,000円
80分 19,000円／**110分** 26,000円
延長15分 5,000円／**延長30分** 9,000円

入会金　1,000円
ネット指名　1,000円
本指名　2,000円

店名 **エムエム**

業種 **メンエス**

場所 **東京 中野**

JR中野駅から徒歩3分。住所非公開のため、詳細は直接店舗にお尋ねください。

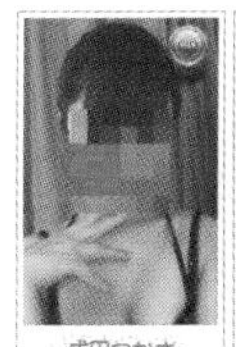
成田つかさ 25歳 T.160

田村あい 24歳 T.150

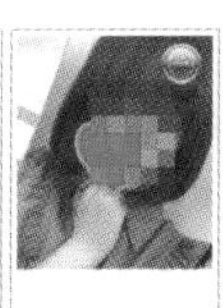
与田のりか 21歳 T.158

山口あずさ 21歳 T.153

浅井せな 21歳 T.160

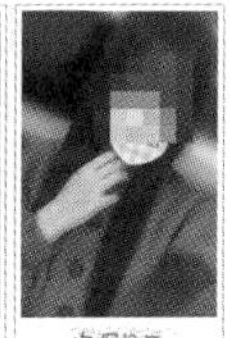
久保りこ 21歳 T.155

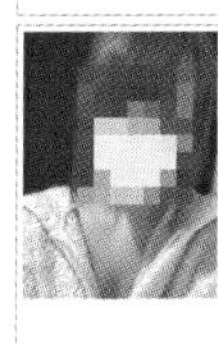
林るな

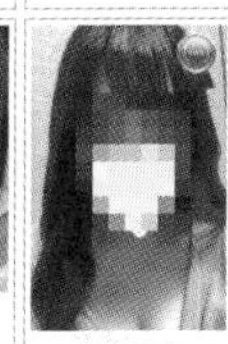
濱宮あんり

篠崎あいり

向井あすか

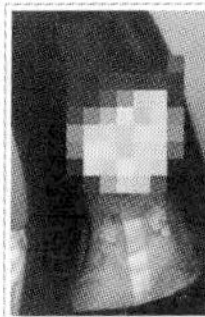
北川めぐ

蒲田のあ

ソープと掛け持ちしてるなら あれこれ期待して しまいますよね

あくまで、ある常連客が遊んだ十数名の嬢に限った統計だが、このメンエスには、ソープと掛け持ちしてる子が50%ほどいる。2人に1人とは驚異的な数字だ。メンエス人気に乗っかって稼いじゃえってことなのだろう。

ということは、どういうことか。女として、ソープでやってるようなことに抵抗がないのなら、舞台は違えど、お小遣い次第では同じようなプレイをしてもらえたり、してもらえなかったり、やっぱりしてもらえたり、との考えに至っても不思議はない。

推測するだけじゃラチが明かない。実際にこの店に行き、真相を確かめてきてください。

基本料金

60分 12,000円
90分 18,000円
120分 24,000円
延長30分 6,000円
指名 1,000円～3,000円

毎回のように骨抜きにされる500%満足ピンサロ

店名　**ナックファイブ**

業種　**ピンサロ**

場所　**東京 荻窪**

JR荻窪駅南口から徒歩1分。中華居酒屋「りぼう」そば。

住所　**杉並区荻窪5-24-9 タケサキビル地下1階**

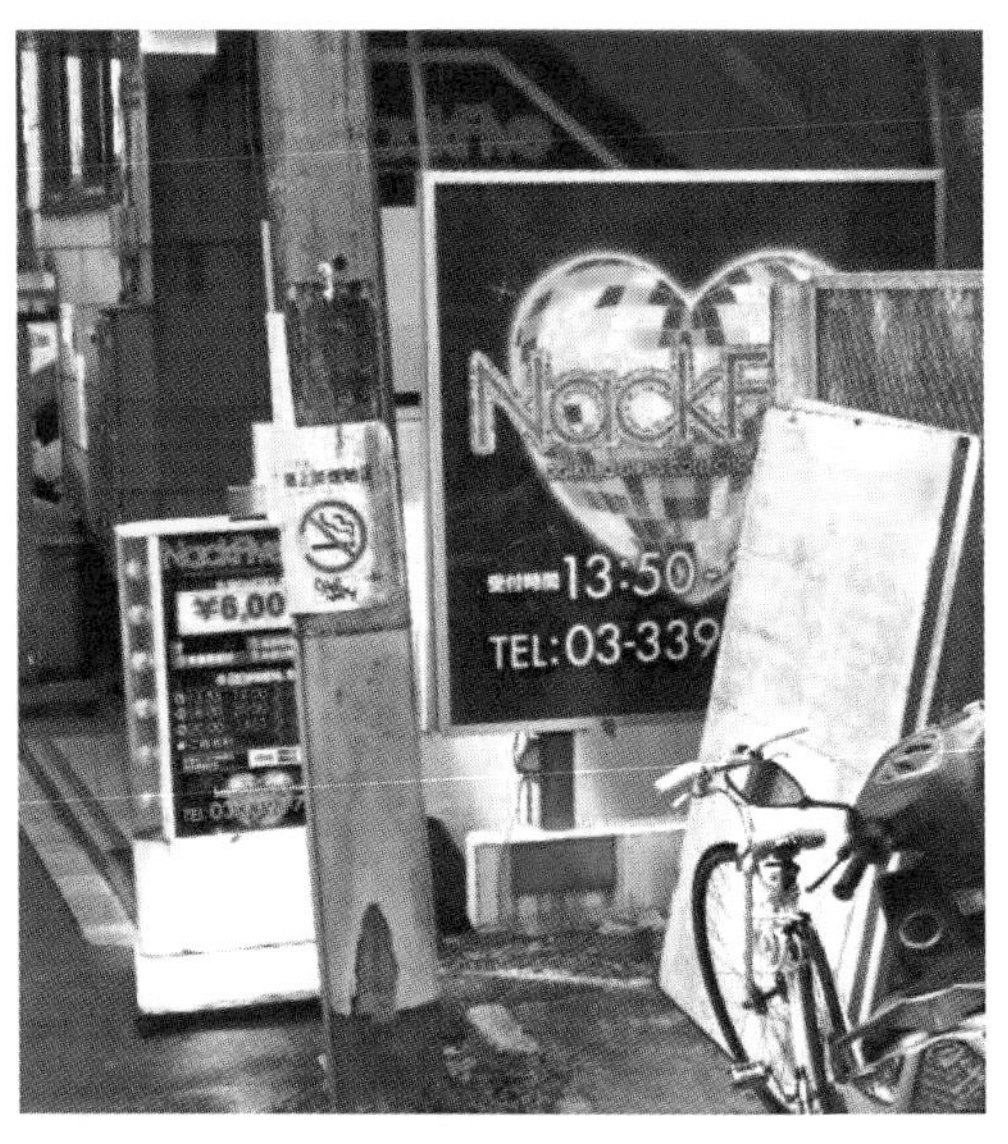

大手ピンサログループ「ナック系」の総本山が、荻窪にある「ナックファイブ」だ。やはり1号店なだけあって、満足度もピカイチ。プレイ料金の安さもさることながら、美女やテクニシャンも多い。

カリを的確に攻めてくるだけでなく、向こうから密着してプレイしてくれるので、射精時は、毎回のように骨抜きになってしまうという。

プレイ料金が2000円安くなる、7・9・5の付く日だけでなく、ゲリライベントも多く開催しているので、たいてい週末は開店前から行列ができている。

常連客のひとりが、しみじみと言う。

「良いピンサロってのは、こういう店のことを言うんだよね。俺、いつもここの満足度は500%だもん」

500%納得だ。

基本料金

12時〜18時（指名料込み）
30分　6,500円
60分　15,000円

18時〜20時
30分　7,500円
60分　15,000円

20時〜ラスト（指名料込み）
30分　8,500円
60分　17,000円

立ちんぼちゃんのX（旧ツイッター）を監視してから肉体を買う

店名 なし
業種 立ちんぼ
場所 東京 大久保

JR新宿駅東口から徒歩7分。都立大久保病院の周辺。

住所 新宿区歌舞伎町2-43

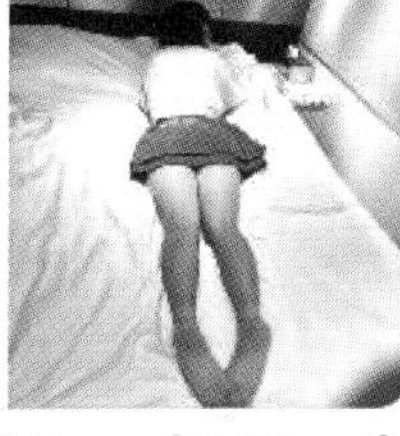

フーゾクの話ではないが、耳寄り情報なのでお許しを。ここ数年ほどで、立ちんぼスポットのメッカ・大久保公園にカワイイ立ちんぼが激増したのはご存じか。

最近、そこに立っている女の子たちがX（旧ツイッター）を始めている。つまりSNS上でも、エンコー相手を募るようになったのだ。

では、この状況を利用して男たちは何をしているのか？ 答えは、Xの監視だ。

立ちんぼちゃんの中にはプライベートなことをつぶやいたり、学生時代の写真をアップしている子もいる。大久保公園の常連いわく、「毎日欠かさず、彼女たちのツイートをチェックしてから遊ぶと、知り合いの女性のように思えてきて、めちゃくちゃ興奮するんですよね」とのことらしい。

Xで「#交縁」「#大久保公園」と打ち込むと、すぐにその手のアカウントは見つかる。フーゾク遊びに飽きた方はこちらを試してみてはどうか。ただし、大久保公園の周辺は未成年立ちんぼも出没する。事前に必ず身分証で年齢確認するなど、くれぐれも気を付けることだ。

立ちんぼの料金相場

若い、可愛い、スタイル良
ゴム本番 20,000円
ナマ本番 30,000円～

若くて容姿フツー
ゴム本番 15,000円
ナマ本番 20,000円～

おばちゃんやおデブちゃん
ゴム本番 10,000円以下

店名　**乳ース!! ERO**

業種　**デリヘル**

場所　**東京 鶯谷**

大人の男は地味な女性にこそエロスを感じる

流行りの服など興味なし。とっくりセーターを着てメガネをかけて、髪が真っ黒でキューティクルのない女性を、人は地味と言って軽蔑する。

この店の嬢は、さらに顔の造りも地味だ。

しかし、我々も齢を重ねていくと、そんな地味な女性にこそエロスを感じないだろうか。陽の当たらない道をゆく者のみが持つ屈折した欲望。そいつが開放されたとき、堕ちていく様がたまらないのではないか。

地味な女性には、ついS心が刺激される。が、いっちょまえにクンニで濡れてアンアン喘ぐなんて10年早いわ！　と罵ろうにも、10年後はさらに地味になってるだろうから困ったもんだ。

基本料金

60分　9,900円
90分　14,300円
120分　19,800円

入会金　無料
写真指名　無料
本指名　1,100円
延長30分　6,600円

浴衣の美女と広すぎるプレイルームで

ピンサロで制服や水着なんて、なんの目新しさもない。だったら和服はどうだろう。

店の常連がお勧めするのは巣鴨にある「R」だ。この店は浴衣美女が接客をすることでピンサロ愛好家たちの間では少しばかり有名な店だ。

プレイルームは8畳はあろうかという広さで、文句ナシで都内最大級。これだけ広ければ足を伸ばして、手を伸ばしてとやりたい放題できてしまう。癒されに来たのに部屋が狭くて足も伸ばせないピンサロが多いなか、ソファにだらしなく座ってもなお有り余る面積をどう活用すべきか。

ソファでヌクも良し、大の字に寝転がってヌクも良し。なんでもできるピンサロだ。これだけ広い室内で浴衣の美女と遊べば、錯覚しても不思議はない。自分はいつからお代官様になったんだと。

店名 **R**

業種 **ピンサロ**

場所 **東京 巣鴨**

各線巣鴨駅北口から徒歩1分。

住所 **豊島区巣鴨2-5-9**
巣鴨共栄ビル地下1階

基本料金

10時～17時（フリーコース）
30分 6,000円
お試し20分 5,000円
延長15分 5,000円

17時～23時30分
（フリーコース）
30分 7,000円
お試し20分 6,000円
延長15分 5,000円
※フリーコースは20分、30分のみ

10時～17時（指名コース）
30分 8,000円
40分 10,000円
60分 13,000円
80分 20,000円
お試し20分 7,000円
延長15分 5,000円
（指名料込み）

17時～23時30分
（指名コース）
30分 9,000円
40分 11,000円
60分 14,000円
80分 21,000円
お試し20分 8,000円
延長15分 5,000円
（指名料込み）

店名 **TALL**
業種 **デリヘル**
場所 **東京 品川**

顔面騎乗で窒息させてくる女王様タイプの嬢が

低身長男性には高身長女性を好む人が多い。そのうちの大半はM気質で、要するに、自分より大きな女性にイジメてもらいたい願望があるのだろう。ここはそんな男性が、ありがたがるような店だ。160センチ台後半から180センチオーバーまで、いろんなタイプの高身長女性がそろっている。

おまけにS気質の嬢も多く、中には相当キツイ責めを平気でやってくる女王様もいるという。

「シャワーまでは恋人みたいにイチャイチャプレイを楽しんでたのに、ベッドに行った途端、態度が急変して。僕の顔に顔面騎乗したと思ったら、『私のマン●のニオイ嗅げや！』とか言って股間をグリグリ圧迫してくるんです。あやうく窒息しかけましたよ。そこに感動しまして」

以後、嬢は彼のオキニとなり、定期的に指名することになったそうだが、窒息がキッカケでオキニ認定するところが、M男心理の難解さだろう。さっぱりわからん。

基本料金
60分 19,000円
90分 25,000円
120分 35,000円
180分 52,000円
入会金 2,000円
指名 2,000円
本指名料 3,000円
延長30分 9,000円

女装子にしゃぶらせ、本物女性ともハメれる日本屈指のドスケベ映画館

成人映画館は全国に数多あれど、賑わいの観点からいえば、おそらく、ここは日本屈指と言われている。成人映画館という場所柄、たくさんのおっさん女装子がおり、彼女ら（?）にしゃぶってもらうのもひとつの遊び方だが、本物の女性がイイと言う人でも楽しめるようになっている。

実はこの映画館、露出趣味の変態カップルや自分の彼女を寝取らせるのが好きな男たちの出没地帯としての側面もあり、タイミングさえ合えば、タダセックスができてしまうのだ。

オークラには1階と2階があり、変態カップルは必ず1階に現れる。2階は女性客が入れないからだ。逆に女装子と遊びたいなら2階へ。くれぐれもお間違いなきよう。

店名 **上野オークラ劇場**

業種 **成人映画館**

場所 **東京 上野**

JR上野駅不忍口より徒歩3分。

住所 **東京都台東区上野2-13-6**

基本料金

大人　1,700円
学生（大学生、専門学校生）1,400円
シニア（60歳以上が対象）1,400円
障害者割引（付き添い1名まで）1,400円
二階席　2,000円

上野オークラの詳細記事を読みたい方は231ページへGO!

ジイさんでも気兼ねせず楽しめるハプニングバー

店名 **コミュニケーションバーS**

業種 **ハプニングバー**

場所 **東京 御徒町**

JR御徒町駅南口から 徒歩2分。住所非公開のため、詳細は直接店舗へお尋ねください。

もともとここは浅草で営業していた有名店だったが、入居ビルの老朽化により、数年ほど前に御徒町に引っ越してきた経緯がある。オススメポイントはズバリ、料金の安さとジイさん客の多さだ。

ハプバーとしては異例の入会金無料で、入場料４千円。おそらく都内最安のハプバーかもしれない。

ハプバーといえば客層は20〜40代が中心で、年配の男性客はほとんど見かけないものだが、ここは御徒町という土地柄もあってか、40〜60代が中心。ときには70代の大先輩までもがひょっこり来店するから心強いかぎりだ。

女性客は30代から40代が中心で、ときどき20代の女の子が現れたりもする。普段は常連客が幅を利かせているが、基本的に女性客が嫌がることをしないように促す雰囲気なので居心地は悪くない。

４千円ならオッサンでも躊躇せずに遊びに行けるし、女性客が少ない日でも、まあ仕方ねえかとあきらめもつく。これぞ最大のメリットだ。

このハプバーの
体験ルポがあります
238ページへGO!

基本料金

入場料
男性客4,000円
女性客　無料
カップル　2,000円
入会金　無料
ドリンク（アルコール類含む）
300〜500円

※単独女性は、3時間前までにHPの掲示板に来店予告の書き込みをするとドリンク代が無料に
※カップルは、3時間前までに来店予告の書き込みをすると入場料が無料に

店名 **Cawaiiハイ! スクールリターンズ 秋葉原校**

業種 **デリピン**

場所 **東京 秋葉原**

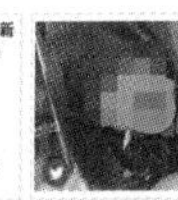

本物の制服を着た合法ロリちゃんばかり指名してます

店舗を持たない派遣型ピンサロは結構珍しいのではないか。電話をすれば、ホテルやレンタルルームへと派遣してくれる、いわゆるデリピンだ。秋葉原は万世橋の警察署が優秀なのか、過激な店があればすぐに摘発されてしまう。しかしそんな秋葉原で繁盛しているこの店は、なるほどと思える理由が。

まず女の子たちが可愛い過ぎるのだ。年齢は18才から20代前半しか在籍していない。そして風俗が初めての純朴な子が多い。これだけでも素人系が好きな人にはヨダレものだろう。秋葉原という土地柄、オタクっぽい子も多い。フーゾク嬢との雑談といえば、仕事の話や飲み会の話、一度きりで終わる関係なので、勢い、淡白な会話になりがちだ。

だがここは、「アニメ何見てるの?」「あのアイドル推してるんだね」など、少しオタク趣味が入ってても、盛り上がってしまう。

高校の制服も都内のブルセラショップで購入しているため、すべて本物なのだとか。

基本料金

30分 7,000円

レズビアン女性専用「ゆるゆり」コース
無料オプション:ピンクローター
60分 18,000円

真・イメクラコース
60分 18,000円

真・イメクラコースSR
コスチューム・サイドメニュー各1点無料
100分 25,000円

真・イメクラコースUR
コスチューム1点
サイドメニュー2点無料
130分 33,000円

大好きな漫画キャラに チン●を優しく舐められる

店名　**過激☆コスプレクラブぴっくるす2**

業種　**デリヘル**

場所　**東京 秋葉原**

アニメ、漫画キャラのコスプレをした女の子とイチャイチャ遊びたい！　そんなオタクの夢を叶えたコスプレデリヘルがここだ。

普通のフーゾクのコスプレ衣装は、格安店で買ったような安っぽくて低品質な布なので興醒めしがちだが、この店はちゃんとコスプレ店で買った衣装を使っている。それだけでも没入感は段違いだ。

さらにこの店の女の子はちゃんとキャラクターを理解しているところもデカい。「まりんちゃんみたいにお願い」と、アニメキャラっぽく振る舞ってほしいことを伝えると、まりんちゃんになりきってサービスをしてくれるのだ（まりんちゃんって誰だって？　そこはご自分で調べてください）。

大好きだったキャラにチン●を優しく舐められる快感は、筆舌に尽くしがたいものがあるという。

基本料金

スタンダードコース

40分　12,000円

60分　18,000円

90分　25,000円

延長15分　5,000円

※フィニッシュはコスプレ衣装に発射OK※より過激なハードコース（完全なりきり同人誌コース）もある。詳細は同店のHPにて

入会金　2,000円

ネット指名　1,000円

本指名　2,000円

勃起の根幹はタマにあり、と実感させせられます

店名 **あおば睾丸診療所**

業種 **派遣型回春エステ**

場所 **東京 新橋**

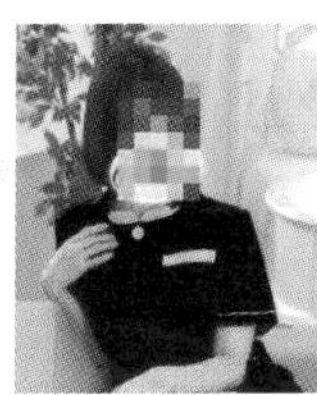
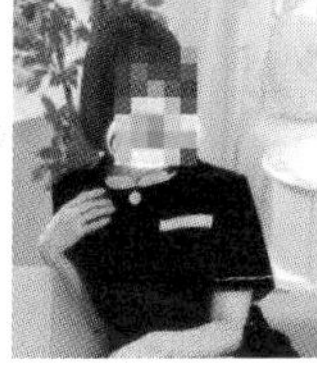
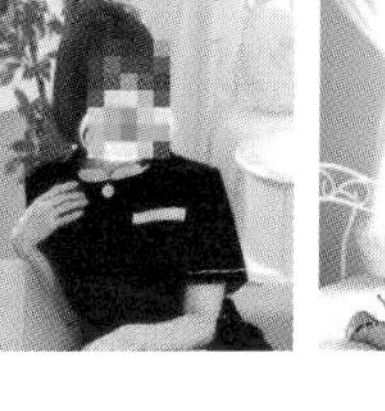

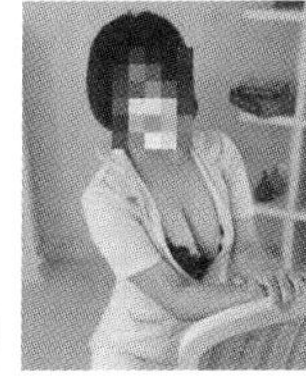
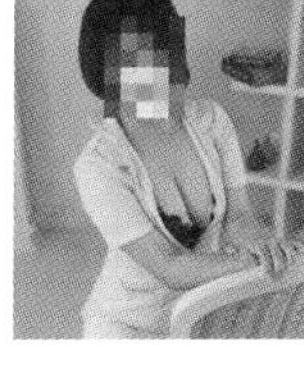

勃起力が落ちてきた中年男性は、ここのすべての睾丸コースを受けるべきだ。

流れとしては、タマを30分ほどいじられてから手コキ発射となるが、勃起力の根幹はやはりキンタマにあり、と心から思い知らされるはずだ。

玉裏をサワサワしたり、握って伸ばしたり、ギリギリ痛くならないように揉みしだいたり。

そんなタマ愛撫を30分も受ければ、不思議とチン●はフル勃起に。てっぺんから透明のツユがあふれだす。サオにはいっさい触れられていなくても。

睾丸マッサのあとは射精の量も半端なくて、ドクドクと音がするような出方に。45才を過ぎたらマストゴーだ。

基本料金

睾丸コース

60分 16,000円
本格睾丸マッサージ（25分〜30分）
+トップレス七色

睾丸コース

80分 20,000円
上半身or下半身マッサージ（15分〜20分）
+本格睾丸マッサージ（30分〜40分）
+トップレス七色

睾丸コース

100分 24,000円
膝枕のマッサージ
+全身マッサージ（30分〜40分）
+本格睾丸マッサージ（30分〜40分）
+トップレス七色

延長30分 10,000円

延長60分 20,000円

入会金 3,000円

ネット指名 1,000円

本指名 2,000円

店名 **ゴールドハンズ**
業種 **派遣型手コキ**
場所 **東京 新橋**

仕事の合間に2500円でサクッと抜く

サラリーマンの街、新橋。ここで働く男たちに絶大な支持を誇っているのが、ここ「ゴールドハンズ」という店だ。

人気の理由は、そのお手軽さにある。手コキのみのソフトサービスが中心となっているため、20分たったの2500円で一ヌキできるのだ。

働いている女の子も、やはり手コキ嬢というだけあり、フーゾク嬢に特有なスレた感じはいっさい見受けられない。さらに、キレイな女の娘が多いのも、ポイントに加えていいだろう。

営業に行く前の息抜きや、飲み会の後の二次会など、色んなシーンで利用されている。

基本料金

30分 A4,500円 B6,000円
45分 A7,000円 B8,500円
60分 A10,500円 B12,000円
90分 A17,500円 B19,000円
120分 A24,500円 B26,000円

フリーコース
20分 2,500円

乱入パラダイスコース
40分 9,500円
（メイン40分×1名、サブ15分×2名）
50分 13,000円
（メイン50分×1名、サブ20分×2名）

A＝私服で手コキ　B＝下着で手コキ

なぜ我々はパンスト越しの太ももを撫でまわしたいのか

店名 **パンスト熟女はいやらしい**

業種 **派遣型手コキ**

場所 **東京 新橋**

こちら、乳首舐め付きの手コキ店だ。特筆すべきは嬢がホテルへ訪問するとき、必ず光沢のあるパンストを着用してること。

パンストって、なぜあんなにイヤラしいのだろう。電車でパンスト女子を見かけるたび、痴漢したくなる人は意外と多そうだ。そんなパンスト好きにとって、ここは夢のような店なのだ。

たとえば嬢がホテルにやってくると、客は2種類のプレイスタイルを選択できる。ひとつは通常どおり、乳首を舐められながらの手コキだ。

もうひとつは、嬢をうつ伏せにしてパンストを鑑賞しながら尻や太ももをマッサージするというもので、特に後者は大人気だ。ある客が興奮気味にパンストの良さを説明してくれた。

「だって、パンスト越しの尻や太ももに触りまくれるんですよ？ あのちょっと硬めの質感が脳ずいを刺激しまくるんです。それだけで僕なんか射精しそうになっちゃいますけどね」

基本料金

光沢パンスト手コキコース

40分 10,000円
60分 12,000円
90分 16,000円
120分 20,000円

【A・Bから選べるスタート】

A スタートからギンギンのチン●をシゴきっぱなし、乳首舐められっぱなし

B スタートはうつ伏せパンスト熟女の「尻・太もも・脚を見て嗅いで」マッサージ

光沢パンストヘルスコース

【光沢パンスト手コキコースの料金】+2,000円

延長30分 6,000円
入会金 2,000円
指名 1,000円
本指名 1,000円

あれこれ悩むぐらいなら この店を選んでおけば良し

通称「ウルグレ」。東京の男なら誰もが知る有名ホテヘルだ。人気の理由は諸説あるらしく、その一説であるサービスすごい！ と評されているが、名店と言われる理由はそこだけじゃなく、やはりルックスレベルの高さだろう。

たださすがに在籍数が多すぎて、好き嫌いは当然でてくる。新人だけを指名してワクワクドキドキしたり、大当たりの嬢と遭遇したときの嬉しさはひとしおに違いない。

とにかくあれこれ悩むぐらいなら、この店を選んでおけばまず間違いはない。

店名　**ウルトラグレイス24**

業種　**ホテヘル**

場所　**東京 新大久保**

JR新大久保駅から徒歩２分。青い自販機と『lattencos』と書かれた、これまた青い看板が目印。自販機横の階段を上がり、207号室の黄色いドアが受付。

住所　**新宿区百人町1-15-24**

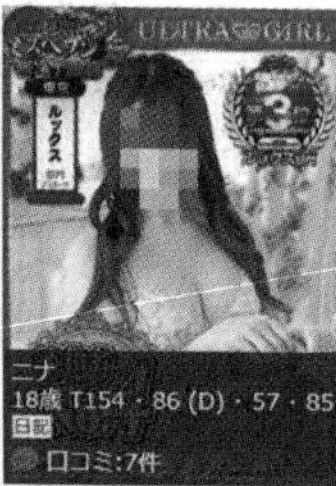

基本料金

6時～12時	
50分	14,300円
70分	19,800円
90分	25,300円
110分	30,800円

12時～17時	
50分	15,400円
70分	20,900円
90分	26,400円
110分	31,900円

17時～24時	
50分	16,5300円
70分	22,000円
90分	27,500円
110分	33,000円

24時～9時	
50分	17,600円
70分	23,100円
90分	28,600円
110分	34,100円

※ヘルスコース以外にも、スペシャルコース、スペシャル＋即尺コースあり。詳細は同店のホームページをご覧ください

ピンサロ3Pでディープキスとフェラを同時に味わう

店名 **ハイカロリー**

業種 **ピンサロ**

場所 **東京 大塚**

JR大塚駅北口から徒歩3分。ファミリーマート「北大塚2丁目店」そば。

住所 **豊島区北大塚2-8-15 北大塚ビル4階**

ヘルスやソープでは3Pが可能だが、いかんせん料金が高い。5万も6万も請求されては、なかなか手が出しづらくて、躊躇する人も多いかと思う。

しかし、もっと気楽に、もっと安く、3Pを楽しめるフーゾクがある。ピンサロだ。驚く人もいると思うが、実は最近、3Pに対応しているピンサロが登場しているのだ。

オススメは、大塚にある激安店「ハイカロリー」。店名が示唆するとおり、ポッチャリ系ピンサロで、嬢のレベルも決して高いとは言えないが、3Pコースの「どんちゃん騒ぎ」なら、25分6千円で可能に。念願の3Pプレイをたったの6千円で堪能できるのだ。

ディープキスとフェラを同時に楽しめるとは、これ以上の贅沢はない。さらにこの店には巨乳ちゃんが多い。嬢2人同時にデカ乳を揉みしだくことも可能だ。

基本料金

フリーコース

シングル（20分） 2,900円
2回転（20分） 2,900円
3回転（30分） 4,000円
4回転（40分） 5,000円
5回転（50分） 6,000円

指名コース

指名（20分） 4,000円
指名（30分） 5,000円
指名（40分） 8,000円
指名（50分） 9,000円
指名（60分） 10,000円
指名（80分） 14,000円
指名（90分） 15,000円

3Pコース

どんちゃん騒ぎ
（25分） 6,000円

メイドに敬語を使わせたままミチミチ挿入する征服感

店名 **メイドマスター／アリスカフェ**

業種 **ソープ**

場所 **東京 吉原**

メイドマスター住所 **台東区千束3-29-14**
アリスカフェ住所 **台東区千束4-32-3**

カフェだのバーだの、ヌキありだったらヘルスだのと、メイド服とたわむれ可能な店は数多い。

でも、我々は正直、メイドと本番したいのだ。お帰りなさいませ、とかはもうどうでもいい。「ご主人様、お願いですから入れてくださいませ」と言わせたいのだ。

となると選択肢はメイドソープしかない。そこでさっそく情報収集したところ、こちらの2店舗が浮上した。

メイド服を着せたまま、そしてもちろん敬語を使わせたまま、チン●をミチミチ挿入していくあの征服感は、秋葉原のしょうもないカフェなんかじゃ絶対に味わえない。そして、これは声を大にして言わせてもらう。女の子のレベルだって負けてないぞ！

基本料金（メイドマスター）

50分 A14,800円 B15,800円 C16,800円
60分 A17,800円 B18,900円 C19,800円
80分 A23,500円 B24,500円 C25,500円
（一部略）

入会金　無料／**ネット指名**　1,000円
写真指名　1,000円／**本指名**　2,000円
特別指名　2,000円～3,000円

基本料金（アリスカフェ）

50分 D20,900円 E21,900円 F21,900円
60分 D22,900円 E23,900円 F23,900円
80分 D27,900円 E28,900円 F28,900円
（一部略）

入会金　無料／**ネット指名**　1,000円
写真指名　無料／**本指名**　2,000円

A=7時～　B=10時～　C=16時～
D=10時～　E=16時～　F=土日祝

店名 **かぐや本舗**

業種 **デリヘル**

場所 **東京 大塚**

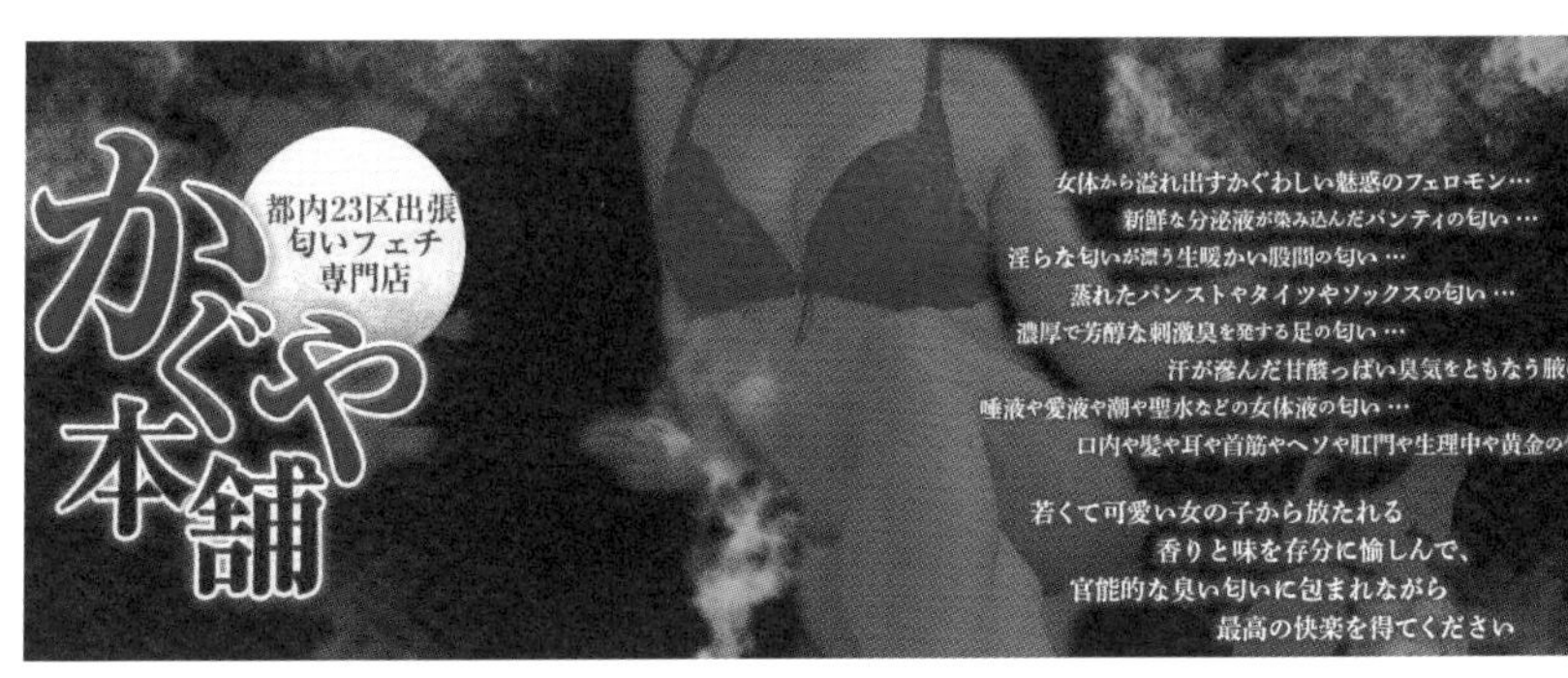

かぐや本舗
都内23区出張
匂いフェチ
専門店
女体から溢れ出すかぐわしい魅惑のフェロモン…
新鮮な分泌液が染み込んだパンティの匂い…
淫らな匂いが漂う生暖かい股間の匂い…
蒸れたパンストやタイツやソックスの匂い…
濃厚で芳醇な刺激臭を発する足の匂い…
汗が滲んだ甘酸っぱい臭気をともなう
唾液や愛液や潮や聖水などの女体液の匂い…
口内や髪や耳や首筋やヘソや肛門や生理中や黄金の
若くて可愛い女の子から放たれる
香りと味を存分に愉しんで、
官能的な臭い匂いに包まれながら
最高の快楽を得てください

パイパンだらけのこんな世の中じゃ剛毛好きはやってられません

この店は〝匂い〟を売りにしてるのだが、ある常連客はそれより剛毛嬢が多いことに喜んでいるという。

たしかに、最近の若い女性は右も左もパイパンばかりで、あれってどうなんだろう。ナチュラルに生えっぱなしにしてくれたほうが、人間味があふれてていいと思うのだが。

その女性の歴史もうかがえるし。ああ、このちぢれてるやつは中1くらいからここにいるのかな？　てな具合に。

匂いと剛毛にどんな相関関係があるのか、なんとなく想像できなくもないが、とにかくモシャモシャの剛毛が好きならこの店も選択肢に入れてはいかがか。

基本料金

45分　12,000円
60分　16,000円
90分　24,000円
120分　32,000円
延長30分　10,000円
※45分コースはフリー限定

入会金　2,000円
指名　1,000円
本指名　2,000円

K-POPアイドルのような韓国美女（整形？）と遊べます

店名 **ニューシンドローム**

業種 **韓国デリヘル**

場所 **東京 鶯谷**

気の強そうな韓国人女性とスケベしたい！ そう本気で願う日本男児は、意外にもたくさんいるらしい。寸胴でかわいいだけの日本人には興味ナシ。モデルのようにスタイルが良くて、くっきり濃い顔のメイクをした韓国人女性に、めちゃくちゃ興奮するといった日本人男性が急増してるのだ。おそらく整形だろうけど。

そんな人には、やはり、韓国デリヘルのメッカ・鶯谷（うぐいすだに）は外せない。特にオススメしたいのはこの店舗だ。スタイル抜群の、K-POPアイドルのような娘がたくさん在籍してるそうなので、興味のある方はどうぞ。

基本料金
80分 23,000円
100分 28,000円
120分 30,000円（フリー）
33,000円（指名）
180分 48,000円

VIPコース
80分 33,000円
100分 43,000円
120分 53,000円

宿泊コース
22時～翌8時 96,000円
延長30分 13,000円
入会金 無料
本指名 1,000円
チェンジ 無料

一生懸命なタイ人と本気で結婚したくなる

人間、ある程度の齢を重ねると、フーゾクには刺激よりも癒しを求めるようになる。具体的には50代を過ぎた辺りか。同じく52才の常連客がたどり着いたのは、「大瀧」というタイ人デリヘルだそうな。その魅力を尋ねたところ、彼はにこやかに答えた。

「一番は、なんといっても女の子の明るさでしょうか」

よほど店側の教育が徹底しているのか、フーゾク嬢にありがちな素っ気ない態度を取る娘は一人もいない。みんな笑顔で一生懸命、仕事に打ち込み、つたない日本語でたくさん話もしてくれる。彼が思い出したように笑う。

「異国の地で一人がんばる彼女たちの姿を見ていると、今の奥さんを捨てて本気で結婚したくなるんです。もちろん、そんな勇気はないですけど（笑）」

気になった方は同店で遊んでみるといい。日々すり減った心がきっと癒されるはずだ。

店名 **大瀧**
業種 **タイデリヘル**
場所 **東京 日暮里**

基本料金
60分 9,000円
80分 12,000円
100分 15,000円
120分 19,000円

宿泊コース
53,000円
延長30分 7,000円

日暮里・西日暮里・鶯谷限定コース
45分 9,000円
70分 12,000円
90分 15,000円
延長30分 7,000円

プレミア・デリバリーコース
60分 14,500円
90分 22,500円
120分 28,500円
延長30分 9,000円
ネット指名 無料
本指名 1,000円
入会金 無料

女性のあらゆる匂いがお好きな特殊性癖の人に

店名　**えっちなかおり**

業種　**デリヘル**

場所　**東京　日暮里**

日暮里　匂いフェチ専門店
えっちなかおり
営業時間　15:00～21:00
電話番号　080-9399-9571
電話受付は、お昼13時～開始となります。発熱・咳症状のある方、外国人のご利用は制限させて頂いております。
これでもかっ！！ぐらいに嗅がされる！
お姉さんの蒸れたくっさ～い匂い責めはいかがですか…？

足のニオイ、腋のニオイ、うんこ、おなら、咀嚼（そしゃく）、口臭など、女性のありとあらゆる匂いを嗅がせてくれる、特殊な店だ。興味のない方は以下を読み飛ばしてほしい。その方がお互いのためである。

さて、ここはうんこのお茶漬けが食べたいというファンキーな要望にも対応してくれるし、聖水や唾液のお持ち帰りも可能なので、家に帰って唾液のニオイを嗅ぎながら、聖水をご飯にぶっかけてねこまんまにして食べることも可能である。

って、いったい誰にオススメしているのだろう？

基本料金

Aコース

女性のその日最初の仕事になるので、仕事終わりの蒸れ蒸れになった酸っぱい強烈臭を味わえるコース（1日1本限定）

60分　18,000円／**90分**　26,000円

120分　34,000円（指名0円）

Bコース

Aコースでの仕事が終わった以降がBコース。強烈な匂いを求めない初心者、「ツバ・よだれ・鼻フェラ・顔舐め・聖水」などの体液プレイ、「咀嚼・口臭・おなら・踏みつぶし」などの匂いで満足できる人向けのコース

60分　14,000円／**90分**　22,000円

120分　30,000円（指名無料）

延長30分　9,000円

入会金　無料

指名　2,000円

東大生の胸を揉むチャンスなど他にないのでは

また投稿が届いた。さっそく紹介しよう。

東大なんて俺にはなんの接点もないし、今後もあるはずがないと思っていた。でもこの店には現役女子東大生がいるという（本人からの申告）。店自体はイチャイチャできるキャバクラで、乳モミまでしかできないが、それでも東大生のおっぱいである。学歴コンプレックスを抱えている人には、まさに天の上の存在のおっぱいだ。

どうせ心の中で高卒だってバカにしてるんだろって思いながら、意地悪く乳をモミモミしてたらめっちゃ楽しいのだ。酒もクイクイ進むし。まあ、社会に出たら俺をアゴで使うような女のおっぱいなんてなかなかタッチできないからね。

なお、東大以外にも、お茶の水女子だったり、東京女子大学、早稲田、上智とハイスペック女性が多数在籍しているようだ（すべて本人申告）。

店名 **レモンカフェ**

業種 **イチャキャバ**

場所 **東京 上野**

各線「上野駅」不忍口から徒歩3分。

住所 **台東区上野2-12-3 大国屋ビル地下1階**

基本料金

18時〜19時59分
40分 6,000円

20時〜翌1時
40分 7,000円

持ち込み料
（食事を外から店内に持ち込む場合）
ホール 1,000円
VIPルーム 3,000円
※1日何品でも一律こちらの料金

指名料 2,000円
場内指名料 2,000円
同伴料 2,000円
VIPルーム 40分 10,000円

乳首が見える、見えないの攻防戦を楽しめるのはマイクロビキニだけ

店名　**錦糸町クリニック マイクロビキニ編**

業種　**派遣型風俗エステ**

場所　**東京 錦糸町**

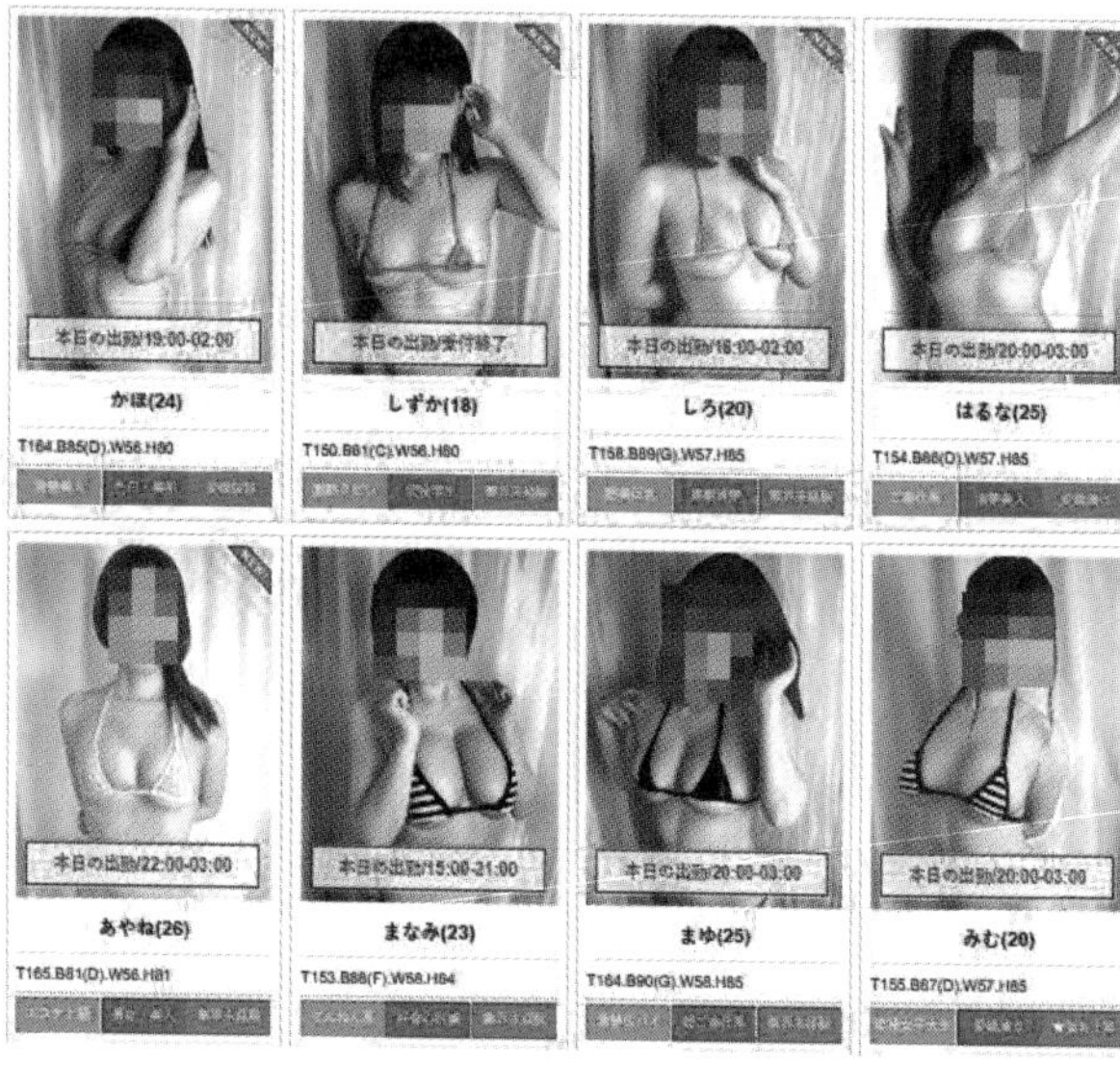

風俗エステの衣装オプションに、マイクロビキニを取り入れている店はわりとある。客が望むまま布面積を減らしていけば、結局そこに落ち着くのは至極当然だ。

でも、オプションってところがどこかケチくさいし、嬢によってはNGだったりするのも厄介だ。

その点、専門店ならいついかなるときに誰を指名しても、小さなビキニでいろんなところをヌルヌルしてくれるわけで、この安心感は大きい。

乳首が飛び出すか飛び出さないか、マン●が見えるか否かの、マイクロビキニならではの攻防戦を大いに楽しもうではないか。

基本料金

60分　10,000円
90分　15,000円
120分　22,000円
180分　34,000円
講習コース1名
30分　5,000円
延長30分　10,000円
ネット指名　1,000円
本指名　1,000円

アルファベット中盤以降の爆乳をタップンしたいなら

とにかくデカい乳、Iカップだの Jカップだの、アルファベットをAから数え始めてもなかなか出てこないような、超爆乳に顔をうずめたいならこの店だ。

ある人はそれをデブと言うかもしれない。ある人はそれを関取と言うのかもしれない。でもここの客は言わない。店に愛情を持っているからだ。

人間である以上、乳が大きければ腹もそれなりに出るのは当たり前。でなきゃバランスを崩して歩けないだろう。

とにかく胸の肉をタップンタップンしたい男性はゴーだ。で、もしやせ巨乳を見つけたら、こっそり弊社まで教えてください(笑)。

店名 **ビッグティッツ**
業種 **デリヘル**
場所 **東京 新宿**

基本料金
50分 13,000円
70分 19,000円
95分 24,000円
120分 30,000円
入会金 2,000円
指名 2,000円
本指名 3,000円
延長料金 30分 9,000円

300万円注ぎこんだ常連が名店と認定する理由

またまたこの店の常連客から投稿が届いたので、ご紹介したい。

風俗に通い始めて長いが、この店を最も多く利用したかもしれない。使った総額は300万円。車だって買える金額をこの店に支払ったのである。

ケチな話だが、コスパがいいのだ。高い金を払ってハズレ女が来たときの虚しさ。安い風俗に行って満足できずに帰る悲しさ。そんなのを味わうくらいならここへ行くほうが100倍いい。

ハズレが少ない上、当たりを引くとびっくりの女がやってくる。もう何度も利用しているせいか、在籍してる6割くらいの嬢とすでに遊んでしまった。

常連となった俺がおすすめする理由がもう一つある。電話番の男が聖人のような優しさなのだ。

ロリっぽくて巨乳な女を探していると伝えると、「だったらこの子が一番ですよ」と教えてくれる。ある時は「あーその子、いいんですけど、こっちの方がもっと巨乳ですよ。アレは数字のマジックです」と、とにかく親切に色々と教えてくれるのだ。こんなバカ正直な人を電話番にしても良いのかとすら思ってしまう。彼の人柄も含めて名店だ。

店名 **OKINI東京**

業種 **デリヘル**

場所 **東京 立川**

基本料金

60分	18,000円
75分	22,000円
90分	26,000円
120分	34,000円
150分	42,000円
180分	50,000円
210分	58,000円
240分	66,000円
270分	74,000円
300分	82,000円

スーパーフリー

75分	18,000円
90分	22,000円
120分	30,000円
150分	38,000円
180分	46,000円
210分	54,000円
240分	62,000円
270分	70,000円
300分	78,000円

※このコースは指名、キャンセル、チェンジ不可

ネット指名 0円～10,000円

本指名 2,000円

延長30分 12,000円

延長60分 22,000円

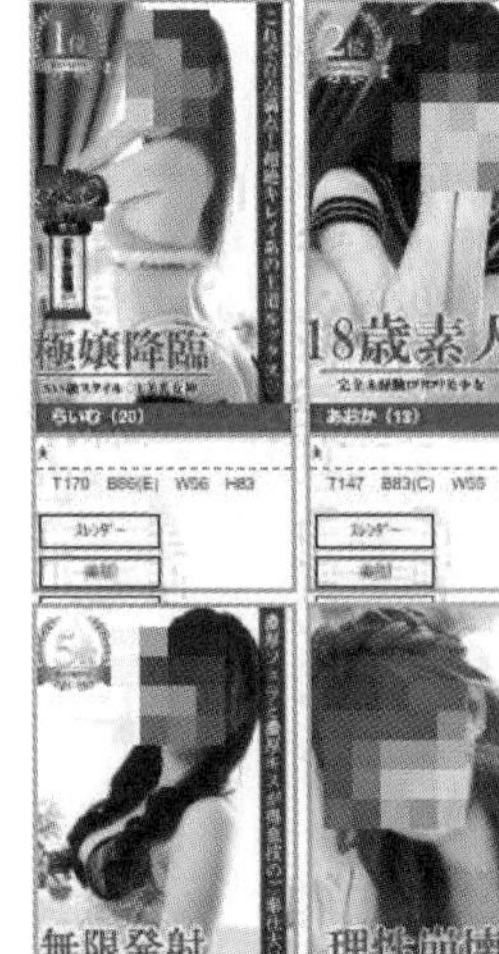

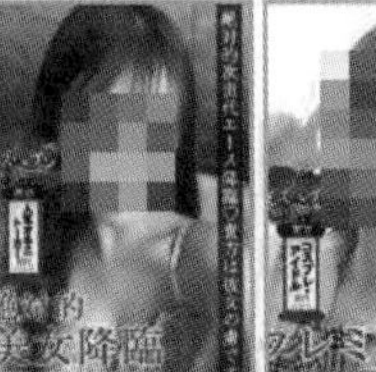

全国フーゾク街の歩き方

大歓楽街

横浜・川崎編

やせ巨乳の宝庫で数種類のパイズリを味わう

店名　**パフパフチェリーパイ**

業種　**店舗型ヘルス**

場所　**神奈川　横浜**

京急黄金町駅から徒歩5分。

住所　**横浜市中区末吉町3-45**

巨乳専門店はデブの宝庫！　が常識だが、この店は違う。やせ巨乳の宝庫だ。もうそれだけで価値が高い。全員がGカップ以上だそうで、中にはLカップなんて子もいる。

大きな胸を揉むのが大好きな人にぜひオススメしたいが、パイズリにこだわりのある方にも推したい。ここの常連がいくつかパイズリの種類を試せると嬢に言われたというのだ。

またやせ巨乳の娘には、尻の形もいい娘が多い。美尻好きにもオススメだ。

基本料金

9時～12時
35分　9,000円
50分　14,000円
65分　18,000円
80分　22,000円

12時～17時
35分　11,000円
50分　16,000円
65分　20,000円
80分　24,000円

17時～24時
35分　13,000円
50分　18,000円
65分　22,000円
80分　26,000円

※65分コース指定オプションのうちひとつ無料
※80分コース＝指定オプションのうちふたつ無料

入会金　無料
写真指名　2,000円
電話指名　2,000円
本指名　3,000円
延長10分　5,000円
延長20分　8,000円

低迷していた横浜の老舗ヘルス店が復活！名店はやっぱり名店だった！

かつて横浜フーゾクの顔であった箱ヘル（店舗型ヘルス）は、数年前までかなり低迷していた。嬢は味気ないベテランばかりになり、それを見越した客は安いピンサロやメンエスへ去っていった。

しかし、なぜか一転、ここ数年で若い女性の新規入店が急増。その結果、老舗ヘルス店に活気が戻ってきたのだ。

特に復調著しいのは『イエローキャブ』だ。理由はよくわからない。コロナで仕事のなくなった女性が増えたのか、あるいは店が給料をアップさせたのか…。正直ナゾだ。

しかし、現役ＪＤや風俗未経験のルーキー嬢が増えているのは確かな事実。ハマのヘルスは今が遊び時ですぞ！

店名 **イエローキャブ**
業種 **店舗型ヘルス**
場所 **神奈川 横浜**

地下鉄「伊勢佐木長者町駅」から徒歩5分。
住所 **横浜市中区曙町2-30 2階**

基本料金

平日9時～12時
45分 13,000円
60分 17,000円
75分 21,000円

12時～16時
45分 14,000円
60分 18,000円
75分 22,000円

16時～ラスト
45分 15,000円
60分 19,000円
75分 23,000円

土日祝（オールタイム）
45分 15,000円
60分 19,000円
75分 23,000円
延長15分 5,000円
写真指名 1,000円
電話予約 2,000円

ベイビーキャブガール（業界未経験の新人）
40分 ～11,000円
60分 ～14,000円
80分 ～18,000円
店頭指名 1,000円
電話予約 2,000円

※嬢によって可能プレイが違うため、料金が1,000円～2,000円異なる

店名　**エレガンス学院**

業種　ソープ

場所　神奈川　川崎

JR川崎駅東口、京急川崎駅中央口から徒歩10分。

住所　川崎市川崎区堀之内町7-8

エレガンス学院
川崎・堀之内のソープランド「エレガンス学院」
女の子がセーラー服でお出迎え！
エリアトップレベルの女の子をリーズナブルな料金で！
朝7時～深夜0時まで

セーラー服に性欲をぶつけていたあのころを思い出せ

もはやセーラー服は、地方の伝統校ぐらいにしか残ってないんだろうか。フーゾクでも「制服」といえばブレザーばかりだ。あれに青春の性欲をぶつけまくってた世代は一抹の寂しさを覚えるのではないか。

したがって、この店の常連客の多くは、この店でセーラー服を以下のような感じで楽しんでいるらしい。

——若くての女のセーラー姿を眺めていると、いつも頭の中で流れる「セーラー服を脱がさないで」。そうそう、俺は会員番号4番でよくシコってたんだ。たまに8番でも。セーラー服は脱がさないよ。脱がしたらもったいないからね。着させたまま挿入だ。よし、そのリボンで俺の首を絞めてくれ！——。

とまあ、そんなお店のようで。

基本料金

50分　16,000円

70分　24,000円

※組み合わせで
ロングコースも可能

延長20分　8,000円

本指名　2,000円

待合室がいつも混雑するコスパ最高のお得ソープ

店名 **激安ドットコム**

業種 **ソープ**

場所 **神奈川 川崎**

JR川崎駅、京急川崎駅から徒歩5分。

住所 **川崎市川崎区堀之内町2-2**

川崎で大人気の激安ソープだ。最安コースはなんと45分9990円、ガッツリ60分で遊んでも、1万4千円で済んでしまう。まさに革命的な安さだ。

となれば、嬢の見た目もそれなりと思いがちだが、断言しよう。吉原の高級店、と言えばさすがに大げさだが、少なくとも、大衆店並のキレイどころはそろっている。こんなこと、激安ソープではまずあり得ない。

とにかく、ここで遊んだら、お得感がハンパないのだ。常連の中には「凄腕のスカウトマンでも雇ってんじゃないの？」と冗談めかして言う者も。

そんなわけで、この店の待合室はいつも混雑している（異様に暗いらしい）。スムーズに遊びたいなら、予約は絶対にマストだ。

基本料金

45分　9,990円
60分　14,000円

指名料

45分　1,100円
60分　1,200円

店名 **シェルクラブ・ウエスト**

業種 **ソープ**

場所 **神奈川　川崎**

JR川崎駅、京急川崎駅から徒歩8分。

住所 **川崎市川崎区南町18-10**

超高級ソープの美女と広いトイレで一発

こちらは川崎堀之内にある高級ソープランドだ。お金に余裕がある人は一度行ってみることを猛プッシュしたい。

入店すると最初に「トイレいきますか？」と聞かれる。ここは迷わず「行きます」と伝えるべし。広いVIPトイレ内で濃厚な本番プレイができるのだ。内緒だが、店員の目をかいくぐって、部屋を移動する間の廊下でも嬢によってはプレイが可能で、いつ誰が来るかわからないヒヤヒヤ感が癖になるらしい。

さらにおすすめなのは性病検査を経てからの生中出しプレイだ。少々手間だが、フィットネスジムの手続きのようなものなので、努力を惜しんではいけない。

超高級店なので気軽には行けないが、4年に1度ぐらいの楽しみにいかがだろう。

基本料金

110分　94,000円
220分　188,000円
330分　282,000円
440分　376,000円

高校卒業すぐの娘が毎日のように働きだす天国ソープ

店名 **エデンR**

業種 **ソープ**

場所 **神奈川　川崎**

JR川崎駅から徒歩12分。京急川崎駅から徒歩９分。

住所 **川崎市川崎区堀之内町7-12**

高校を卒業してすぐの、ピチピチの18才とセックスしたい！　そんなあなたにオススメしたいのが、川崎のソープ街だ。

というのも、東京やかつての横浜では、条例の関係でハタチ未満の娘はソープで働けないのだ。

つまりその一帯の高校を卒業したての泡姫志望者ちゃんたちは自然と川崎エリアに集まってくると。

もっとも、横浜は最近、18才でもソープで働ける条例に変わったものの、横浜⬇川崎というルートはいまだ伝統的に機能してるのだろう。

いずれにせよ、川崎には18才ソープ嬢がわんさかいる。遊び人の間で、とりわけ18才の新人ちゃんが多いと評判なのが「エデンR」という格安ソープだ。実はここ、川崎で有名な「京都グループ」が運営しており、どうやら優秀なリクルート部隊が活躍しているらしい。

さらに店の公式LINEからはすぐ面接の予約を入れられるし、駅前のキレイなオフィスルームに通されるから、女の子も緊張せずに済む。結果、毎日のように18才の新人ちゃんを量産しているのだ。というわけで、ロリコンを自認する人は、この店へゴー！

基本料金

45分　16,000円
60分　21,000円
70分　27,000円
90分　31,000円
120分　41,000円

本指名　1,000円
写真指名　無料
写真見学　OK

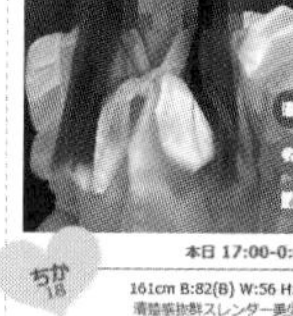

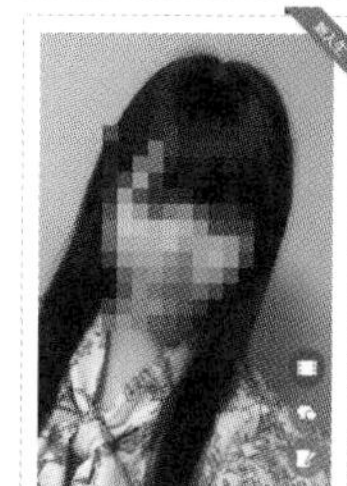

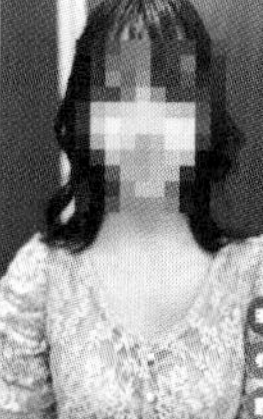

全国フーゾク街の歩き方

大歓楽街

名古屋編

店名 **アラモード**

業種 **ソープ**

場所 **愛知 名古屋**

地下鉄「太閤通駅」から徒歩5分。

住所 **名古屋市中村区羽衣町33**

基本料金

50分 21,000円
70分 28,000円
90分 35,000円

指名 無料
アルバム見学 無料
電話予約 無料

格安ソープなのにまるで高級店

隣県の岐阜にソープ王国「金津園」があるため、名古屋のソープ勢はわりと日陰的な存在だ。

だが、この店だけは自信を持って推せるという常連がいる。これぞ名店であると。具体的にどこが推しポイントなのか？

「ここは格安ソープですが、同じ価格帯でここまでちゃんとした部屋を僕は知りません。とにかくキレイで広くて、どこぞの高級ソープに遊びに来たような気分になれるんですよ」

キレイなのは部屋だけじゃないらしい。

「嬢も粒ぞろいなんです。たとえフリーで入ったとしてもガッカリするようなことはありません。少なくとも僕はそういう経験はないです」

そして、彼はこの店最大の魅力はコスパに優れてることだと言いきる。

「部屋がキレイで嬢のレベルも高いのに、50分の総額が2万1千円ぽっちなんですよ？ 最高過ぎるでしょ！」

たしかに。

地元で知らぬ者のないハズレなしの3回転ヘルス

店名　**べっぴんコレクション**

業種　**店舗型ヘルス**

場所　**愛知　名古屋**

地下鉄「亀島駅」から徒歩4分。

住所　**名古屋市西区則武新町3-8-31**

基本料金

9時30分〜12時30分
50分コースのみ　13,300円

12時30分〜16時30分
50分コースのみ　14,300円

16時30分〜ラスト
50分コースのみ　15,300円

名古屋の風俗ファンの間では知らぬ者のない人気店だ。この店舗型ヘルスのシステムは独特で、他店と大きく異なる。コースは50分のみ。しかも、ピンサロのように花びら3回転がついてくるのだ。

とはいえ、嬢のレベルが一様に高いため、3回転システムにありがちなブサイクに当たることはない。ハズレ一切なしの、非常に贅沢な3回転だ。

最後に、この店のもう一つの醍醐味である、顔見せショーの内容にも触れておこう。

入店後、すぐに客は待合室へ。そこへ大音量の音楽とともに、下着姿の嬢が次々と現れ、気に入ったコを1人指名するわけだが（何回転目を担当するかは状況次第）なんと、その場でしばらく嬢とイチャイチャできるのだ。ディープキスしたり、胸を揉んだり。こんな楽しいひと時を挟んだのち、ようやく個室へ移動。ね、タマらんでしょ？

群雄割拠の名古屋デリヘルで最高峰に君臨

店の常連客に聞いてみた。ここの特徴をひとことで言い表すとすれば？　彼は自信満々に言う。

「女のコのレベルが、とてつもなく高い！　これに尽きますね」

名古屋には数え切れないほどのデリヘルが群雄割拠しているが、違いなく最高峰に君臨しているという。グラビアアイドルや、女優並みのルックスを持った嬢がゴロゴロいるらしいのだ。もちろん、サービス内容もバッチリだ。

「恋人同士のようにイチャイチャしてくれたり、舌を巻くほどのフェラテクを披露してくれたり、どの女の子もドハマリさせられてしまう要素を持ってるんです。清楚系、美人系、可愛い系など、野郎の好むタイプもひと通りそろってますし」

それだけに料金は相場より高めだが（50分2万4千円〜）、その分はきっちり満足させてくれるそうな。

店名　**シャブール**

業種　**デリヘル**

場所　**愛知　名古屋**

基本料金

50分
A24,000円 B29,000円 C34,000円

70分
A30,000円 B35,000円 C40,000円

90分
A36,000円 B41,000円 C46,000円

120分
A45,000円 B50,000円 C55,000円

延長10分
A5,000円 B6,000円 C7,000円

ロイヤル（royal）一般応募や当クラブ提携のプロダクションより紹介された女性。独自の厳格な採用基準に達しており、自信を持ってお薦めできる。

インペリアル（imperial）ビジュアル重視のお仕事（モデル、タレント、企業受付嬢、フライトアテンダントなど）の経歴を持つ、当クラブを代表する女性。

レジェンド（legend）当クラブ最上級の女性。

指名料　2,000円

A=Royal　B=Imperial　C=Legend

店名　**ヘルスクラブ長者町巴里**

業種　**店舗型ヘルス**

場所　**愛知　名古屋**

地下鉄「栄駅」から徒歩5分。

住所　**名古屋市中区錦2-19-15**

基本料金

Aコース
45分　15,000円（ベッド限定）
キス・全身リップ・69・素股・口内発射

Bコース
65分　20,000円
Aコース+マット、イス洗い

Cコース
80分　24,000円
Bコース+イスローション、無制限発射+アダルトグッズ（ローター・電マ・バイブ）無料

VIPコース
100分　33,000円
Cコース+コスプレでお出迎え
※Bコース以降は
【マット】か【ベッド】の選択可

入場料　無料
プレミアムキャスト指名
1,000円〜3,000円

ロングコースでマットプレイをぜひ

内装は高級感にあふれ、でも料金はリーズナブル、そして嬢は美人ばかり。それがこの店の特色である。45分、65分、80分、100分の4コースがあるが、ここの常連が勧めるのは65分以上のロングコースだ。

45分の内容が普通のヘルスになるのに対し、65分以上ならマットプレイが可能になる。美女とイチャイチャ密着しながらのマット。これにハマらないなら、即刻、フーゾク遊びを引退すべきだ。

店名 **JKサークル**

業種 **デリヘル**

場所 **愛知 名古屋**

10代特有の、ちょっと硬めの巨乳を揉みまくる

とにかく若いコが大好き！　そんな方は、ぜひ、こちらのお店で遊んでみてほしい。

常連客いわく、名古屋の学園系デリヘルの決定版だそうな。嬢の大半が18、19のハタチ未満ぞろいってのは当然として、顔面ハイスコアの嬢ばかりっていうのがその理由だ。

そしてこれは店長の方針なのかわからないが、この店、なぜか巨乳の子が多い。FやGなどがフツーにいるのだ。

10代特有の、ちょっと硬めの巨乳をモミモミやれば、仕事の疲れやストレスは、一発で吹き飛ぶってものだ。

基本料金

通常

50分　15,000円（新人不可）

80分　21,000円

100分　26,000円

120分　31,000円

3Pコース
（女の子2人と客1人）

60分　30,000円

90分　44,000円

120分　60,000円

指名料　2,000円

特別指名料　+1,000円〜

延長30分　10,000円〜

美女とディープキスしながら手コキで天国へ

この地域でヌキ有りエステといえば、まず名前が挙がるのがこの店だ。メンエスを含めたエステの良さは、女性の質の高さにあるが、やはり、この店の嬢も名店の称号に恥じないだけの水準を保っているらしい。

流れとしては、まず洗体から始まって、次にオイルマッサージ、途中からソケイ部周辺や金玉、アナルなどへのエロマッサージに移行し、最後に手コキでフィニッシュとなる。

正直、オイルマッサージやエロマッサージは普通。しかし美女とディープキス（有料オプション1千円）しながらの手コキは身震いするほど気持ちいいという。マジで病みつきになるレベルだそうな。

店名 **エフルラージュ栄店**

業種 **店舗型回春エステ**

場所 **愛知　名古屋**

地下鉄「栄駅」から徒歩5分。

住所 **名古屋市中区栄3-10-6 ルネッサンスビル6階**

基本料金

75分　16,000円
90分　20,000円
120分　27,000円

予約指名　1,000円

店名 **妹CLUB萌えリーン学園本校**

業種 **店舗型ヘルス**

場所 **愛知 名古屋**

地下鉄「伏見駅」から徒歩7分。

住所 **名古屋市中村区名駅南1-2-3**

基本料金

ソフトヘルスコース
（サービスはフェラ中心。フリー限定）

30分 8,000円
45分 11,000円
60分 14,000円
80分 23,000円

通常ヘルスコース

60分 18,000円
80分 24,000円
90分 26,000円
120分 34,000円
160分 46,000円

イメージコース
（秘密の選択2度抜き授業）

50分 18,000円
70分 26,000円
100分 33,000円

入校料 2,000円
指名料 2,000円〜

10代の妹にフェラされる我が姿を鏡で見る

店名でわかるように、ロリ系のフーゾクだ。店側は「妹みたいな素人アイドル」をコンセプトにしており、本当に美少女と呼べる娘も在籍している。

遊びのバリエーションは豊富で、ヘルスコース、イメージプレイコースなどがあり、店の常連客のイチオシはソフトヘルスコース。安く遊べるうえに、どの個室にも大きな鏡があるのがミソだという。10代女子にチンコを優しくフェラされる我が姿を、鏡越しに眺めれば、2分ともたずに暴発するそうな。

ピンサロなのに個室プレイだから平日の昼間から大人気

店名　**セーラー'S**

業種　**ピンサロ**

場所　**愛知　名古屋**

JR名古屋駅から徒歩3分。

住所　**名古屋市中村区名駅4-25-2 加賀ビル地下1階**

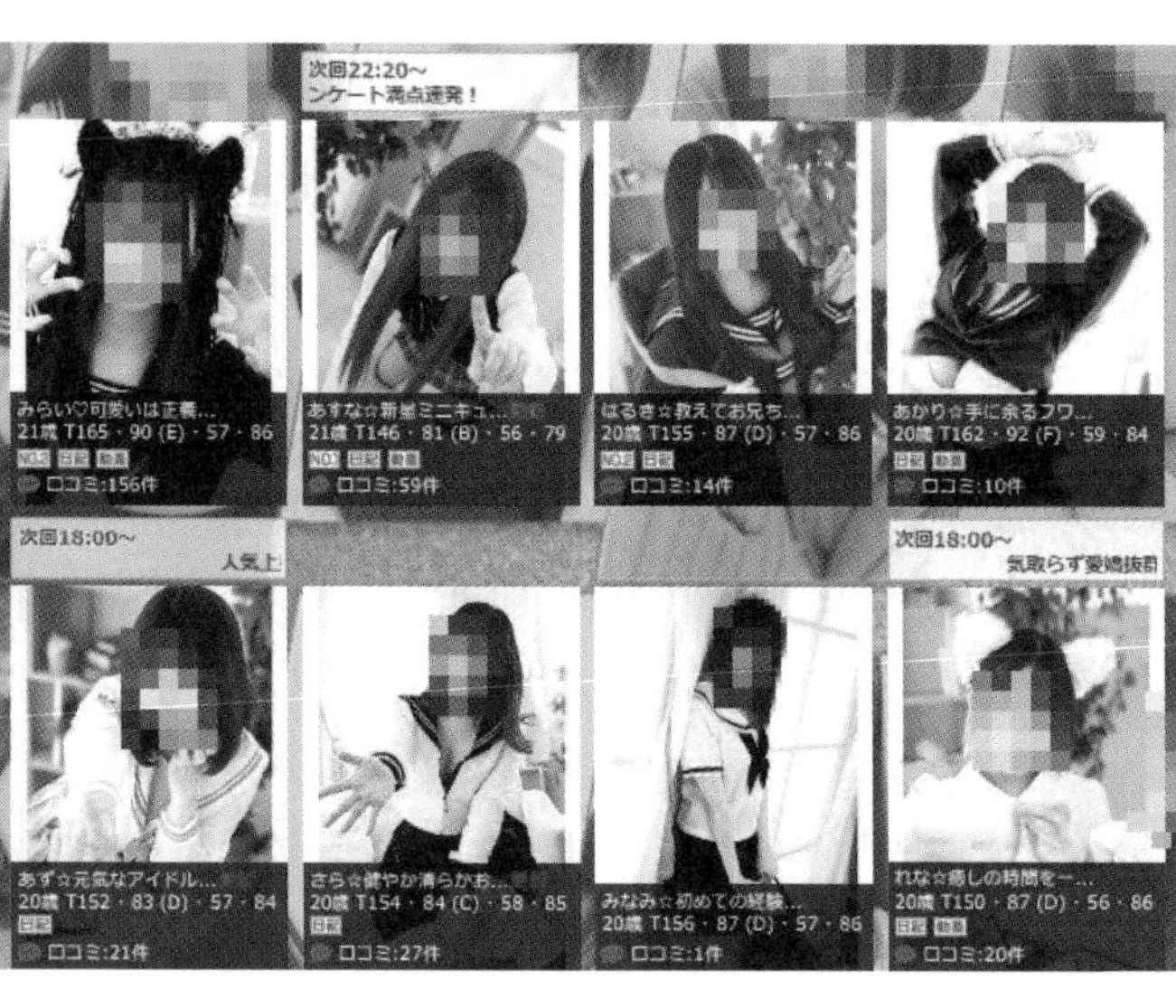

名古屋ではピンサロをキャンパブ（＝キャンパスパブ）と呼ぶが、この店は昔から根強い人気を誇る老舗だ。平日の昼間でも待合室は客で一杯で、人気嬢を指名すると、ゆうに1時間も待たされることも。繁盛してる理由は、やはり個室の存在だろう。そう、ここはキャンパブのくせに個室でプレイを受けるシステムなのだ。

そうなると一般的なヘルスとどう違うのかという話になるが、通常の30分コースでは嬢の下半身を触れないため、サービスはキャンパブの域を出ない。つまり、受け身でフェラされるしかないのだ。

とにかく、普通のキャンパブに行くと、他の客の視線が気になる向きには貴重な店である。

基本料金

30分　5,500円

40分　7,500円

コスプレコース
（好きなコスチュームを選べる）

50分　10,500円

70分　15,500円

100分　22,500円
※70分コースから2回戦OK

延長30分　8,500円

入場料　2,000円

アルバム指名　無料

指名　1,000円

店名 **AVハーツ納屋橋店**

業種 **店舗型ヘルス**

場所 **愛知 名古屋**

市バス「柳橋バス停」より徒歩2分。タイムズカーシェアリング納屋橋南の専用駐車場、真向かい

住所 **名古屋市中村区名駅南1-8-3**

基本料金

VIPエステコース（花びら3回転）
60分 12,089円

通常コース（花びら2回転）
40分 7,689円

サブコース（ショート）
20分 3,289円

入場料 1,100円

指名 1,100円

最安5489円でヌケる！3種のコースを選べる花びら回転ヘルスの雄

名古屋には花びら回転で遊べる有名ヘルスが2店舗ある。100ページでお伝えした「べっぴんコレクション」と、これから紹介する「AVハーツ」だ。ここの特徴をひと言でいうなら激安価格で遊べる、となる。

最安コースなら、花びら回転は付かないものの、なんと5489円（入場料と指名料含む）で済んでしまう。比較的割高な店の多い名古屋でこの値段は激安を超えた爆安といってもいい。

そもそもこの店の料金設定はかなり安く、もっとも高い花びら3回転つきのコース（20分ごとに嬢が交代）は1万2千円程度。2回転なら7千円とちょっとしかかからない。まさに〝破格〟である。

もっとも料金が安いぶん、嬢のレベルもそれなりで、パネマジが横行しているとの声も少なくない。

また、ここは客が受け身に徹するよう求められるため、手マンはNGになっている。これもマイナスポイントだが、爆安料金を考えれば、欲張りすぎか。

綾瀬はるかクラスの美貌で、性格まで良ければ沼にドハマりすること必至

店名 **グランドオペラ名古屋**
業種 **高級デリヘル**
場所 **愛知 名古屋**

90分8万もする高級デリヘルだ。言うまでもなく、嬢のレベルはめちゃめちゃ高く、菊川怜や綾瀬はるかクラスがごろごろいるそう。単にキレイなだけではない。ここの嬢は内面の美しさも際立っているらしい。

具体的には言葉遣いがちゃんとしていたり、プレイ中、客が何を求めているか瞬時に察知して、それを実践する順応性の高さだ。つまり、品格と知性をも兼ね備えているわけだ。常連のひとりはこう証言する。

「この店を10回以上利用しとるんだけど、どの嬢も会った瞬間に『この子めっちゃ性格がいい!』ってわかるんだわ」

とまあ、思わずフルパワーで称賛してしまったが、ぜひこの店のスバラシサを体感してほしい。一生に一度だけでもいいので。

基本料金　※sweet box・royal box・imperial boxは嬢のランク

sweet box	royal box	imperial box
90分 40,000円	**90分** 60,000円	**90分** 80,000円
120分 53,000円	**120分** 80,000円	**120分** 110,000円
延長30分 15,000円	**延長30分** 30,000円	**延長30分** 40,000円
指名 5,000円	**指名** 無料	**指名** 無料
本指名 5,000円	**本指名** 5,000円	**本指名** 5,000円

入会金 無料

エロい嬢だらけのパラダイスはこちら

店名 **愛エンジェル**

業種 **デリヘル**

場所 **愛知 名古屋**

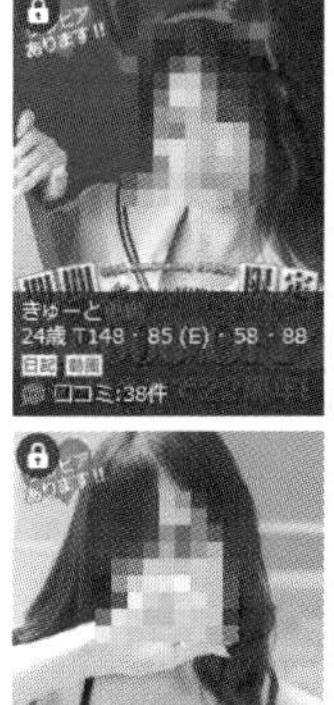

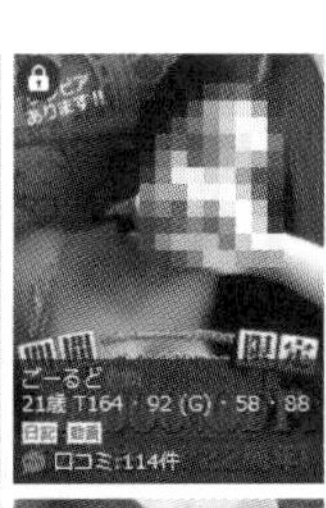

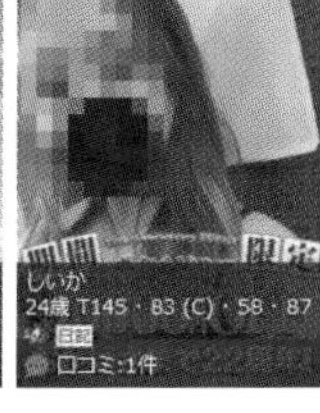

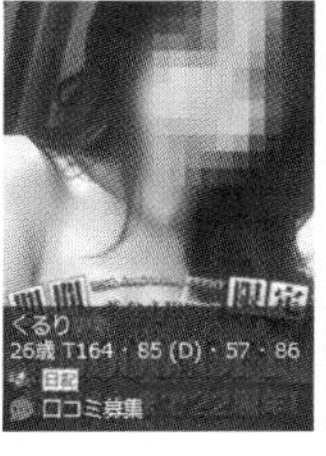

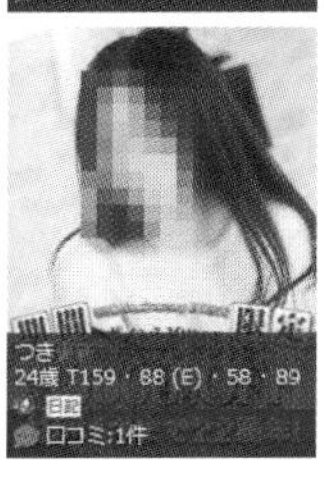
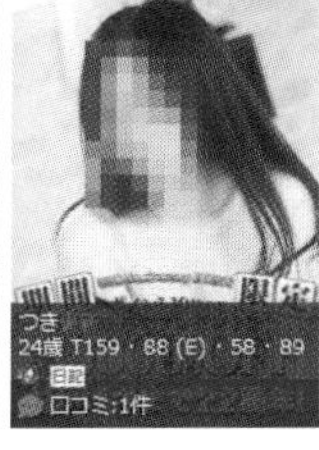

名古屋の人気デリヘルのひとつで、キレイでエロい嬢がたくさん在籍してるとの評判が。キレイな嬢はこの店に限らず全国的に存在するからこの際、美貌については脇に置くことに。

ここで知りたいのはどうエロいかである。客の証言を見てみよう。ある客は「俺のオキニ（＝お気に入り嬢）はとにかくエロに貪欲で、放っておいてもチンコにむしゃぶりついてくる」と表現する。

またある客は彼のオキニについて「見た目はすごく清楚なんだけど、いったんスイッチが入ると、豹変しちゃうっていうか。汚い場所、例えばアナルとか耳の穴とかをふやけるまで舐めたがるんだよね」と主張する。

はたまた別の客はこんなことを。「キレイな娘ばっかりだから俺はいつもフリーで入っとるんだけど、クンニとかで感じ始めると勝手にクリトリスをいじり始める娘が多い気がする。でら（＝とても）スケベだわ」

どうだろう、この証言の数々。もし彼女たちが、客の気分を盛り上げるためにそうしているとしたら、別の意味で称賛を送らねばなるまい。

基本料金

60分 17,000円
80分 22,000円
100分 27,000円
120分 32,000円
140分 37,000円
160分 42,000円
180分 47,000円

指名 2,000円
延長30分 12,000円

予約困難時に客のタイプにピッタリな嬢を提示してくれるブラボーな店員

店名　**愛特急2006東海本店**

業種　**デリヘル**

場所　**愛知　名古屋**

こちら、東海エリアでもトップレベルの人気を誇る、待ち合わせ型人妻デリヘルだ。嬢の年齢層は20代～30代が中心なので、ジャンルとしては「若妻」となるだろうか。

人気店なだけに、嬢のレベルはかなり高い。人気嬢は、たちまち完売してしまうため、予約困難が常態化するほどらしい。

そこで店員の対応がキラリと光る。嬢の予約が取りづらい状況下、客から、顔や体型、胸の大きさなど、タイプの女性を聞き出し、その要望に対して的確な候補を提示してくれるそうだ。

事実、客からの評判は相当に良く、彼らの中には店員のオススメで遊ぶのを目的に店に来る者もいるくらいだ。よほど同店の嬢について熟知してるのだろう。

基本料金

70分　16,000円
100分　23,000円
130分　30,000円
170分　41,000円
200分　48,000円
230分　55,000円

指名　2,000円
延長30分　10,000円

全国フーゾク街の歩き方

大歓楽街

大阪編

芸人がハマるM男御用達の名店

芸人のケンコバがテレビで紹介したことで、一気に話題になった店だ。嬢のルックスが高く、店側の教育も徹底しており、客への責め方がいいあんばいのようだ。

「どこを触ってほしいか言ってごらん?」なんて質問から始まり、「こんな情けない声出しちゃっていけない子だねぇ」などと、Sっぽいセリフをわんさか吐いてくれるという。初めての客にも、ガンキ（顔面騎乗位のこと）やケツ指入れ（指は1本）といった、軽めのSMプレイで手厚くもてなしてくれるらしい。

店の場所はNGK（なんばグランド花月）のすぐそば。そりゃ、ドハマりする芸人が続出するのも納得だ。

店名 **難波秘密倶楽部**

業種 **店舗型M性感ヘルス**

場所 **大阪 難波**

JR難波駅から徒歩7分。

住所 **大阪市中央区千日前2-7-20**

基本料金

Aコース（60分）

バリューDAY 14,850～28,600円

シルバーDAY 15,400～28,600円

ゴールドDAY 17,600～33,000円

※金額は嬢によって変わる

Bコース（65分）

Aコース+聖水付き

Aコースの料金 +3,300円

究極の痴女と3Pコース

50分 33,000円／**延長20分** 13,200円

指名 0円～／**入会金** 1,100円

写真指名 無料／**本指名** 2,200円

予約 2,200円

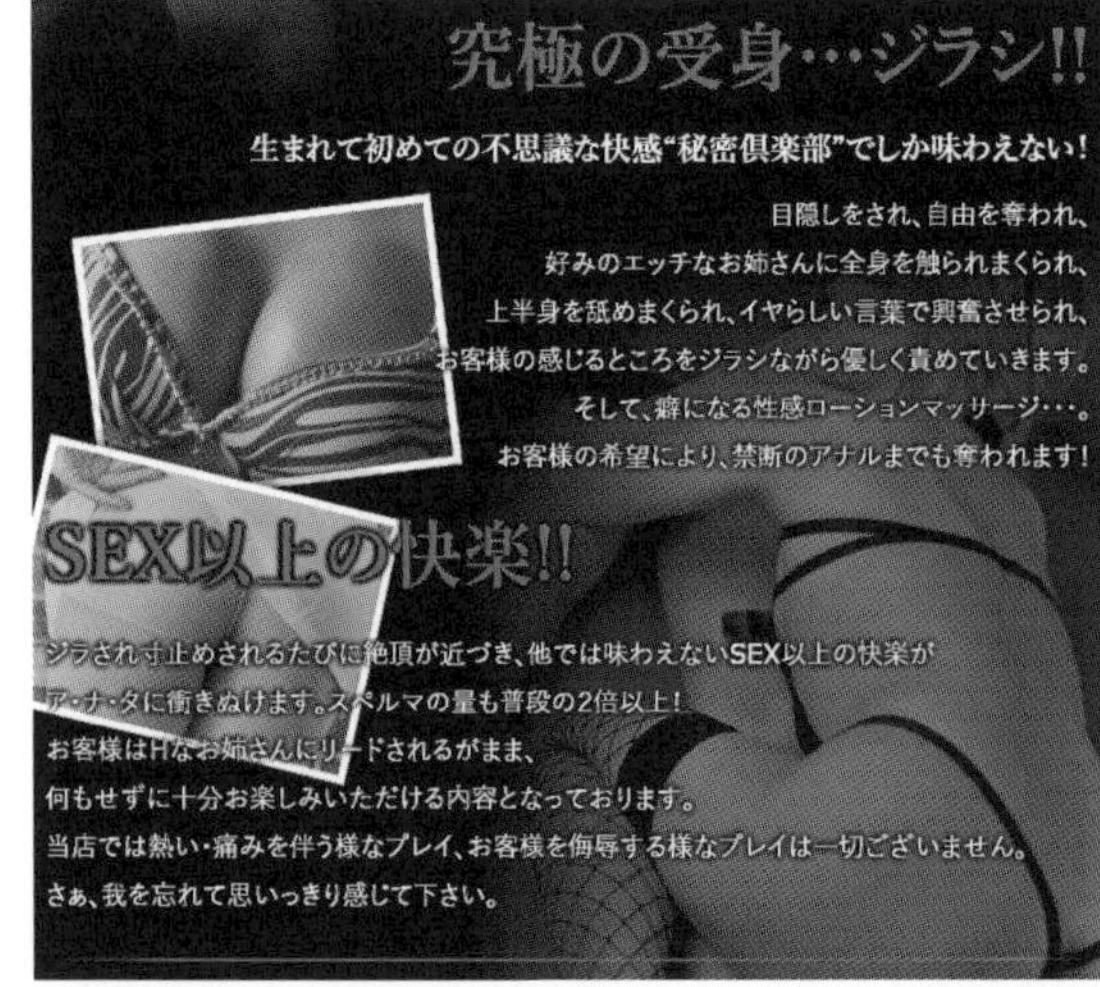

痴漢タイムで触りまくって気に入った娘を指名する

店名 **GO!GO! 電鉄**

業種 **ピンサロ**

場所 **大阪 日本橋**

各線「日本橋駅」より徒歩5分。

住所 **大阪市中央区千日前1-5-2**

店名からもおわかりのとおり、この店の特徴は何といっても「痴漢指名」ができること。つり革に摑まっている嬢にそろりと接近、体を手でまさぐりながら、気に入った嬢を指名することが可能なのだ。15分の痴漢タイムの間なら、何人もの体をお触りできる。おまけに嬢の顔をしっかり確認できるので、パネマジにダマサれる心配もナシだ。

基本料金

初乗り運賃（痴漢プレイのみ20分） 4,900円
普通運賃（痴漢15分+サービス25分） 11,000円
急行運賃（痴漢15分+サービス35分） 14,000円
特急運賃（痴漢15分+サービス45分） 17,000円
のぞみ運賃（痴漢15分+サービス60分） 20,000円

指名 2,000円
乗り越し運賃20分 6,000円
乗り越し運賃30分 9,000円
乗り越し運賃40分 12,000円
※21時以降はコース料金【+1,000円】

「寝取られ」を主目的とした一風変わったハプニングバー

店名　**あ倉庫**

業種　**ハプニングバー**

場所　**大阪　心斎橋**

地下鉄「長堀橋駅」より徒歩5分。住所非公開のため、詳細は直接、店舗へお尋ねください。

こちら、「寝取られ」がコンセプトのハプニングバーだ。つまり、自分の妻や彼女を他人に抱かせて興奮する人のためのお店ってことになる。

ハプニングバーなんて寝取られるのが当たり前、と思うかもしれないが、実際の夫婦やカップルがハプバーに来ることなんてめったにいない。だから、こうした店は貴重で、同じ寝取られの性癖を持つ人間にとっては非常にありがたいのだ。

ただしこの店、普通のハプバーと違って、プレイルームがないので、店内でパートナー女性と単独男性が絡むことはできない。店長を仲介役として、女性のパートナーといい感じに話がまとまったら、一緒に店の外に出て、ホテルで合体という流れが基本だ。

もちろん寝取る側の単独男としても、旦那さんやカレシ公認の間男願望を味わえるわけで、なかなかに楽しめる場所であるのは間違いない。

基本料金

カップル　5,000円（4ドリンク付）

単独男性　4,000円（1ドリンク付）

追加ドリンク　500円～

単独女性　入店不可

店名 **クラブ ロン**

業種 **カップル喫茶**

場所 **大阪 某所**

地下鉄「日本橋駅」の7番出口から
店舗に直接電話（住所非公開）。

基本料金

日・平日 6,000円
金 7,000円
土 8,000円
入会費 5,000円

※表示額はカップル2人分。
2ドリンク付き。
ソフトドリンクはフリー

心配性の人は初心者専用スペースのあるカップル喫茶でデビューを

初めての場所に行くとき、ある程度、人は緊張する。もちろん、まったく緊張せずにズカズカと中へ入っていける人もいるだろうが、そういうケースはマレだ。まして初めてのカップル喫茶に行く場合は…。俺たちだけノケモノになったらどうしよう、イケメンと美人しかいなかったら、気が引けるな〜…などと不安がこみ上げるものだ。

そんな心配性の人にオススメなのが、こちらのカップル喫茶だ。とにかく初心者を優しく迎え入れてくれるような雰囲気があり、なんと初心者専用スペースまである。つまり、そこにいるだけでガサツで強引な常連客と顔を合わせずに済むわけだ。

もうひとつ、この店の特徴として、リアルな夫婦やカップルが多いことが挙げられる。昨日今日の即席カップルでは味わえない、濃厚なスワッピングを堪能できるだろう。

新世界のポルノ映画館では日夜乱交が繰り広げられている

店名 **日劇シネマ**
業種 **ポルノ映画館**
場所 **大阪 新世界**

基本料金
一般 1,300円
学生 1,100円
※「談話室」に入るには映画のチケットは必須

日劇シネマは通天閣から目と鼻の先にあるポルノ映画館で、ポルノ映画を目的としない男どもが毎日のように押しかけてくる。彼らの目的はなんなのか？　ズバリ、「談話室」である。

談話室とは、常連しか存在の知らない休憩スペースのことで、ここにいろんなタイプの変態女が集まってくるのだ。

自分の体を触らせるだけでなく、フェラや手コキで抜いてくれる名物おばちゃんだったり、カレシの命令で他の男に股を開くカップル女性だったり。

さすがに変態カップルの出現率は低いものの、週末、一日中粘っていれば、最低1組は遭遇できるらしい。

男たちが興に乗り、女もそろえば、談話室はさながら乱交ルームに。日本中探しても、こんな場所は他にない。

日劇シネマを詳しく紹介した漫画があります
246ページへGO!

店名 **女子校生はやめられない**

業種 **ホテヘル型オナクラ**

場所 **大阪 難波**

若くて素人っぽい美少女にシコシコされたいなら

JR難波駅一階北出口(南海空港バス方面)出口から徒歩2分。
ファミリーマート「四つ橋なんば駅南店」そば。

住所 **大阪市浪速区難波中1-7-20 山本ビル502号室**

オナクラは一般的なフーゾク店と比べて、美女が集まりやすいと言われる。入店希望者に求められるのは、手コキのようなソフトサービスだけで、なおかつ給料もそこそこよければ希望者は殺到する。そうなるともはや店側の買い手市場で、あとは店長が希望者の容姿を厳選すれば美女店の出来上がりだ。この店もそういった経営がなされているのだろう。

嬢は18、19才の10代しか在籍しておらず、ロリコン魂をこれでもかとくすぐってくる。嬢のルックスはむろんハイレベルだ。

それだけではない。ある客は性格のいい娘がそろっていると言い、またある客はシロートっぽいところにこそ興奮すると主張する。まるで、その辺を歩いてる美少女にぎこちない手コキをさせてるような気分だと。

基本料金

オナクラ

30分 6,000円
40分 8,000円
50分 10,000円
60分 12,000円
70分 14,000円
100分 20,000円

※同店にはデリバリーコース、デートコースなど様々なコースがあるが、ここでは割愛

入会金 1,000円
指名 1,000円
本指名 2,000円
延長15分 4,000円

店名　**リッチドールパート2 梅田店**

業種　**店舗型ヘルス**

場所　**大阪 梅田**

各線「梅田駅」から徒歩5分。

住所　**大阪市北区曽根崎1-7-5**

基本料金

通常コース
6時1分〜9時59分

40分　11,000円
55分　16,000円
70分　20,000円
90分　26,000円
延長30分　11,000円

通常・おまかせコース
10時〜23時59分

40分　13,000円
55分　18,000円
70分　23,000円
90分　29,000円
延長30分　13,000円

指名　2,000円

大阪にソープはないけれど最高のマットプレイあり

ご存じかどうかわからないが、大阪にはソープランドが、ない。はるか昔の大阪万博で、当時の知事が一掃したからだ。みっともないものは始末せよと。「浄化作戦」の先駆け、悪しき慣習である。

繰り返すが、大阪にソープはない。でも、マットプレイなら味わえる。そこでオススメしたいのがこちらの店だ。

およそ30年前からある老舗のマットヘルスなのだが、嬢が全員、とにかく素晴らしいテクニックを持っている。

体をヌルヌルと這うような全身リップから、カリを的確に責めてくる素股。気持ち良さはヨソの店とは比べ物にならない。この店のファンなら、みなそう口をそろえるはずだ。

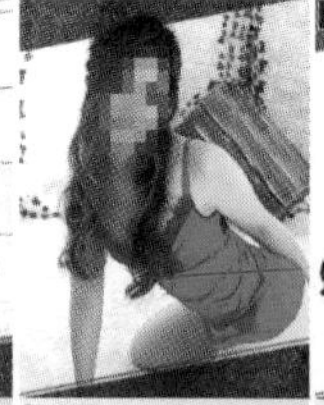

出張手コキ嬢がチャリンコを漕いでやって来る

店名 **みこすり半道場**

業種 **派遣型手コキ**

場所 **大阪 梅田**

ひまり(22)大阪発
T160B77(B)W58H85
ひまりにLINEする

みすず(46)大阪発
T166B95(F)W72H95
みすずにLINEする

まゆみ(28)大阪発
T157B71(B)W59H82
まゆみにLINEする

ふたたび投稿が届いたのでこちらに引用しよう。

ここ最近、我が大阪で面白いフーゾクを見つけました。その名も「みこすり半道場」。手コキ版のデリヘルのようなもので、家の玄関から、工場や事務所に至るまで、どこにでも来てくれます。

驚くのはその移動手段。フツーのデリヘルとは違い、送迎などが一切ないので、チャリや電車を使い、嬢が自分の足でやってくるのです。ウーバーイーツのようなシステムといえば、わかりやすいかと思います。

かくいう僕も、嫁さんのいない間に呼んでみたら、チャリをキコキコ漕いできたので笑ってしまいました。ヌキたくなったらすぐ来てくれるので、また利用してみようと思います。

基本料金

5分（新規お試し）3,000円
10分 4,000円／**15分** 5,000円
20分 6,000円／**25分** 7,000円
30分 8,000円／**35分** 9,000円
40分 10,000円／**45分** 11,000円
50分 12,000円／**55分** 13,000円
60分 14,000円／**65分** 15,000円
70分 16,000円／**75分** 17,000円
80分 18,000円／**85分** 19,000円
90分 20,000円／**120分** 26,000円
150分 32,000円／**180分** 38,000円
延長5分 3,000円
※待ち合わせで合流してからのスタート

入会金 1,000円
指名 1,000円
本指名 1,000円
出張交通費 1,000円～

料金が相場より安いから ハズレを引いても 前向きな気持ちに

店名 **熟女総本店**

業種 **デリヘル**

場所 **大阪 十三**

奥様を検索する

New くれは (44歳)
T.170 B.90(E) W.60 H.89

New まりか (40歳)
T.156 B.85(C) W.60 H.87

New いろは (68歳)
T.157 B.86(D) W.62 H.88

New いつき (53歳)
T.159 B.89(D) W.62 H.90

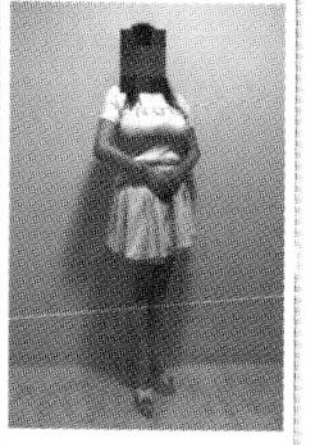

New のん (43歳)
T.158 B.125(J) W.63 H.90

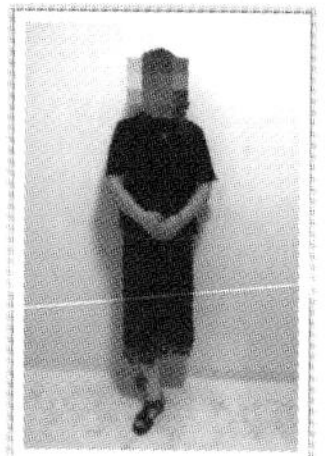

New まひる (60歳)
T.158 B.95(G) W.65 H.94

この店、下は30代から上は還暦超えと幅広い年代がそろっている。ために高齢熟女が好きな人でも存分に楽しめる店になっている。ここにはハイレベルな美人や美魔女はほとんどいない。ルックスに関して言えば、正直、中位レベルがいいところだ。

唯一の救いは低料金だ。60分たったの1万円。それでも高いわ！　というツッコミが聞こえてきたが、大阪のデリヘル相場は60分・1万5000円から1万8000円ほどなので、それに比べればかなり安い。

だからといって、ハズレを引くのは極力避けたいのが人情。だが、万が一、残念な結果になったとしても、「ま、しょうがないか。次、いい娘に当たるといいな」と前向きな気持ちになれる。格安店だからこその心理だ。また、Eカップ以上の巨乳率が高いのもポイントだ。

基本料金

60分	10,000円
75分	13,000円
90分	15,000円
120分	20,000円
150分	26,000円
180分	32,000円
240分	44,000円
300分	56,000円

入会金 無料

ネット指名 無料

本指名 1,000円

延長30分 6,000円

店名 **夜這い&イメクラ 妄想する女学生たち谷九校**

業種 **ホテヘル**

場所 **大阪 谷九**

地下鉄「谷町九丁目駅」3番出口から徒歩2分。

住所 **大阪市中央区高津1-9-8 大門ゴールドタワービル2階**

ロリ風俗では制服少女の尻をひそかにナデナデしたいのだ

多くのロリ系フーゾク店は、低身長の子や10代のまだあどけない子は熱心に集めるくせに、ひとつ大事な要素を忘れがちだ。イメクラや夜這いの要素である。教師に扮した客が、制服少女の尻をこっそりナデナデするからこそ、リアルに興奮できるのだ。「俺、やっちゃイカンことをやっている」。そんなトキメキを味わいたいのである。

その点、この店はロリのことをちゃんとわかっているようだ。コースにちゃんと（客の考えた）ストーリーが組み込まれ、そのうえで18、19才嬢を手籠めにする感覚を味わえるという。

常連客によれば、「どの娘を選んでも、背徳感をビンビンに味わえるのでもう最高です！」とのことだ。

基本料金

60分　18,700円
80分　24,200円
100分　29,700円
120分　35,200円
140分　40,700円

入会金　1,100円
指名　1,100円
本指名　2,200円

店名　**メイツ日本橋店**

業種　**出会い喫茶**

場所　**大阪 難波**

地下鉄「日本橋駅」から徒歩3分。

住所　**大阪市中央区宗右衛門町3-17 東宗右衛門タワー**

基本料金

3時間　3,500円
5時間　4,500円
無制限　5,500円

延長1時間　1,000円
入会金　無料

成立料がかからないから思い切って外出できる！

入場料は店内を楽しむお代として仕方ないとしても、カップル成立料（＝外出料）までかかるのがどうも納得がいかないという人は多いのではなかろうか。仮に女性が5千円で手コキOKと言っても、外出に2千円かかるとすれば、（場所を2千円のカラオケにすれば、この女性に手コキされるためにかかる費用は9千円ってことになるな）という計算になり、（それならもっと可愛い娘のいる手コキ店のほうがいいぞ）と、気持ちが揺らぎまくるのだ。

その点、大阪は難波にある「メイツ」という出会い喫茶は違う。入室料の3千500円（3時間）以外に、追加でかかる金は一切ない。女の子とワリキリ交渉成立した後も、レジを通さずに、お店を出れてしまうのだ。この外出料の無さによって、女の子のレベルをさほど気にせず連れ出せる。場所は、大阪・道頓堀のグリコ橋のすぐ近く。週末はかなり賑わっている。

大阪のオタクがパンツを持ち帰る オタロードの見学店

大阪で唯一、マジックミラー越しに女の子の痴態を拝めるのが、「ラブライフ」というJK見学店（むろん女の子は全員ニセJK）。ここの魅力はなんといっても、在籍している女の子の〝芋っぽさ〟にある。「西の秋葉原」との呼び声高い、難波・日本橋のオタロード沿いにあることからも、やけにオタクっぽい美少女ちゃんが多いわけで。

そんな清楚な女の子のおっぱいやマンスジを、マジックミラー越しにジロジロと眺められる。顔を真っ赤にして恥ずかしそうにするので、常連客は「毎回、狂ったようにチン●をシゴいてしまいます！」と露悪的に笑う。

コースによっては、女の子のパンツまで持ち帰れてしまうので、先ほどの常連を含めた大阪のオタク男たちは、ここへこぞって通っているという。

店名　**ラブライフ**

業種　**見学店**

場所　**大阪 難波**

地下鉄「なんば駅」から徒歩5分。

住所　**大阪市浪速区難波中2-4-7 馬場ビル4階**

基本料金

40分（10分指名1回付き）6,500円
60分（10分指名2回付き）8,500円
80分（10分指名3回付き）11,000円
100分（10分指名1回付き）13,000円
40分　9,500円
（10分指名1回付き＋P1枚プレゼント）
60分　11,500円
（10分指名2回付き＋P1枚プレゼント）
80分　14,000円
（10分指名3回付き＋P1枚プレゼント）
100分　16,000円
（10分指名4回付き＋P1枚プレゼント）
入会金　1,000円

見つめて感じてプリティガール　えのん

オタロードのセクシーシンボル　さき

癖になるやみつき美女　さくら

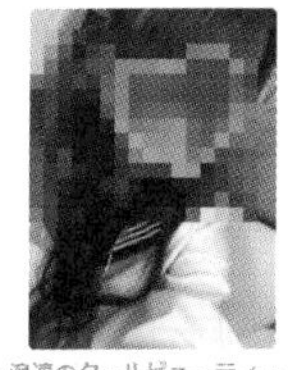
浪速のクールビューティー　ゆうり

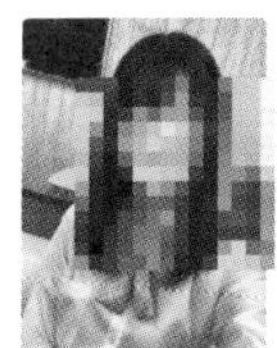
小柄でキュートな女神ちゃん　めみ

涼風のような美少女　なこ

ちょっと変わった初体験　あきら

愛らしさ1億%！　まい

社長室でOLの真っ白なブラウスをはぎとる

胸もとが強調された真っ白なブラウスに、ピチピチのタイトスカート。ＯＬのスーツ姿には、男の性欲を掻き立てる、不思議な魅力がある。店の常連客が言う。
「みんなあれは大好きでしょ。少なくとも僕は、嫌いやなんて言うてる人に会うたことないで」

さて、ここはそんなＯＬ姿の女性とイチャイチャできる箱ヘルである。さすがはＯＬを売りにしているだけあり、どの娘も落ち着いた雰囲気の娘ばかり。プレイルームも社長室っぽい造りになっているらしく、テーブルに手をつかせたり、姿見の前で抱きついたりと、好き放題に遊べるそうな。

店名　**OLの品格**

業種　**店舗型ヘルス**

場所　**大阪 難波**

地下鉄「なんば駅」25番出口より徒歩５分。

住所　**大阪市中央区西心斎橋2-14-2**

基本料金

早朝（6時1分～9時59分）**30分** 8,000円／**45分** 10,000円／**60分** 15,000円
75分 20,000円／**90分** 26,000円

通常（10時～23時59分）**30分** 11,000円／**45分** 15,000円／**60分** 20,000円
75分 25,000円／**90分** 31,000円

会員（10時～23時59分）**30分** 10,000円／**45分** 13,000円／**75分** 23,000円
90分 29,000円

Queenコース（指名料込み）A＝通常　B＝会員
45分 A21,000円 B19,000円／**60分** A25,000円 B23,000円
75分 A30,000円 B28,000円／**90分** A35,000円 B33,000円
120分 A45,000円 B43,000円

延長30分 13,000円／**入会金** 無料／**指名** 2,000円／**特別指名** 1,000円～

店名 **銀猫**（ぎんねこ）

業種 **ちょんの間**

場所 **大阪 信太山**

住所 **大阪府和泉市幸1-6-11**

信太山（しのだやま）のちょんの間遊びは旅館選びが最重要ポイントです

大阪にはいくつかのちょんの間があるが、地元民が好んで遊ぶのは、有名な飛田新地ではなく、信太山新地だ。8千500円の格安料金でセックスできて、キスや生フェラもオッケー。人気が出ないわけがない。

そんな信太山だが、店先に女の子が座ってないので、容姿をチェックできない。そこで絶対にオススメしたいのが、「銀猫」という旅館。信太山は、各旅館が「スタンド」というフーゾク事務所みたいなところと契約しており、銀猫は信太山でもトップクラスのスタンドと契約してるらしく、とにかく女の子にハズレがないのだ。

常連客の話によれば、女優の能年玲奈にそっくりな娘が出てきたんで、マジでビビりまくったんだとか。土日だと2、3時間待ちは当たり前なので、事前に枠を予約しといた方がよいかと。

基本料金

15分 8,500円
30分 17,000円
45分 25,500円
60分 34,000円

飛田嬢がホテヘル掛け持ち！ 濃厚な生フェラをしてもらうチャンス到来

店名　**やんちゃな子猫日本橋店**

業種　**ホテヘル**

場所　**大阪　日本橋**

各線「日本橋駅」から徒歩2分。

住所　**大阪市中央区日本橋1-8-4 月光マンション303号室**

基本料金

40分　14,300円
60分　16,500円
90分　24,200円
120分　35,200円

入会金　1,000円
本指名　2,200円
予約料　2,200円
特別指名　1,100円～

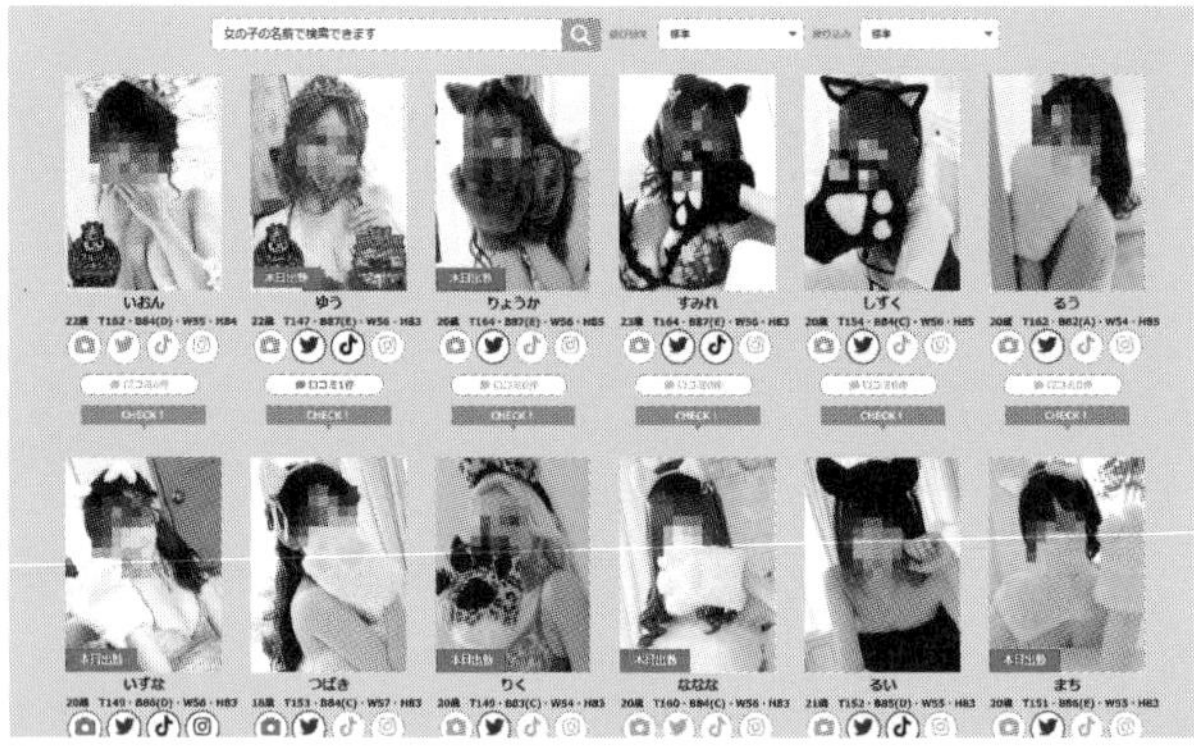

名店かどうか定かではないが、とある遊び人の投稿から、面白い話を仕入れたので、この場を借りて紹介させていただく。ことの発端は去年の8月までさかのぼる。その日、彼は飛田新地で遊んでいたのだが、相手の嬢が「金欠でやばい～」などと嘆くため、こんな会話が始まったらしい。

「他に風俗で働いてへんの?」

すると、天然ボケでも入ってるのか、彼女がケロッと答えた。

「やってるで。日本橋のやんねこ（やんちゃな子猫）ってとこ～」

彼は内心ガッツポーズをかました。コロナの影響で収入が減ったので、2年ほどかけ持ちで働いてると言うのだ。まさかこんな可愛い飛田嬢が勤務する店があっさり知れるとは！　彼女が続ける。

「うちのお店な、やんねことかけ持ちしてる子、割と多いねん」

飛田の同僚から誘われたのをキッカケに、彼女も働き始めたという。さすがに源氏名までは教えてくれなかったらしいが。こちらでも店のHPを確認したところ、明らかに顔を隠している子の姿がチラホラ見受けられる。彼女たちが飛田嬢かどうかは不明だが、興味のある方はぜひ。飛田だと濃厚な生フェラは到底、味わえないのだから。

写真撮影や聖水までオプション無料とは、なんて財布に優しいんだ！

店名 **バカンス学園谷九校**

業種 **ホテヘル**

場所 **大阪 谷九**

各線「谷九駅」2番出口より徒歩1分。

住所 **大阪市天王寺区生玉町9-22 生玉ムーンビル3階**

基本料金

60分 11,000円
75分 14,300円
90分 16,500円
105分 18,700円
120分 20,900円
150分 26,400円
180分 30,800円
延長15分 3,300円

入会金 1,100円
パネル指名 1,100円
本指名 2,200円
特別指名 +1,100円～

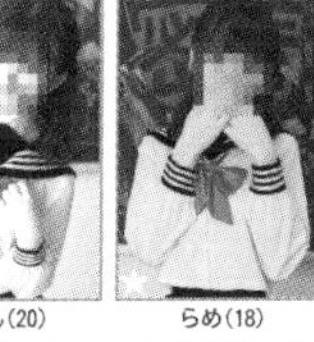

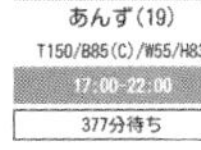

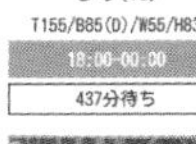

とある遊び人からこんな話を耳にした。フーゾク遊びのポイントは？　と聞かれたら迷わず「コスパの高さ」と答えると。薄給のせいで、自由に遊べないんだとか。そんな彼が入り浸ってるのが、こちらの「バカンス学園 谷九校」だ。なぜならここは、全オプションが無料なのだ。そんなこと言って、どうせしょうもないオプションしかないんだろと思いがちだが、そう考えた人はこの店のオプションラインナップ（一部）を凝視してもらいたい。

●スマホでの写真撮影●スマホでの動画撮影●聖水●飲尿（嬢が客のしょんべんを飲む）

ここまでハードなオプションがすべて無料なのだ。もちろん、撮影に関しては嬢によって顔出しがNGだったり、撮影そのものがNGの場合もあるが、それにしたって太っ腹ではないか。他店ならスマホ撮影のオプションが1万円なんてこともあるというのに。

そもそもこの店はプレイ料金も60分1万円と安い。これでバケモノのような嬢ばかり出てくるのなら価値はゼロだが、そんなことは一切ない。彼が遊んだ限りでは、全員が許容範囲だったらしい。つまりコスパがバリ高ってわけだ。

最上級クラスには阪大の現役医学部生も！

店名　**LOVE**

業種　**ホテヘル**

場所　**大阪　谷九＆兎我野**

住所　谷九店　**大阪市天王寺区上汐3-8-21 ワンダー2ビル9階**
兎我野店　**大阪市北区西天満6-9-10 商福ビル301号室**

迷ったらラブに行け、なんて言われるほど、大阪では知らない人のいない名店だ。ここに在籍する嬢は、下から「プレミアム」「プラチナム」「SLC」にランク分けされており、ある常連客はもっぱらプラチナム嬢と遊んでいるという。

「理由ですか？　プラチナムだとホテル代込みで2万円で収まるんですよ。まあ、僕は安月給ですからね（笑）」

ふと彼が声を落とした。

「上から2番めのプラチナムの子ですら、他の風俗嬢とはレベルが違います。街で見かけたら、目で追うような美人ばかりで、キスするだけで脳ミソがトロトロになっちゃいますもん。大阪の全フーゾクの中でも、ルックスだけを取れば、トップクラスなのは、間違いありません」

最後に「SLC」の話をしたい。このクラスと遊ぶには60分3万円以上が必要になる（料金は嬢によって変わるため、店に要確認）。

彼の知人が一度SLCと遊んだことがあるそうで、その知人いわく、阪大の現役医学部生だったらしい。もちろん、超のつく美人でいかにもミスコンに出ていそうな容姿だったという。

基本料金

ホテヘルコース

65分　17,600円
80分　23,100円
95分　26,400円
125分　36,300円
155分　44,000円
185分　52,800円

デリヘルコース

60分　18,700円
75分　24,200円
90分　27,500円
120分　37,400円
150分　45,100円
180分　53,900円

延長30分　11,000円
指名　1,100円〜9,900円
入会金　2,200円

メンエス界の精鋭メンバーがごっそりこちらに

去年の6月下旬、メンエス発祥の地、大阪において驚くべき事件が起きた。それは「GoodSpa（グッドスパ）」と「NILSSPA（ニルススパ）」が摘発されたのだ。ここのメンエス、女の子が可愛いだけじゃなく、サービス内容がまぁ素晴らしいことで有名だった。大阪の遊び人からは、「メンエス界の大阪桐蔭」なんて呼ばれるほどだ。

では現在、ここで働いていた子はどこにいるのか？ ズバリ、梅田の「エデンスパ」だ。グッドスパやニルススパで何度も遊んだことのある中年男性がたまたまエデンスパを訪れ驚いたらしい。

「なんか見覚えのある子ばっかりやから、正直ビビりました。さすがに源氏名は違いましたけど」

もちろん、サービスの内容も、以前とまったく変わってないそうな。

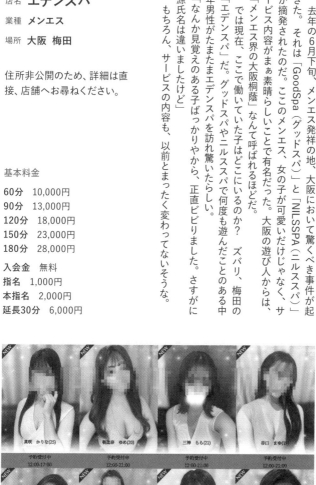

店名 **エデンスパ**
業種 **メンエス**
場所 **大阪 梅田**

住所非公開のため、詳細は直接、店舗へお尋ねください。

基本料金

60分	10,000円
90分	13,000円
120分	18,000円
150分	23,000円
180分	28,000円
入会金	無料
指名	1,000円
本指名	2,000円
延長30分	6,000円

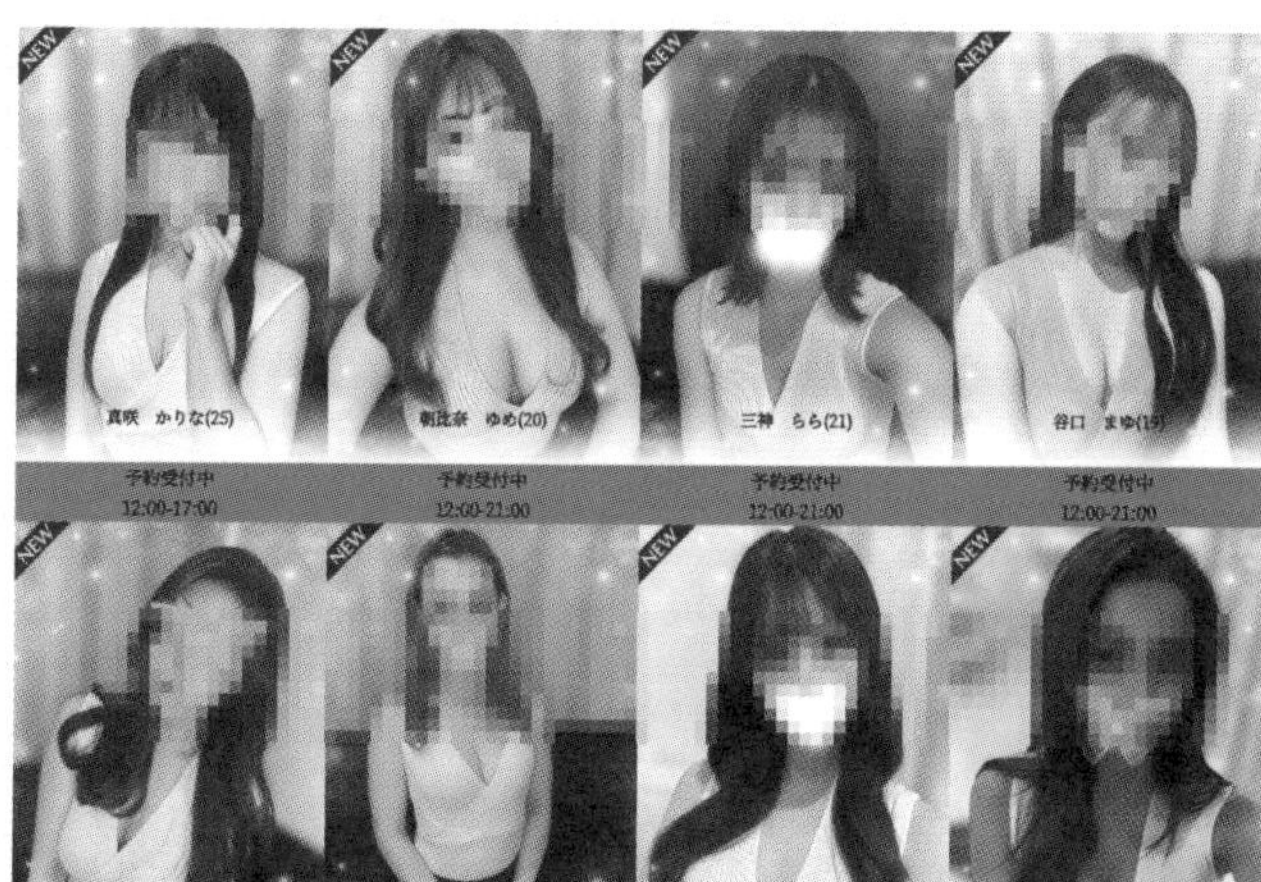

店名　**クラブ ブレンダ**

業種　**デリヘル**

場所　**大阪　梅田＆難波＆その他**

キャバ女子大生のような濃いめの美人さんだらけ

いつの世も、フーゾクで遊ぶ際、女の子がキャバ嬢っぽい見た目なら、より興奮する人たちは一定数いる。最近は、清楚系や素人っぽい子の方が人気だが、この手の人たちにとっては邪道でしかない。パッチリ二重にキリっとした眉毛が特徴の、濃いめの美人さんとスケベするからこそ、フーゾクならではの「非日常感」を味わえると彼らは主張しがちだ。

ここは、まさにそんな人たちのための店だ。在籍嬢は、どの子も濃いめのメイクをした美人さんばかり。例えるなら、キャバクラでバイトしている女子大生のような子と、ホテルの一室でイチャイチャできるのだ。

その上、お店の教育も徹底しており、フェラにしても、スマタにしても、みんな一生懸命サービスしてくれるという。人気嬢は即日完売することも珍しくないので、事前にリサーチをかけておくといいだろう。

基本料金

60分　19,800円
75分　25,300円
90分　30,800円
105分　35,200円
120分　40,700円
150分　49,500円
180分　59,400円
240分　79,200円
300分　97,900円
360分　116,600円
420分　136,400円
480分　154,000円

延長料金30分　11,000円～

指名　1,100円～

オナクラなのにアナルに指を突っ込んでくれるなんて

エロすぎ白衣の天使
精液採取を手伝ってくれるナー
実在
また来て頂いたんですね★診察室でお待ちください♡
現役ナースが精液採取に伺います

オナクラはリーズナブルな料金設定と女の子のルックスレベルが高いため、好んで利用する方も多いと思う。しかしながら、こんな不満はないか。オナクラにはアナル関連のオプションがほとんどない！ アナルの快感に魅入られてしまった人には、アナル責めの有無で充実度は大きく変わる。もはや射精の気持ちよさだけではとても満足できないって人に、ぜひオススメしたいのがこの店だ。

ここは、嬢がナースの格好でプレイしてくれる店で、なんと肛門科コースを併設しているのだ。そう、アナルに特化したコースである。肛門科コースは、ゴム手袋をした嬢がアナルに指を入れて前立腺を刺激してくれる。オナクラなのにこんなサービス、他にないのでは？

店名 **現役ナースが精液採取に伺います 梅田店**

業種 **派遣型オナクラ**

場所 **大阪 梅田**

基本料金

初診診察料金（初回から3回目までの診察料金。以降、料金アップ）

45分 A7,700円 B8,800円
60分 A11,000円 B13,200円
80分 A13,200円 B15,400円
100分 A17,600円 B19,800円
120分 A22,000円 B24,200円
※研修ナースの利用は初回不可
※肛門科の45分診察は不可

基本診察料金（4回目以降～）

A **研修ナース**（入職～3日目）
40分 7,700円
60分 11,000円
80分 13,200円
100分 17,600円
120分 22,000円

B **新人ナース**（4日目～1か月）
40分 9,900円
60分 13,200円
80分 16,500円
100分 20,900円
120分 25,300円

主任ナース（肛門科含む）
40分 9,900円
60分 14,300円
80分 17,600円
100分 22,000円
120分 26,400円

パネル指名 1,100円
本指名 2,200円
特別本指名 1,100円～
延長15分 4,400円

20回以上この店で遊んだ客が豪語。「必ず当たり嬢が来よんねん！」

こちら梅田のデリヘルで、HPを見る限り、嬢のルックスレベルは全体的に高い。10代や20代前半の嬢がやけに多いのも特徴といえるだろう。若い娘が好きな人向けの店といえる。しかし、実は最大のウリは別の点にある。この店の常連客のひとりが声を大にして言う。

「ワシな、ここで20回以上フリーで遊んでねんけど、誰が来ても必ず当たりや！　と思える子が来よるんよ。ホンマに毎回やで!?」

この話を聞いた当初は、正直、随分ハードルの低い人だなという感想を抱いたのだが、そういうことではないらしい。彼が続ける。

「当たりいうても、見た目だけとちゃうで。性格の優しい娘やったり、やたらテクニシャンやったりとか、そういう意味やんか。こんなたくさん遊んでねやし、絶対に偶然ちゃうわ」

常連がここまで力説するのだ。素直に信じるとしよう。

店名　**プロフィール**
業種　**デリヘル**
場所　**大阪 梅田**

基本料金

60分	17,600円
70分	20,900円
80分	24,200円
90分	27,500円
100分	30,800円
120分	37,400円
150分	47,300円
180分	57,200円
240分	77,000円
300分	99,000円
480分	154,000円
延長30分	13,000円
延長60分	26,000円
入会金	無料
指名	1,100円

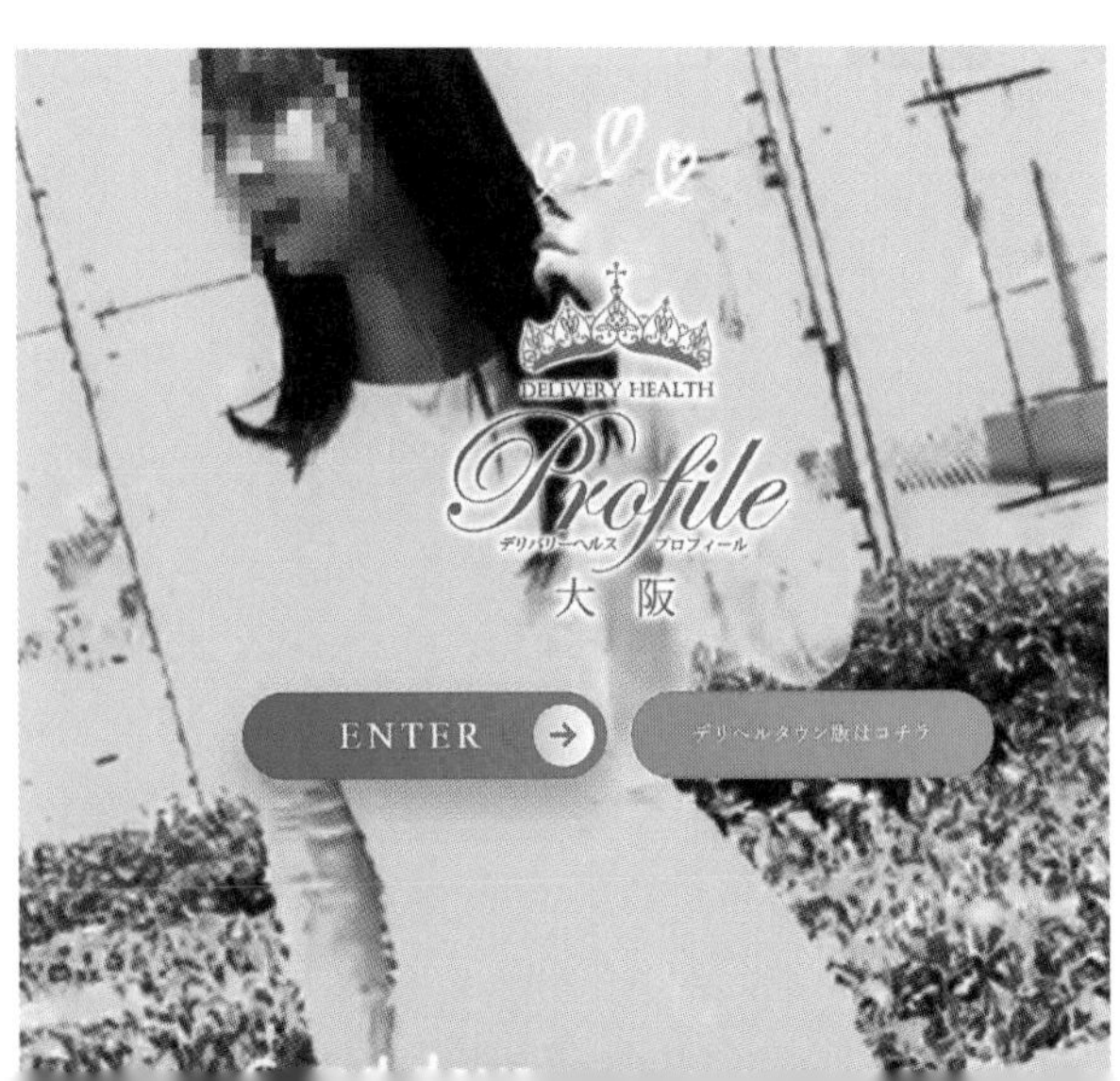

本物のＪＫにエッチなイタズラをしてる錯覚が…。ロリコンの大望を叶えてくれる名デリヘル

店名　寝取り×制服 義理義理な女学園

業種　待ち合わせデリヘル

場所　大阪 梅田

基本料金

待ち合わせ

60分　18,700円
75分　23,100円
90分　27,500円
120分　33,000円
150分　41,800円
180分　50,600円

※待ち合わせ場所は「ローソン太融寺町店前」や「デイリーヤマザキ兎我野町店前」など

デリバリー

60分　19,800円
75分　24,200円
90分　28,600円
120分　34,100円
150分　42,900円
180分　51,700円

※大阪市外は90分以上から

入会金　無料
指名　1,100円
本指名　2,200円
特別指名　1,100円～
延長30分　11,000円

この店の利用客は次の3つからコースを選択できる。**寝取りコース**＝アイマスクをした嬢にエッチなイタズラを。**お風呂コース**＝スク水姿の嬢とお風呂でイチャイチャ。その後、ベッドに移動して第2ラウンドがスタート。**仲良しコース**＝嬢と話をしながらイチャイチャ。疑似恋人気分を楽しむ。

一番人気は仲良しコースかと思いきや、実際は寝取りコースらしい。ロリっぽい嬢とエッチなイタズラは、親和性があるのだろう。寝取りコースを選択すると、嬢から設定作りを求められる。このへんがダルいところだが、満足して帰るには従うしかない。

設定が出来上がれば、ようやくプレイ開始だ。嬢と小芝居し合う中、多少の照れも感じるだろうが、きっちりと完遂しよう。

ちなみに、ここの嬢は全体的にレベルが高く、美少女がゴロゴロいるのでモチベーションが高まること請け合いだ。

真剣にエロ教師役になりきれば、ほぼ確実に本物の美女ＪＫにイタズラしてるような錯覚を味わえる。まさにロリコンの大望が叶う瞬間だ。

極上のマットプレイとキス攻めでトロトロに癒やされる

店名 **リッチドールフェミニン**

業種 **店舗型ヘルス**

場所 **大阪 梅田**

各線、梅田駅から徒歩5分。露天神表門筋沿い、「VRホテル大阪梅田」そば。

住所 **大阪市北区曽根崎1-2-23**

基本料金

40分 A11,000円 B13,000円
55分 A16,000円 B18,000円
70分 A20,000円 B23,000円
90分 A26,000円 B29,000円
延長30分 A11,000円 B13,000円
※延長料金は指名料込み

指名　2,000円
特別指名　1,000円～

A＝早朝　6時1分～9時59分
B＝通常　10時～23時59分

比較的リーズナブルな料金で遊べて、なおかつ嬢のレベルも高い良店だ。清楚系ももちろんいるが、大多数はキャバ嬢っぽいギャルなので、そういう女性が好きな人には大いに刺さるはずだ。

グッドポイントはそれだけではない。実はこの店、ベッドでのヘルスプレイの他にマットプレイも体験できるのだ（客がどちらかを選択）。ローションまみれの全身リップや互いの体がネチョネチョになった状態での69はド興奮ものだ。しかも湯を口に含んでのフェラチオは死ぬほど気持ちいいという。

さらに客は四六時中、嬢からのキス攻めに遭うため、店を出るころには癒やされすぎてトロトロになるそうな。

男はむちむち美女が大好きだから必ずトリコに

店名 **梅田ムチSpa女学院**

業種 **派遣型風俗エステ**

場所 **大阪 梅田**

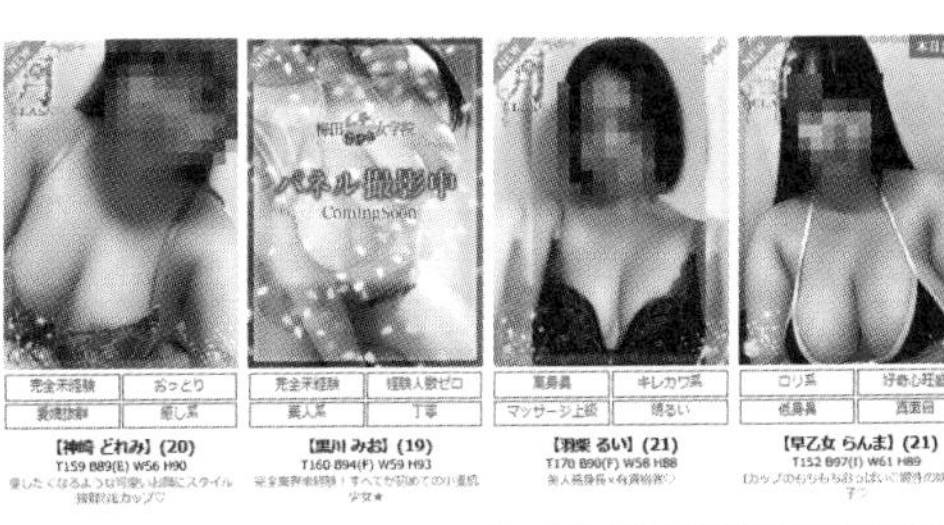

基本料金

60分 A10,000円 B11,000円
80分 A13,000円 B14,500円
100分 A16,000円 B17,500円
120分 A19,000円 B20,500円
150分 A23,000円 B24,500円
180分 A27,000円 B28,500円
延長15分 A4,000円 B4,500円

60分 C12,000円 D13,500円
80分 C16,000円 D17,500円
100分 C19,000円 D20,500円
120分 C22,000円 D24,000円
150分 C26,000円 D28,000円
180分 C30,000円 D32,000円
延長15分 C5,000円 D5,500円

60分 E15,000円
80分 E19,000円
100分 E22,000円
120分 E26,000円
150分 E30,000円
180分 E34,000円
延長15分 E6,000円

A＝宙組
B＝月組
C＝星組
D＝雪組
E＝花組

※待ち合わせ場所として、デイリーヤマザキ兎我野町店、ラブホテル「My Dear I」、ファミリーマート四ツ橋なんば駅前店など

ここは出張型の風俗エステだが、嬢が直接、ホテルまで来てくれるわけではない。受付に連絡後、店指定の待ち合わせ場所に出向く必要がある。これでしっかり交通費は請求されるのだから、客の立場から納得のいかないのでは？ とはいえ、嬢のレベルはさすが人気店といったところだろう。店名が表すとおり、すべての男どもの大好物、むちむちバディがわんさか在籍してるのだ。ただし、明らかなデブは採用しない方針らしいのでご安心を。

したがって、ここには巨乳娘も豊富にいる。FやGくらいは当たり前、なんならIやJまでもいるほどだ。概要がわかったところでプレイの流れを説明しよう。

スタートはオイルマッサージから。嬢の格好はビキニ水着だが、途中からトップレスになってくれるので、「胸が見れない！」と焦る必要はない。ちなみにオプション代１１００円を払えば、オールヌードにもなってくれる。もちろん施術中は、巨乳が触り放題だ。

エステとはいえ、オプション代を払えば、フェラ（コンドーム付き）もローターの使用も可能なので、そのあたりは普通のヘルスと同じだ。で、最後は手コキでフィニッシュと。お疲れ様でした。

嬢からキスの雨が降ってくる大阪を代表する高級ヘルス

店名 **エボリューションセカンド**

業種 **店舗型ヘルス**

場所 **大阪 難波**

地下鉄「なんば駅」B8出口から徒歩2分。
ラブホテル「ユーズアネックス」の斜向いの建物。

住所 **大阪市中央区難波2-4-11**

10代から20代前半のキレイな嬢がそろった高級ヘルス店だ。ここの特徴は大きく2つある。まずはプレイルームについて。大阪にはソープが1軒もないとすでに触れているが、ここの個室はまるでソープを意識したかのような造りになっている。

むろん、プレイ内容に本番は含まれていないが、ゴージャスさと清潔さが同居する部屋なら、こちらのテンションは高くなる。

2つ目の特徴は嬢がやたらとキスしてくることだ。まず嬢との対面時にディープキス、個室に入った際もディープキス。いざプレイが始まれば、それこそフェラの前後や69の合間にチュッチュチュッチュとキスの嵐である。これで多くの客が心をワシづかみにされるのは本当のようで、実際、このサービスは大好評だ。

ただしこの店、嬢によってはパネマジがヒドいという報告もチラホラ挙がっている。嬢の写真は、実物の3割増しと思っていた方が受けるショックは軽減されるだろう。

基本料金

45分 A15,400円 B14,300円
60分 A19,800円 B18,700円
80分 A24,200円 B23,000円
100分 A27,500円 B26,000円
120分 A35,200円 B34,000円
※VIP料金は一定回数同店で遊んだ客に適用

延長30分 22,000円
指名 コース料金に含まれる

ダイヤモンドコース
60分 A25,000円 B36,400円
80分 A30,000円 B31,900円
100分 A35,000円 B37,400円

※ダイヤモンドコース=最高ランク嬢とのプレイ
延長30分 13,200円
指名 1,100円〜3,300円
入会金 1,100円

A=通常 B=VIP

店名 **奥鉄オクテツ**

業種 **デリヘル**

場所 **大阪 難波**

公の場で還暦マダムにとびっこ責めをする興奮はハンパない

基本料金

【熱愛急行】
70分　16,000円

【淫乱快速】
100分　23,000円

【発情痴女超特】
130分　30,000円

指名　2,000円

こちらは人妻、熟女系デリヘルで、嬢の年齢は20代〜62才とかなり幅広い。メイン層は40代か。彼女たちのルックスについてはあえて言及しない。若いころ、たとえ美人だったとしても、還暦に近づけばそれなりに劣化するものだ。

この店はホテルに嬢がデリバリーされてくる以外に、ホテル街のある駅で待ち合わせもできる。その際、「とびっこ待ち合わせ」（オプション代1千円）ができるので、ぜひトライすべきだ。とびっことは遠隔操作が可能なピンクローターのことで、受付のときにその意向をスタッフに伝えると、嬢がパンティにとびっこを仕込んだ状態でやって来る。これが興奮するのなんの。

ホテルまでの道すがら、いきなりスイッチをオンに！　苦悶の表情を浮かべる嬢。いったんオフにしてからまたオンに！　公の場で嬢を責める興奮は病みつきになるらしい。

ピンサロ料金でヌイてくれる驚きの格安ヘルス

店名 **トム**

業種 **店舗型ヘルス**

場所 **大阪 京橋**

各線、京橋駅から徒歩5分。京橋東商店街内、キャバクラ「京橋ケーズクラブ」の隣のビル2階。

住所 **大阪市都島区東野田町3-13-29 拓洋ビル2階**

基本料金

20分 A5,000円
30分 A7,500円
B9,500円
40分 A9,500円
B11,500円
50分 A11,500円
B14,500円

入会金 無料
指名料 2,000円

A=フリーコース
B=指名

たとえフーゾク遊びとはいえ、抑えられる出費はなるべく抑えたい。それが一般市民の感覚だ。

というわけでこちらの店を紹介したい。総業30年オーバーの老舗ヘルスで、フリーで入ればなんと20分5千円でヌイてもらえる。断っておくが、ここはピンサロではない。れっきとしたヘルスなのに5千円でヌケるのだ。

さらにはコスプレ衣装やピンクローター使用、といったオプションまで無料だ。まるでカネ儲けに興味ナシといった態度。むしろこちら側が「大丈夫か？」と心配してしまうレベルだ。

それだけに嬢のレベルは期待しない方が無難。嬢によっては写真と別人レベルの子が現れるという声もあるくらいだ。

狭い店につき、シャワーがないのも痛い（ウェットティッシュで体を拭く）。難点は多いが、ピンサロ料金でヘルスプレイを体験できるのだ。これ以上、文句を言ってはヤボになる。

料金が安く、オプションも無料なら嬢の質が悪くても許せる

店名 **ギン妻パラダイス京橋店**

業種 **派遣型イメクラ**

場所 **大阪 京橋**

「今月も給料安いからなぁ～」
「おとなしく帰ろう…」
「あぁ～でもヌキたいなぁ～」
ギン妻に寄らずに帰るなんて、
もったいない…。
オレ達のギン妻が
あるじゃないか！
男なら起てよ
かわいいあの娘にぶっかけてやりなよ。
風俗界に革命を起こす店。

ここは、よくある人妻熟女フーゾクで、嬢のレベルもその辺の店と大差ない。ただし、本書で紹介する以上、非凡な点ももちろんあるわけで。ひとつは料金の安さだ。70分こってりと遊んで1万円で釣りがくるというのだから相当だ。

さらにオプションがすべて無料というのもかなりうれしい。こんなことを言うと「どうせしょうもないオプションばっかりだろ」とツッコミが聞こえてくるが、いやいや。顔射やAF（アナルファック＝肛門性交）といったヘビーなプレイまでもが無料なのだ。

これで終わりではない。プレイ時間の長さに応じてアダルトグッズやコスプレ衣装を貸し出してくれる。もちろん無料でだ。

非凡な点その2は、巨乳嬢の多さだ。HPをチェックすると、冗談抜きでGカップ前後の娘がゴロゴロいるのだ。お金に余裕のない人にとっては、店名通り、まさにパラダイスである。

基本料金

待ち合わせ

70分 8,999円／**85分** 11,999円

100分 14,999円／**130分** 19,999円

180分 29,999円／**420分** 79,999円

540分 99,999円

※待ち合わせ場所として「ローソン京橋北口店前」「ジャンボ酒場京橋駅前店」など。

デリバリー

70分 9,999円／**85分** 12,999円

100分 15,999円／**130分** 21,999円

180分 31,999円

入会金　無料

指名　1,000円

本指名　2,000円

延長15分　4,000円

延長30分　8,000円

※オプションは顔射、聖水などすべて無料

全国フーゾク街の歩き方

大歓楽街 福岡編

店名 **マシェリ**

業種 **ソープ**

場所 **福岡 中州**

地下鉄「中洲川端駅」から徒歩5分。

住所 **福岡市博多区中洲1-3-1**

逆パネマジかと思うような本気の博多美人が

博多美人。言葉が独り歩きしてるだけで、実際はそんなに可愛くないんだけどなあ……と感じてしまうことも多いが、この店は本気の博多美人ばかりだ。

逆パネルマジックとすら感じてしまうほど、ヴィーナスのような女性が出迎えてくれるのだ。

ある常連は言う。

「月に何度もソープに通えるサラリーはもらってないけど、出来る限りオキニに会いに行こうと努力はしてます。ここだけの話、何度か浮気をして別のを指名したこともあるけど、そのときもパネル以上の上等な女性がやってきましたよ。この店は本当に女性のレベルが高いので重宝してます」

基本料金

50分 19,000円
70分 25,000円
90分 32,000円
指名 2,000円
※70分以上のコースで、ベッドまたはマットのどちらかの選択可（嬢によって非対応の場合アリ）

プレミアムガール（指名料込み）
50分 23,000円
70分 30,000円
90分 38,000円
予約料 +1,000円

九州中の美人が集まるとのウワサ

九州中の美人が集まってくると噂の超有名ソープだ。そのぶん、料金はそこそこ高いため、ある常連客はもっぱら60分コースで遊んでるそうだ。

「恥ずかしいんだけど、さすがに120分には手が届かんて」

彼が笑いながら続ける。

「もっと恥ずかしい話をすると、毎度毎度、この子と120分コースでいちゃいちゃしてるオッサンがおるのか！　って嫉妬しながらプレイしよるけん（笑）」

ちなみに、こちらの店は完全なゴム着店だ。NSやNNはできないので悪しからず。

店名　**ティアモ**

業種　**ソープ**

場所　**福岡　中洲**

地下鉄「中洲川端駅」より徒歩5分。

住所　**福岡市博多区中洲1-8-11 PARACITY博多8階**

基本料金

通常コース

60分　25,000円
80分　33,000円
100分　41,000円
120分　49,000円
指名料　2,000円

※80分コース以上でベッドプレイ、マットプレイが可能に（嬢によっては不可の場合も）

VIPレディー
（上級ランク嬢嬢と遊ぶコース）

60分　30,000円
90分　45,000円
120分　60,000円

※指名料込み、アルコール無料

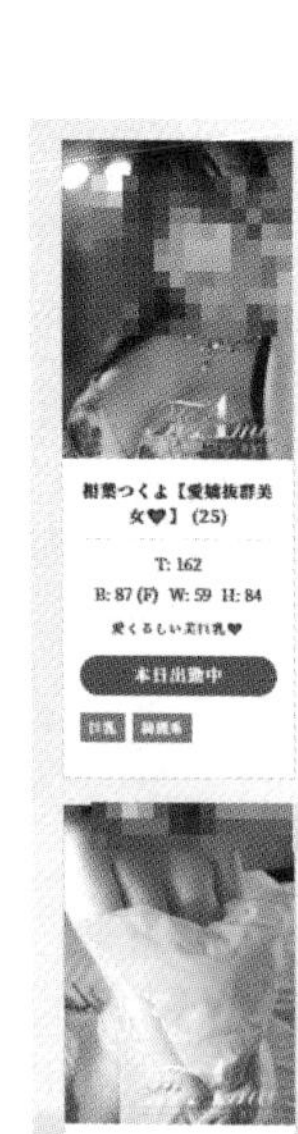
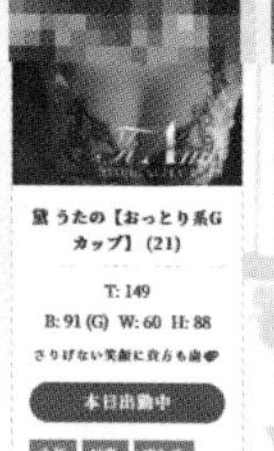

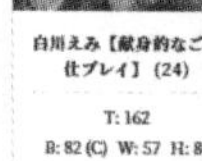

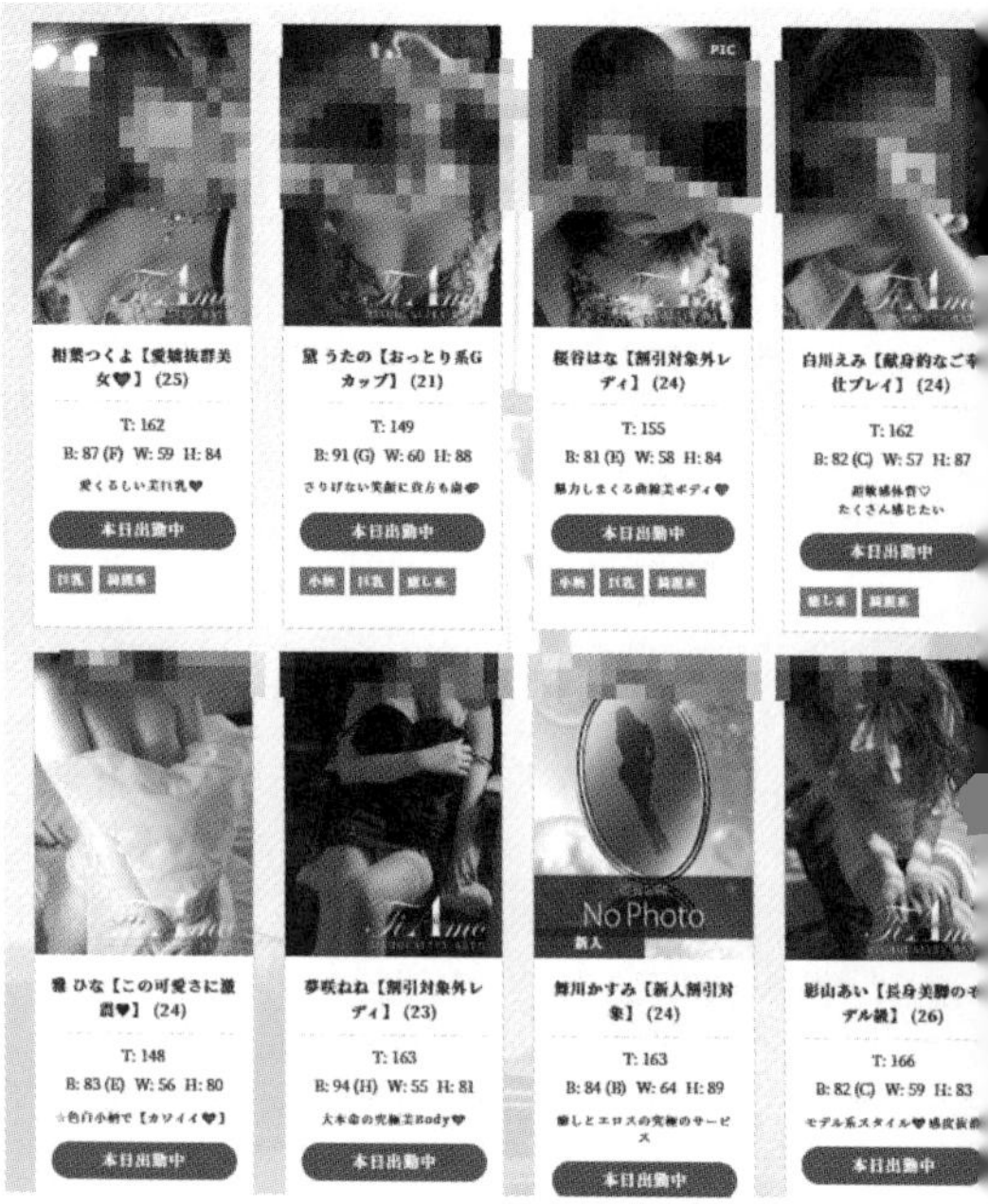

店名 **よかろうもん中洲**

業種 **ソープ**

場所 **福岡 中洲**

地下鉄「中洲川端駅」より徒歩5分。

住所 **福岡市博多区中洲1-8-11 PARACITY博多1階**

花びら大回転がソープにあってもおかしくない

花びら大回転、といえばピンサロの代名詞だが、あの花びらが、あそこのビラビラの意味だとすれば、ソープにだって花びら大回転があってもおかしくはない。

実はあるのだ。最大3回転までできるソープが。企画女優だらけの多人数AVなら、複数が入り混じるプレイよりも1人ずつ順にこなしていく作りのほうが好まれるのと同じで、やっぱりソープも回転が落ち着く。元々3Pコースなんてないが。

ただやはり、どの娘で射精するかは迷いどころなので、2回転までにしておくほうが賢明だろう。3回転もすると、必ず1人は非ヌキで終わってしまうのがツラいところである。

基本料金

花びら3回転コース（ソープ）
女の子3人と遊べる

50分（**2回転**） 27,000円
70分 30,000円
100分 38,000円
130分 46,000円

エロ話をしたい単独美人女性がやけに多いフェティッシュバー

店名 **フェティッシュバーネスト**

業種 **フェティッシュバー**

場所 **福岡 博多中洲**

地下鉄「中洲川端駅」より徒歩6分。

住所 **福岡市博多区中洲4-1-30-2 SPACE中洲3階**

フェティッシュバーとは、簡単に言えば客同士が自らのフェチを語り合う場で、ノリとしてはSMバーに似ている。

さて、ここ福岡にあるフェティッシュバーも毎夜のごとく、エロ話をしたい男女が数多く集まる店だ。大きな特徴として若い単独女性客がやけに多いことが挙げられる。

そもそも、ここは単独女性の入店を奨励しており、女性客が嫌な思いをしないよう、店のスタッフが神経を尖らせている。勝手に女性に話しかけるのも禁止されているほどだ。

酒を飲みつつ大声でエロ話するというよりは、SMが趣味の店長が、きっちり場を管理する落ち着いた雰囲気のバーのようだ。なので、女の子は安心して性について語れるし、だからこそ単独女性が増え、引っ張られるように男性客の数も増加するのだろう。このバーに数回行ったことのある30代男性はこう証言する。

「ここで知り合ったキレイな女の子と妙に意気投合して、その日のうちにラブホに行ったんです。そっからずーっとセフレ関係が続いてます! この店、美人客が多いからオススメですよ」

たまたまこの方は上手くいったからいいが、女性優遇の店なだけに、あまりナンパばかりしてると、追い出されるかも?

基本料金

入場料

男性 11,000円

女性 2,000円

入会金 2,000円(男女共)

18才にナマ中出しできるチャンスはここにしかない

店名 **今ドキナース**

業種 **ソープ**

場所 **福岡 博多中洲**

地下鉄「中洲川端駅」から徒歩5分。

住所 **福岡市博多区中洲1-3-2 中洲第二ビル1階**

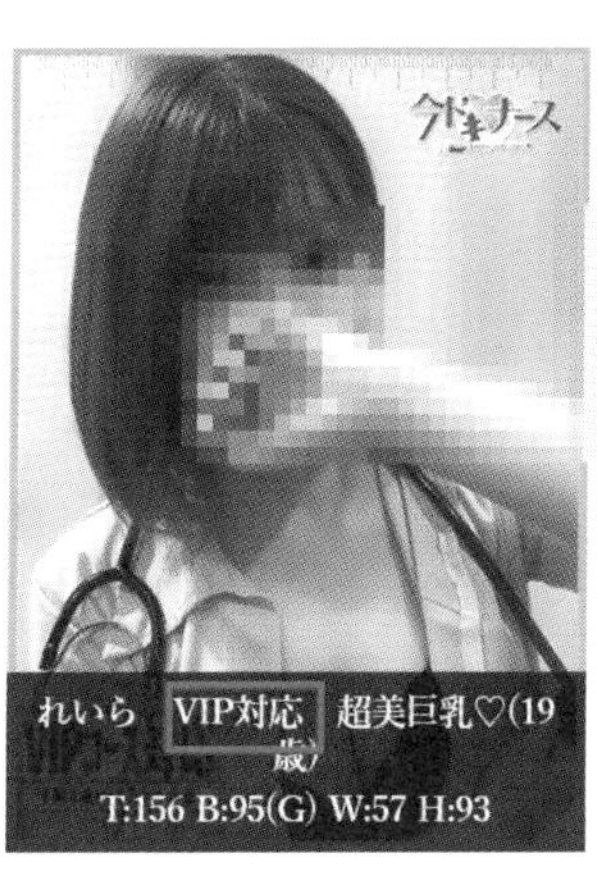

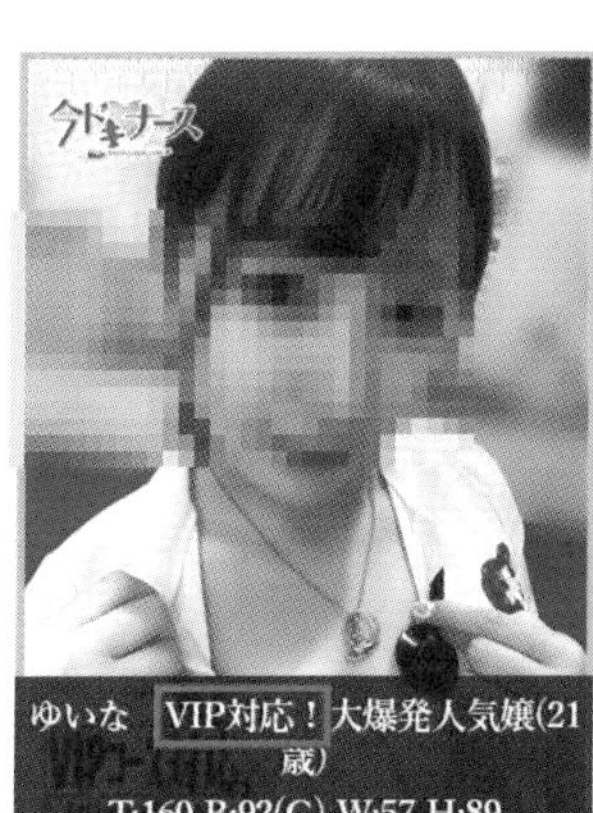

この店に関する投稿が届いたので紹介したい。ソープランドで働ける女の子は東京だとハタチ以上らしいのですが、僕の地元・福岡県なら18以上でOKです。

要するに、高3女子と同い年の子と合法的にセックスができるってわけ。もちろん高校生はソープで働けないから、その手の子たちは中卒か中退組になるけど。

僕が紹介したいソープにも18才嬢はいます。実はここ、嬢によってはNNが可能だったりするんです。

判別法はHPのキャスト一覧を開き、嬢の名前のあとに「VIP対応」とあればNN可能、なければNG。

で、その18才嬢をチェックしたところ、「VIP対応」の文字が（当時）。

どうなんでしょう、1億人越えの日本人の中で、18才にナマ中出ししたことのある男など数えるほどしかいないのでは。これはそのごく少数の勝ち組に入るチャンスですよ！

基本料金

60分 22,000円
80分 29,000円
100分 33,000円
指名料 2,000円

VIPコース

60分 26,000円
80分 33,000円
100分 41,000円
指名料 込み

朝には行列ができる間違いのないトクヨク

トクヨク、つまり特殊浴場＝ソープランド、のことではない。中洲でトクヨクとはヘルスのことを指す。

ここは中洲の老舗トクヨクで、朝には行列ができるほど人気だ。カワイイ子と安くサクッと抜ける気楽さがウケているのだろう。どこの店で遊ぶか、迷ったらリップスに行っておけばまず間違いないとの評判だ。

店名 **リップス**

業種 **店舗型ヘルス**

場所 **福岡 中洲**

地下鉄「中洲川端駅」から徒歩5分。

住所 **福岡市博多区中洲1-2-13**

基本料金

7時〜9時
30分 6,900円
40分 8,900円
50分 10,900円
60分 12,900円
80分 16,900円

9時〜12時
40分 10,900円
50分 12,900円
60分 13,900円
80分 18,900円

12時〜17時
40分 11,900円
50分 13,900円
60分 15,900円
80分 18,900円

17時〜20時
40分 11,900円
50分 13,900円
60分 15,900円
80分 19,900円

20時〜24時
40分 11,900円
50分 14,900円
60分 16,900円
80分 20,900円

※30分コースは早朝のみ

まるで本物の学校で本物のＪＫとしてる気分

店全体が学校になっている、やけにセットの凝りまくったヘルスである。

教室も保健室も体育倉庫も、すべて本物レベルなので、本気でＪＫにフェラされてるようなイケナイ気分に。

青春時代に悔しい童貞時代を過ごした方は、ここでうっぷんを晴らすのもまた一興だ。

店名 **ときめき胸キュン女学院**

業種 **店舗型ヘルス**

場所 **福岡 中洲**

地下鉄「中洲川端駅」より徒歩7分。

住所 **福岡市博多区中洲1-8-20 H-ONEビル4階**

基本料金

9時〜12時

40分 9,900円
50分 11,900円
60分 13,900円
90分 21,900円
120分 28,900円

12時〜18時

40分 10,900円
50分 12,900円
60分 14,900円
90分 22,900円
120分 29,900円

18時〜24時

40分 11,900円
50分 13,900円
60分 15,900円
90分 23,900円
120分 30,900円

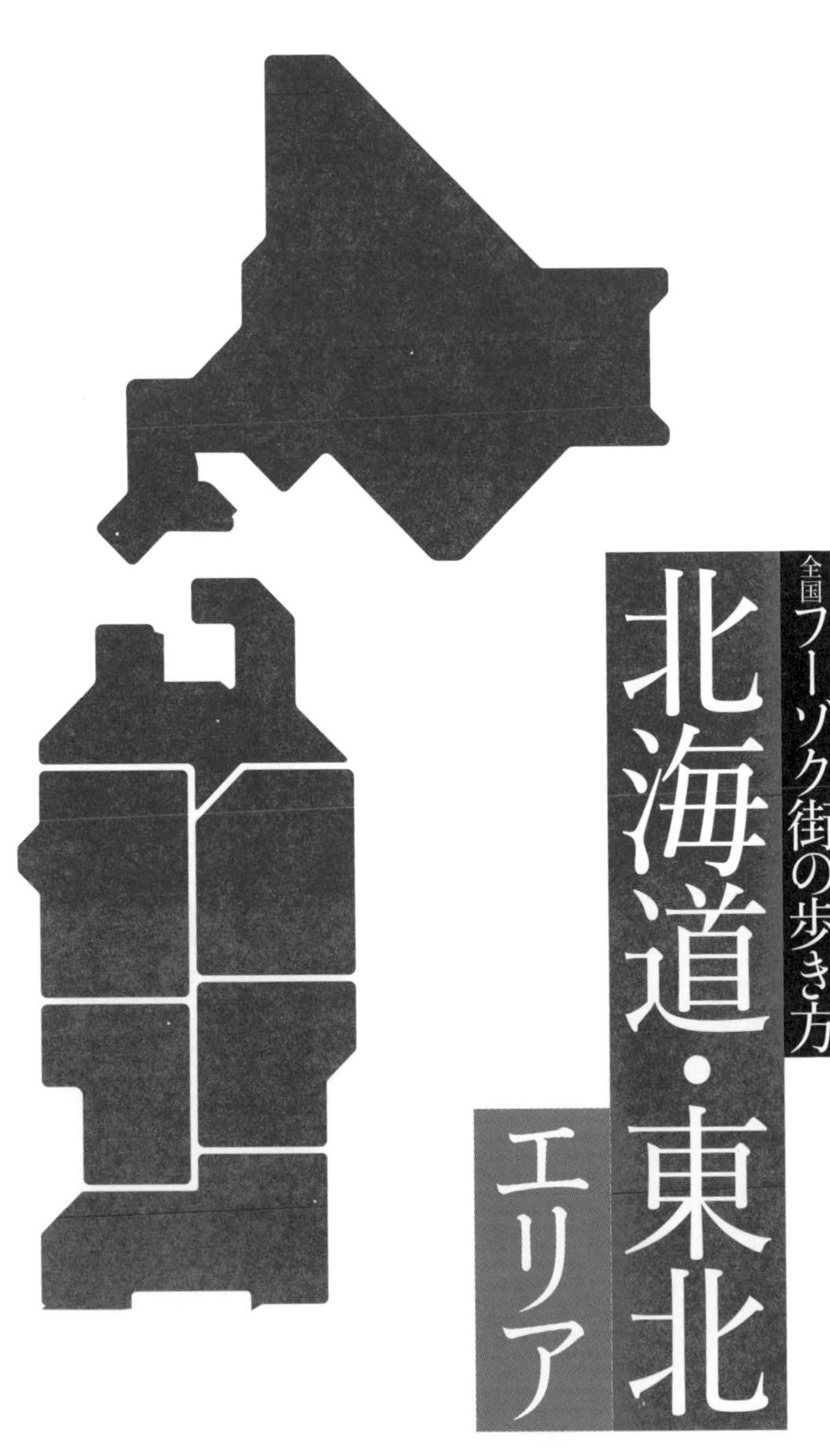
全国フーゾク街の歩き方
北海道・東北
エリア

セクキャバでイチャついてから ヘルスプレイに突入

店名 **プッシーキャット**

業種 **セクキャバ＋ヘルス**

場所 **北海道 札幌**

地下鉄「すすきの駅」5番出口より徒歩5分。

住所 **札幌市中央区南6条西5丁目 第1旭観光ビル1階**

この店は非常にユニークなシステムを採用している。セクキャバとヘルスを同時に楽しめるのだ。

中に入ったら、まず「ショーパブ券」を購入し（3千500円～6千円。入店時刻による）、80分ビールや焼酎、ウイスキーが飲み放題になるセクキャバタイムをじっくり堪能する。

代わる代わるやってくる嬢の胸や尻を触りつつ、気分を高めていくわけだ。隣についた嬢を気に入れば、その場で指名して、ヘルスコース（40分8500円）に流れることも可能だが、常連の多くは80分ギリギリまで粘ろうとする。このセクキャバタイムでガッツリ遊んでこそ、ヘルスコースにて最高の興奮を味わえるからだ。

実はこのセクキャバタイム、コロナのせいで長らく休止していたのだが、ようやく再開した経緯がある。ファンは涙目だろう。

日本には数多のフーゾク店があるが、プッシーキャットのような店はどこにも存在しない。北海道に出張などで訪れる際は、ぜひ。大いに楽しめることを約束する。

基本料金

平日（セクキャバタイム）
16時～16時29分 3,500円
16時30分～19時29分 5,000円
19時30分～24時 6,000円

土日
16時～16時29分 3,500円
16時30分～19時29分 5,000円
19時30分～24時 6,000円

VIPルーム（ヘルスコース）
40分 8,500円（オールタイム）

18才嬢の在籍数がおそらくすすきのナンバー1のソープ

店名 **メイド館 ラ・メイド**

業種 **ソープ**

場所 **北海道 すすきの**

地下鉄「すすきの駅」5番出口から徒歩5分。
ローソン「すすきの銀座通り店」そば。

住所 **札幌市中央区南5条西4丁目 札幌観光会館ビル4階**

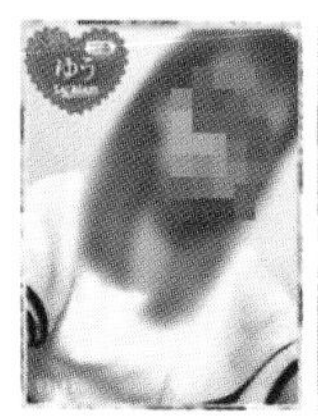

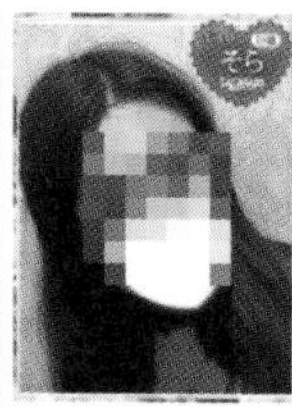

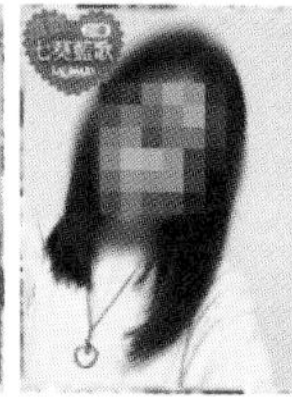

ゆう(18歳)
T152 80(E)・58・88

そら【巨乳・18歳】(18歳)
T153 92(G)・62・95

七葵 藍歌（ララ）【Cカップ】(20歳)
T162 78(C)・57・79

のの【Fカップ・20才】(20歳)
T150 82(F)・58・83

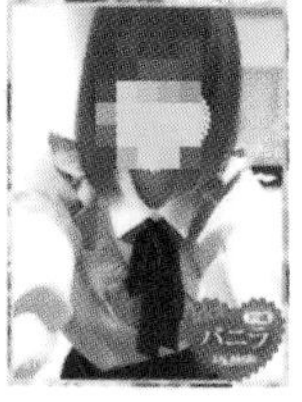

基本料金

40分 15,500円
50分 17,500円
70分 27,000円
90分 32,000円
110分 39,000円
延長30分 12,000円
指名 2,000円〜

ここは、北海道のロリコンたちの間で知らぬ者のない有名店だ。なぜなら18才嬢の在籍数がやたらと多いから。23年10月現在、全キャスト79名のうち、18才嬢は21人と約3割を占めている。この驚異的な数字、すすきのナンバー1といってもいいだろう。

もちろん、高校生はソープで働けないので高校を卒業した直後か、途中で退学してしまったパターンが考えられるが、いずれにせよ、つい最近まで高校生だった娘と合法的にセックスできるなんて、ロリコンでなくても興奮ものだ。

さらにこの店、身長150センチ前後の小柄な娘も多い。ここまで合法ロリにコンセプトを傾けてくるとは、さては店長さん、筋金入りのロリコンか？

店名 **ラブファクトリー**

業種 **ソープ**

場所 **北海道 すすきの**

地下鉄「すすきの駅」から徒歩5分。

住所 **札幌市中央区中央区 南5条西4丁目 サンヨービル3階**

すすきの一番人気ソープは欠点が見当たらない

北の吉原と言われるほどソープの多いすすきのの中で、もっとも高い人気を誇るのがこちらのお店である。人気の理由は何か。あえて言うなら「欠点のなさ」となるだろうか。嬢のルックス、接客態度、ボーイの対応、コスパ（60分で総額1万7500円～）など、どの項目をみても、平均を大きく上回るのだ。

したがって、地元民から非常に愛されてる同店。そして、常連によると、さらにもうひとつ、2輪車コース（嬢2人と3P）の存在も、人気に拍車をかけているんだそうな。

基本料金

60分　17,500円／**80分**　22,500円
100分　27,500円
120分（本指名のみ）32,500円

二輪コース
80分　43,000円
100分　53,000円

延長10分（最長40分）3,000円
入会金　1,000円
指名　2,000円
16時以降　+1,000円
土日祝　+1,000円

女の子2人がついてこの値段はかなりリーズナブル

店名 **ハーレムゾーン**

業種 **店舗型ヘルス**

場所 **北海道 すすきの**

地下鉄「すすきの駅」から徒歩3分。

住所 **札幌市中央区南5条西5丁目 サンドゥビル5階**

商用でよく札幌を訪れる人や、地元なのに初めてこの店の名前を聞いた人に、ぜひオススメしたい名店である。世にも珍しい3P専門フーゾク。それだけでも存在価値は高いのに、料金も安い（50分2万1000円）。繰り返すが、女性ふたりがついてこの値段。東京のちょっと高級なデリヘルよりよほどリーズナブルだ。

格安で遊べるなら嬢の容姿もそれなり、と思いがちだが、実際は違う。常連によると、たまにぽっちゃり娘に当たることはあっても、大半はキレイ系で、しかも全員ニコニコと愛想がいいらしいのだ。最高じゃないか！

基本料金

50分 21,000円／**60分** 24,000円
70分 27,000円

プチ3Pコース（完全2回抜き）
〈途中から女の子が乱入〉
50分 17,000円／**60分** 19,000円
70分 21,000円

マンツーマンコース（完全2回抜き）
〈1人の女の子と〉
40分 10,800円／**50分** 12,900円
60分 15,100円／**70分** 17,200円
80分 19,400円

指名（マンツーマン） 2,000円
指名（フル3P）
1人 2,000円／2人 3,000円
写真指名 2,000円
本指名 2,000円

北の大地でアナルに舌をねじこんでくれるのはここだけ

店名 **ドリアナ**
業種 **デリヘル**
場所 **北海道 すすきの**

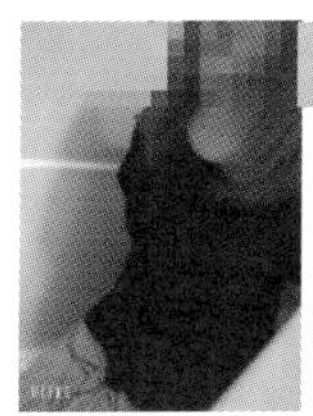
チアキ(48歳)
T155 86(D)・60・88
日記

リア(48歳)
T157 82(B)・57・83
日記

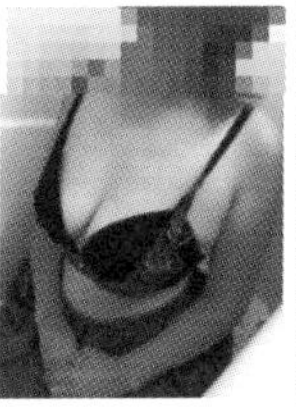
カエデ(47歳)
T148 85(E)・59・86
新人

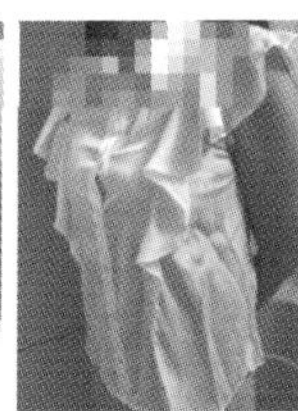
マイ(33歳)
T159 85(D)・58・87

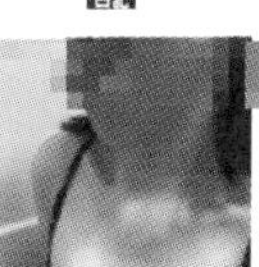
アスカ(34歳)
T148 81(C)・59・85

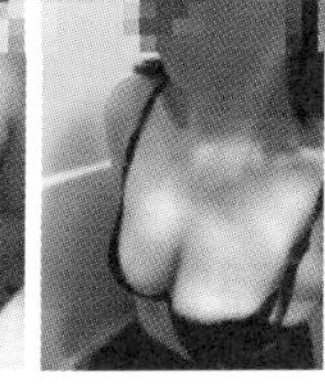
ノゾミ(47歳)
T153 85(D)・59・88

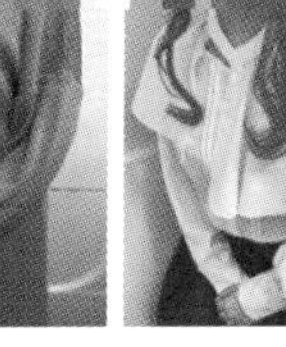
ミナミ(42歳)
T159 90(G)・60・92

カノン(28歳)
T160 82(C)・59・88

基本料金

60分 10,000円
80分 14,000円
100分 18,000円
120分 22,000円
延長20分 5,000円
写真指名 2,000円
本指名 2,000円

女性にアナルを舐められると天にも昇るような気分に――。そんな性癖の持ち主には打ってつけの店だ。普通のデリヘルでもアナル舐めは基本プレイに含まれがちだが、ああいうものは表面をチロチロ舐めるだけで、マニアは到底満足できない。その点、ここは本格的だ。常連客が言う。

「もっと舌先をアナルに入れて」とお願いすれば、そのとおりにしてくれます。いや、嬢によっては、リクエストを出さなくても、ガシガシと舌をねじ込んで、肛門がふやけるまでベロベロしてくれることもありますし」

まさに看板に偽りナシ。不満をひとつ言うなら、嬢の年齢か。在籍嬢8人のうち、5人が40代のおばちゃんで、30代は2人。20代嬢はたったひとりだけだ。

できれば、若い子にケツの穴を舐めてほしいという向きには物足りないかもしれないが、現状、この手の店は北海道にドリアナしかない。ありが～た～く舐めてもらいましょう。

店名　**LIBE（ライブ）**

業種　**待ち合わせ型ニューハーフヘルス**

場所　**全国展開**

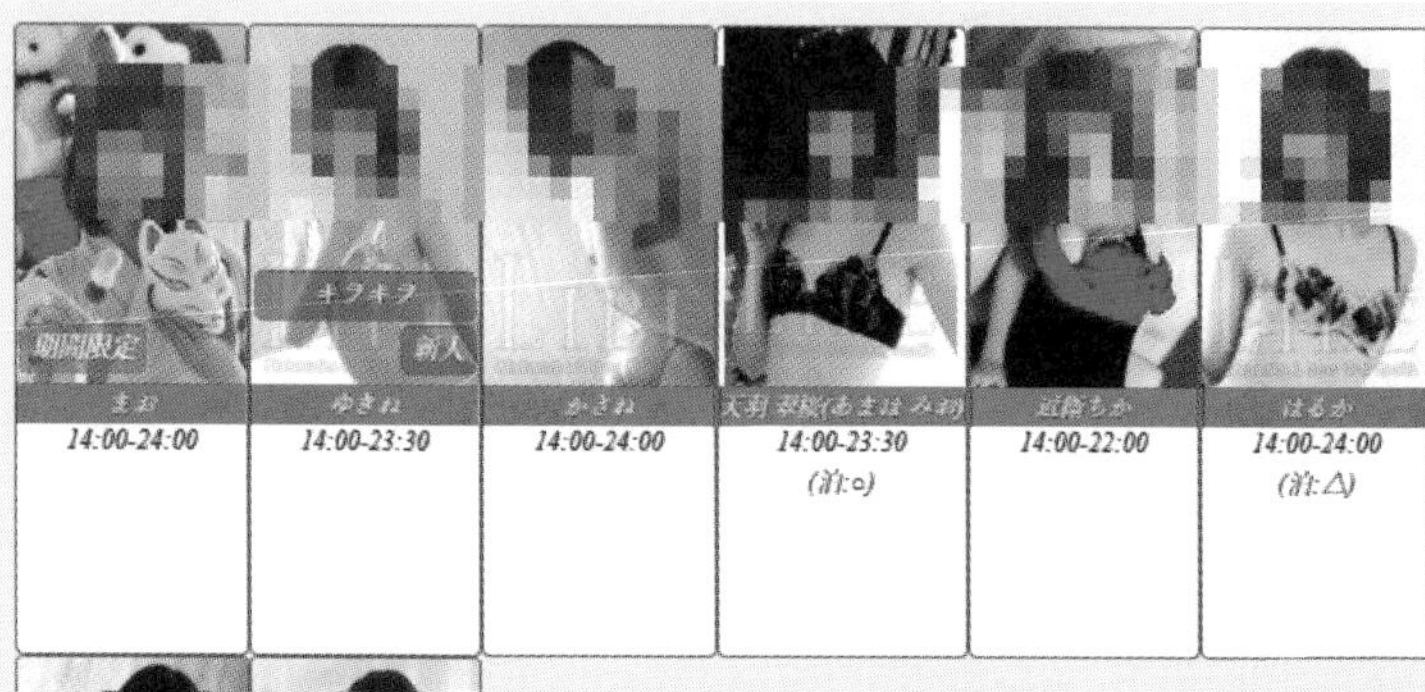

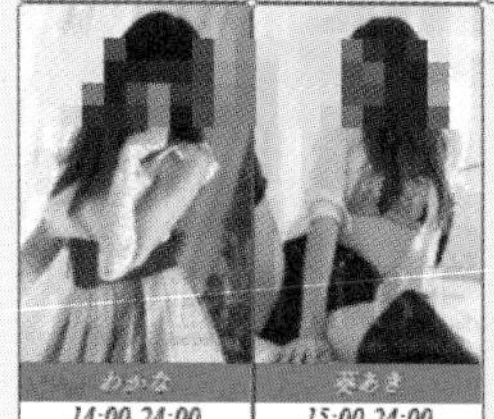

硬いチン●を選ぶか女っぽさを選ぶか

在籍数が非常に多いので、好みのニューハーフや「男の娘」が絶対に見つかる店だ。もちろん顔の好みだけじゃなく、体のほうも。

常連の話によれば、人気が集中するのは、体は女っぽいけど、チンコがカチカチで、しゃぶり甲斐のある子らしい。

となれば、必然的にプロフィール検索の条件は、「竿あり」「ペニスサイズ長め」「バスト大き目」かつ「ニューハーフ」となる。ニューハーフは女性ホルモンを打っているため女らしくなり、「男の娘」はただ単に女装してるだけだからだ。

もちろん、ガチガチのチン●を優先したい気分なら、ぺったんこ胸の「男の娘」を選ぶことも。みなさんもいろんな組み合わせを楽しんでほしい。

基本料金（札幌店の場合）

40分　12,000円
60分　15,000円
90分　23,000円
120分　28,000円
150分　33,000円
180分　38,000円

フリーコース
60分　14,000円
90分　19,000円
入会金　無料
指名　無料
本指名　2,000円
延長15分　4,000円

店名 **A-girl's**

業種 **デリヘル**

場所 **青森 弘前**

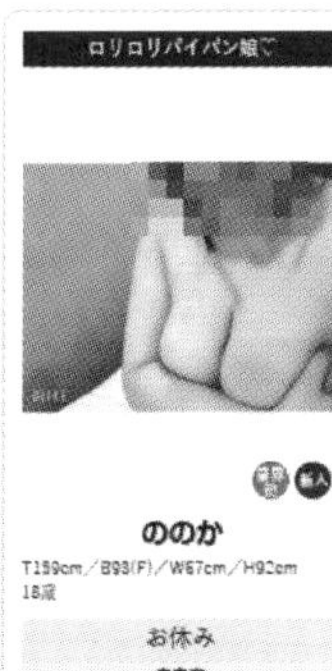

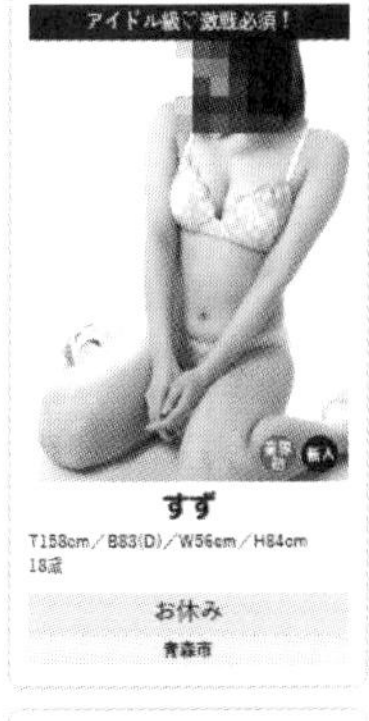

アイドル級♡激戦必須！
すず
T158cm／B83(D)／W56cm／H84cm
18歳
お休み
青森市

濃い系の美人がそろった罪な店

どうせフーゾクで遊ぶなら、美人嬢にお手合わせ願いたい。そういう向きにはピッタリの店だ。在籍してるのは20代～40代と、幅広い年齢層の嬢だが、どの娘もルックスはピカイチ。目鼻立ちのハッキリした、ちょっと濃い系の美人がそろってるのだ。

とにかく、そういったこともあり、フリーで入っても ハズレに当たることは滅多にない。少なくとも話を聞かせてもらった常連客には、そういった経験がないそうだ。

なおかつ、愛想のいい子ばかりなので、彼のようにすぐにオキニができるので、ここの客はカネがかかって仕方がないという。まったく、罪な店だ。

基本料金

60分	12,000円
70分+10分	14,000円
80分+10分	16,000円
90分+10分	18,000円
100分+10分	20,000円
110分+10分	22,000円
120分+10分	24,000円
130分+10分	26,000円
140分+10分	28,000円
150分+10分	30,000円
160分+10分	32,000円
170分+10分	34,000円
180分+10分	37,000円
指名料	1,000円
延長10分	2,000円
チェンジ	3,000円
キャンセル	3,000円

秋田唯一のNN公認店は、同県イチの誠実ソープ

店名　**アイドルコレクション**

業種　**ソープ**

場所　**秋田　秋田**

JR秋田駅から車で1分。

住所　**秋田市大町6-1-8**

基本料金

40分　16,000円
60分　20,000円
80分　25,000円
100分　31,000円
以降20分ごと6,000円追加
※100分以降は20分単位で何分コースでも選択可能

入会金　無料
指名　2,000円～
延長20分　7,000円

秋田で最強のソープランドといえば、アイドルコレクションで決まりだ。人気のヒミツは、カワイイ嬢や美人嬢がたくさん在籍しているから。さらにこの店の特徴として、秋田で唯一、NSやNNが可能というのがある。

もちろん、何が何でも中出しをしたい客なら、嬢にいくらかのカネを握らせるのだろうが、ここは店が公認してるのだ。気楽さという意味においてこの差は大きい。

また、ここは「脱パネマジ」を公言している。店側がそう言ってるだけで、実際はやりたい放題なのかと思いきや、どうやら違うらしい。常連いわく、ここが脱パネマジを宣言して以降、悪いウワサはほとんど聞かないという。

「とはいえ、多少、画像処理されている場合もあるけど、まあ、余裕で許容範囲ですから」

ちなみにこの店、嬢の実年齢表記にも力を入れており、それによって25才以上の嬢を排除していくつもりらしい。ウソが横行するフーゾク業界にしては、見上げた誠実ぶりである。

店名 **バニーコレクション**

業種 **ソープ**

場所 **秋田 秋田**

JR秋田駅から車で2分。

住所 **秋田市大町6-2-17 横町ビル1階**

バニーガールに出迎えられてその衣装のまま一発

強調された胸元、切れ上がった股間、網タイツ。バニーガールには、男の性欲を掻き立てる不思議な魅力がある。少なくとも、あれを嫌いだなんて男に、出会ったことがあるだろうか。おそらく、いや絶対にないはずだ。

さてここは、嬢がバニーちゃんに扮して客を出迎えてくれるステキな店だ。そして対面した瞬間にトロけるようなディープキスが！

しかも有料オプションを払えば、衣装を着たままでのプレイも可能に。お気づきのように、ここでは存分にバニーちゃんの良さを堪能できるのだ。

おまけに、はっとする美人がやたらと多いと聞くのは、秋田という土地柄のせいなのだろうか。

とにかく、満足すること間違いナシだと誰もが言っている。

基本料金

40分　17,000円
60分　24,000円
80分　29,000円
100分　34,000円

延長30分　12,000円
入会金　2,000円
指名　2,000円～
特別指名　1,000円～

店名 **Love Rose**

業種 **デリヘル**

場所 **岩手 盛岡**

基本料金

50分 11,000円
60分 13,000円
90分 20,000円
120分 25,000円
延長10分 3,000円
※50分コースは
中の橋、駅前周辺に限定

フリーコース
60分 11,000円
延長10分毎 2,000円

Sクラスコース
60分 16,000円
90分 25,000円
120分 34,000円
延長10分 3,000円
指名料 1,000円

VIPコース
60分 20,000円
90分 30,000円
120分 40,000円
延長15分 5,000円

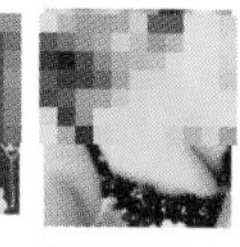

10代ばかりを採用していればうぶっ娘だらけなのは当然

嬢の若さに特化したデリヘルである。具体的には18才～20代前半がメインで、見た目レベルも総じて高い。店の常連客のひとりは、嬢を指名して遊ぶことが多いらしいのだが、マレにフリーで入ることも。そんなときでも「フリーで入ってこのレベルならむしろ当たりかも」と納得できる嬢ばかりだったため、すっかり信頼を置くようになったらしい。彼が言う。

「嬢のルックスに関しては店を信じちゃって平気かなと」

業界未経験のうぶっ娘が、なぜかそこそこ頻繁に入店してくるのもここの特徴らしい。店側がそういった子を優先的に選んで採用してるのだろうか？　もっとも、10代ばかりを積極採用していれば、業界未経験者が多くなるのも当然っちゃ当然なのだが。

とにかく、この店で遊ぶときは新人を狙うのが得策らしい。フーゾク業界にまだ毒されてないうぶっ娘を手ゴメにする感覚は、ちょっと他では味わえないそうな。

デリヘルなのに二回転するゴージャスすぎる遊び

店名 **miumiu**
業種 **デリヘル**
場所 **山形 庄内エリア**

Marina
まりな
Yukari
ゆかり
庄内でたくさんの
地元の女の子を揃えました!!
ピュアでエッチな
地元の女の子
miumiu
Delivery Health
くちこみ
募集中

店の常連客によると、この店には、評価すべき点がたくさんあるという。まず店員の礼儀正しさ、嬢のクオリティーの高さ、リーズナブルな料金設定など、いくらでも挙げられるが、彼が何より気に入ってるのは花びら回転で遊べることらしい。そう、デリヘルなのにピンサロのような花びら回転（嬢2人が交代で部屋にやってくる）を堪能できるのだ。しかも、費用は100分で2万円とお手ごろ価格だ。すでに何度も体験している方はよくご存知だろうが、あのとびっきりのゴージャス感は日常ではなかなか味わえるものではない。

まずは指名したカワイ子ちゃんといちゃいちゃ。そこでたっぷり精子を放出する。

2人目の嬢は店側が勝手に選ぶのだが、そもそもカワイイ子ばかりの店なので、ビジュアル的な心配はない。カワイイ子のあとにまた別種のカワイイ子がやって来るのだから、むしろ興奮度は最高潮に達するそうな。

「これが2回転で一番の醍醐味なんですよ」

ちなみに、指名嬢を1番手にするか、2番手にするかは客が自由に選択できるそうなので心配には及ばないんだとか。

基本料金

miumiuコース（税抜）
60分　15,000円
75分　18,000円
90分　22,000円
120分　28,000円
150分　35,000円
180分　40,000円
延長15分　4,000円
消費税　+10%

花びら回転コース（税抜）
100分（**50分×2回転**）20,000円
140分（**70分×2回転**）30,000円
消費税　+10%

タイプ別指名　0円
ネット指名　1,000円
本指名　1,000円

80回通っても当たり嬢にしか出会わない

店名 **ラブコレクション**

業種 **ソープ**

場所 **宮城 仙台**

地下鉄「広瀬通駅」から徒歩6分。

住所 **仙台市青葉区一番町4-1-14**

ご存じ、仙台は東北を代表する大都市だが、ソープに関してはたった5軒しかない。その5軒のなかで断トツの人気を誇るのがラブコレだ。なにも大げさに言うつもりはないが、たとえ平日でも、予約をせずに店に行くと、2～3時間はフツーに待たされるハメに。まさに「断トツの人気」なのだ。

その理由は何なのか。以降は店の常連客とバトンタッチしよう。

「簡単な話、格安料金で遊べるのに、女の子のレベルがトンでもなく高いから」

気になる料金は40分1万4千円（総額）。50分でも1万7千円、60分でようやく2万円に到達するらしい。

「これ、コスパ、めっちゃ良くないですか？ ついでに女の子のレベルの高さにも触れておきましょうか」

正直なところ、彼はここにかれこれ80回以上通っており、いつも極力、初めての嬢と遊ぶぼうとしているのだが、一度たりとも地雷を踏んだことはないという。ただの一度もだ。

「今まで遊んだ嬢はセクシー系、清楚系、アイドル系など、いろんなタイプがいましたが、共通するのはどの娘も美形なこと」

地雷どころか、こっちがドキマギしてしまうような、美女ぞろいらしい。超人気店なワケ、もうおわかりか？

基本料金

40分	14,000円
50分	17,000円
60分	20,000円
80分	27,000円
100分	33,000円
120分	39,000円
180分	58,000円
写真指名	1,000円
ネット指名	1,000円
電話指名	1,000円
本指名	2,000円

巨乳率と安さで仙台っ子から圧倒的支持を

店名 **仙台 人妻マル秘倶楽部**

業種 **デリヘル**

場所 **宮城 仙台**

HPをご覧になればわかるように、一見フツーの人妻デリだ。女性は30代がメイン層で、なかにはハッとする美人もいるにはいるが、魅力に乏しい女性も少なくない。なのに、なぜこの店は仙台っ子から熱烈な支持を受けているのか。

答えはシンプルだ。専門店でもないのに巨乳率がやたらと高いのである。客の感覚ではだいたい3人にひとりはEカップ以上あり、なかにはJカップというモンスター級の女性も。巨乳は強い。ただ胸が大きいというだけで、男をトリコにする魔力を持っている。ちなみに、いわゆるデブッチョは少数派のようだ。安さも魅力である。ショートコースが40分7700円（エリア限定）で、割引イベントもちょくちょく行っている。さらにはいろんなオプションまで無料なのだ（可能オプションは嬢による）。ステキ過ぎる。

基本料金

ショートコース
40分 7,700円

60分 13,000円
70分 16,000円
80分 18,000円
90分 20,000円
100分 22,000円
110分 24,000円
120分 26,000円
180分 40,000円
240分 54,000円

お試しフリーコース
75分 14,000円

入会金 無料
写真指名 2,000円
本指名 2,000円
チェンジ 初回無料
※指名の場合は不可
キャンセル（指名不可） 4,000円

ピンサロなのにプレイ前とあとにバケツで洗ってくれるのが仙台式

店名　**テンカ統一**

業種　**ピンサロ**

場所　**宮城　仙台**

地下鉄「広瀬通駅」から徒歩5分。

住所　**仙台市青葉区国分町2-1-9　大春ビル3階**

仙台のピンサロには仙台式洗浄というものがある。プレイ前と後、バケツに入った石鹸水でチン●を洗ってくれるのだ。おしぼりで適当に拭くだけの店とは段違いのサッパリ感だ。

今では少なくなった仙台式ピンサロで、複数の常連がプッシュするのがこの店。内容は普通のピンサロなのだが、美人もいるし、テクニシャンもいるしで、何度も通ってしまうという。

基本料金

10時〜11時59分
40分　5,500円

12時〜14時59分
40分　6,500円

15時〜19時59分
40分　7,500円

20時〜24時
40分　8,500円

店名 **マキシム**

業種 ソープ

場所 宮城 仙台

地元民が120%保証するいい子だらけソープ

地下鉄「勾当台公園駅」南3番出口より徒歩3分。

住所 仙台市青葉区一番町4丁目4-18 共同ビル2階

基本料金

80分 31,000円
100分 40,000円

延長20分 10,000円

もう何度目になるのかさっぱり覚えていないが、例によって投稿が届いたので、ご紹介したい。

仙台に出張でお越しのときは、ビールを飲んで牛タンを食べて、締めはマキシムでぶっぱなしてください。地元民として、120%満足を保証します。なにせここ、オキニが次から次へとできてしまうほど、いい娘がたっぷり在籍していて、ひとりを何度も指名するのがもったいないほどなんです。

仙台では高級な部類になりますが、多少、無理をしてでもイイ思いを味わってください。絶対に後悔はさせません!

福島弁が抜けない10代ロリッ娘がケツをぺろぺろ

店名　**ぴゅあコレMAX**

業種　**デリヘル**

場所　**福島　郡山**

大企業で働く人は、よく出張に出かける。小会社や支社の連中を監督したり、進行中の企画やプロジェクトが円滑に回るよう打ち合わせをするために。

　この店の常連客である37才男性も出張族で頻繁に郡山を訪れるうちに、ここにハマった。彼は福島県民ではなく、都民なのだ。彼にここを紹介してもらおう。

18、19才がたくさん在籍してるロリ系の人気店です。地方都市でこういった店はあまりないので、大変重宝しています。

　店の特徴を紹介しましょう。まず女の子のレベルは、そこそこですが、ときどきビックリするほどカワイイ娘に当たったりもします。なので、特定のオキニを作るよりは、ガンガン新規開拓した方が楽しいかも。

　あと、女の子のほとんどは福島県出身なので、会話中に方言がちょくちょく出てきます。僕のような県外の人間からすると、朴訥な雰囲気がタマらないです。しかも、そんな娘がおっさんの汚いケツの穴を舐めてくれるんだから、そりゃハマりますって。

基本料金

60分　15,000円
70分　17,000円
120分　27,000円
180分　41,000円

指名　2,000円
延長10分　3,000円
延長20分　5,000円

全国フーゾク街の歩き方
関東
エリア

店名 **027キューティーエクスプレス**

業種 **デリヘル**

場所 **群馬 高崎**

群馬デリ界において圧倒的な注目のされ方

ある常連客は言う。

「このデリで、なぜか僕はいつも当たり嬢ばかりを引くんですけど、友だちは当たりハズレの差があると不満げなんだよね」

どうなんだろう。だが群馬でここまで当たり嬢がいるってだけでも、喜ぶべきことだと思うが。

「実際、群馬のデリでここまで評判の店もそうはないはずなんだよね。たとえばひとつの指標として、風俗の話題で盛り上がる掲示板『爆サイ』でも、他はせいぜいスレッドの伸びが二ケタ程度なのに、ここだけは253スレ（当時）もあるんだよ。賛否両論交わされる場とはいえ、注目の度合いが圧倒的なんだよね」

絶対、いい店に決まってる。

基本料金

特急45分 13,000円
特急60分 16,000円
特急70分 17,000円
特急80分 18,000円
特急90分 19,000円
延長30分 8,000円
入会金 無料
写真指名 1,000円
本指名 2,000円

こんなに安いデリヘルならどんな嬢が来ても文句はない

店名 **人妻熟女の楽園 岩舟店**

業種 **デリヘル**

場所 **栃木 栃木市**

20代～70代 若妻～熟女
岩舟発
人妻・熟女の楽園
岩舟店
受付時間
朝10時～深夜1時
エリア
小山・栃木市・佐野・足利
交通費 指名料 無料!!
ENTER
18歳以上の方は入場できます
LEAVE
18歳未満の方はこちら
デリヘルタウン版はこちら
人妻・熟女の楽園 岩舟店、新風営法の営業届出済みの優良性風俗店です。
人妻・熟女の楽園 岩舟店
TEL:0284-22-4437 営業時間:朝10時～深夜25時
無店舗型性風俗特殊営業 （栃木県公安委員会）第20329号
当サイトは性風俗店を紹介する風俗店情報ページです。１８歳未満者の性風俗店への立ち入りは堅く禁じられています。

男というのは歳を取ると、キャピキャピした女子よりも、どうしても落ち着いた同世代の女性に目が行くものだ。しかし、この店の常連は、安さにつられたらしい。

「近頃は熟女系のフーゾクで遊ぶ機会がグッと増えたのですが、今もっとも気に入ってるのがこの店でして。一番のウリは、やはり、60分6600円という安さですね。東京のピンサロとほぼ同額のカネでヘルスサービスを受けられるんです。この安さに慣れると、他の店で遊ぶのが、本当バカらしくなりますよね」

彼は続ける。

「この店の正しい使い方は、ムラムラしたときの、オナニーの代わりです。どんな子が来たところで、自分の手でヌクよりは数倍マシだし、何より、安いおかげで損した気分になりくいんです」

基本料金

60分　6,600円
90分　11,000円
120分　13,200円
150分　16,500円
180分　19,800円
210分　23,100円
240分　26,400円
270分　29,700円
延長30分　3,300円

60分コースからの延長30分　4,400円
指名料　無料

店名 **土浦バッドカンパニー**

業種 **店舗型ヘルス**

場所 **茨城 土浦**

JR「土浦駅」西口から徒歩10分。

住所 **土浦市桜町2-9-2**

土浦の遊び人たちが太鼓判を押すヘルス

この店は「街で見かけるOLとスケベなことをする」というのがコンセプトのせいか、女性の年齢層が20代〜40代までと幅広い。

いまどき、コンセプトがOLとは超ありきたりだが、嬢のクオリティーにかけては全然ありきたりではない。逆にめっちゃハイレベルだ。20代や30代はもちろん、40代の嬢までも。

事実、土浦の遊び人たちのなかでは、数あるフーゾク店でもっともレベルが高いのはこのバッドカンパニーだと言われており、もちろん、店の常連客やその仲間たちもそのとおりだと思っているのだそうな。

基本料金

35分 11,000円
50分 14,000円
65分 18,000円
80分 21,000円
95分 25,000円
110分 28,000円
125分 32,000円
140分 36,000円
延長15分 4,000円
入会金 1,000円
写真指名 1,000円
本指名 1,000円
ネット指名 1,000円

店名 **ワンラウンド**

業種 **ソープ**

場所 **埼玉 大宮**

JR大宮駅から徒歩6分。

住所 **さいたま市大宮区宮町4-25-28**

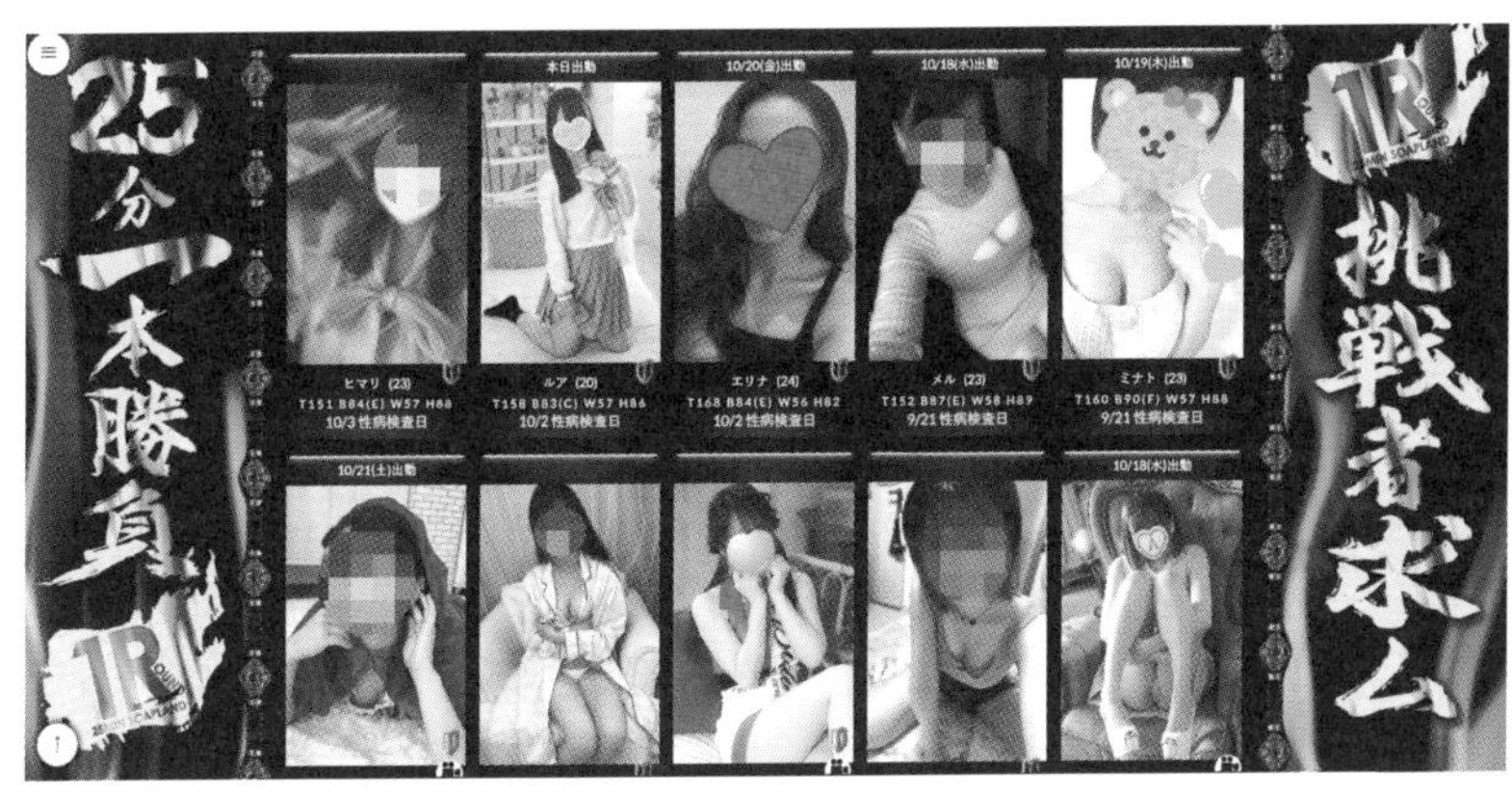

25分ポッキリだけど1万円以下で本番できます

埼玉の大宮にある、「ワンラウンド」というソープがやけに人気なのでご紹介したい。

ここの魅力はなんといっても、朝昼晩問わず、9千500円でプレイできることにある。こんな格安料金で、本当にマトモな嬢が出てくるのかな？　なんて不安に思う方も多いだろう。

しかしご安心を。ここは日本で唯一、「クイックソープランド」を自称する店で、プレイ時間はジャスト25分。短い時間でサクッとセックスできるのが売りなので、女の子のレベルもヨソの大衆店とまったく引けを取らないのだ。古今東西、条件のいい店（客ひとりにつきわずか25分の労働時間）にカワイイ子が集まるのは当然のことなのだ。

会社帰りや休日など、とにかく安く早く、カワイイ嬢と一発ハメたい人は大宮にゴー!。

基本料金

25分　9,500円

入会金　無料

指名料　1,000円

店名 **ニュールビー**

業種 ソープ

場所 埼玉 西川口

JR西川口駅から徒歩3分。

住所 川口市西川口1-10-8

業界未経験の新人狙いならこのソープが最適でしょう

この店のホームページには「女の子の採用率30%の狭き門」のような文言が躍っている。それだけ嬢のルックスにはこだわっていますよと主張しているわけで、ホントかよ！　とつい疑りたくなるが、店に行けば、すぐ真実だと気付かされる。マジで美女しかいないのだ。

また西川口にはソープランドが数多くあるが、嬢のビジュアルを重視する連中はこの店に吸い寄せられるように入っていく。これでニュールビーがどんな店かよくわかっただろう。そう、このソープは在籍嬢の見た目の良さに誇りを持っているのだ。

18才、19才の新人を頻繁に入店させているところもポイントが高い。それくらいの年齢なら、必然的に業界未経験となり、高校を卒業したての初々しいギャルとエロいことができるわけだ。

実際、この店の常連客は新人狙いが目的でこの店をよく利用しているという。

基本料金

40分	17,000円
60分	25,000円
80分	34,000円
100分	42,000円
120分	51,000円
前日予約	1,000円
当日予約	無料

店名 **西川口前立腺研究所**

業種 **派遣型M性感**

場所 **埼玉 西川口**

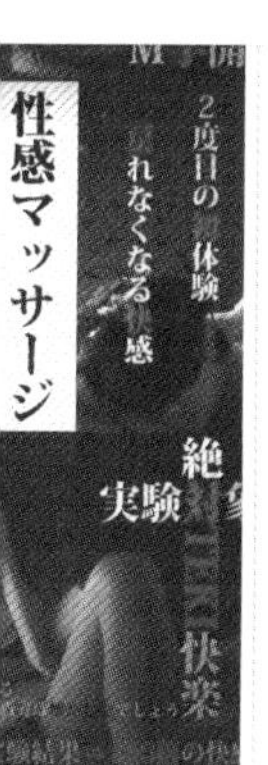

必ずドライオーガズムを味わわせると豪語する嬢が

ほとんどの男性は、ドライオーガズム（＝射精を伴わない絶頂感）の経験がないだろう。聞いたところによると、精液がキンタマから尿道に上がってきそうで上がってこないムズムズが、ずっと続く感じらしい。要するに、「うっ」となる手前のあの気持ちよさが延々と味わえるのだ。

この店には、必ずドライオーガズムを体験させると豪語する嬢がいる。現に、今回話を聞かせてもらった客も、彼女のおかげで新たな世界を知れたという。

「とにかくずーっと気持ちいいのが続くんですよ、ドライオーガズムってやつは。生きてるうちに知れてマジでよかったです」

さらに、彼は男の潮吹きもここで初めて体験している。射精後に強制的に亀頭をしごかれ、おもらしさせられるアレを。もうお中元でも贈っといてください。

基本料金

男の潮吹きコース
（男の潮吹きにチャレンジしたい人向けのコース）

60分 17,600円
75分 22,000円
90分 26,400円
120分 35,200円
150分 44,000円
180分 52,800円

ドライ開発・熟練コース

60分 17,600円
75分 22,000円
90分 26,400円
120分 35,200円
150分 44,000円
180分 52,800円

入会金 2,200円
写真指名 1,100円
本指名 2,200円
延長30分 9,900円

双子と二輪車プレイができるありがたきソープランド

店名　**club Ego**

業種　**ソープ**

場所　**千葉　栄町**

モノレール「栄町駅」から徒歩3分。

住所　**千葉市中央区栄町3-13**

双子プレイって面白そうだが、実際そんな遊びの可能なフーゾクなんてあるわけがない。双子がそろってエッチな仕事に就くなど。

ところが、実在するのだ！　二輪車プレイ対応の双子が、千葉のこの店に。HPの写真は目元がそっくりで、これだけでも双子だと確信できる。双子プレイを堪能した客が当時を振り返る。

「お姉ちゃんがチン●を舐め、僕が妹ちゃんのマン●を舐める。で、双子へ交互に突っ込みながらフィニッシュです。こんな夢みたいなことが現実に起こるなんてと、めちゃくちゃ感動しました」

基本料金

45分 A17,000円 B15,000円
65分 A23,000円 B21,000円
90分 A31,000円 B29,000円
120分 A42,000円 B40,000円
※会員の金額は会員証を持参した場合
※45分コースは本指名不可

双子二輪車コース

65分 A46,000円 B42,000円
90分 A62,000円 B58,000円
120分 A84,000円 B80,000円
※各コースにそれぞれ
指名料（2人×2,000円）を加算

指名料　2,000円

A＝非会員　B＝会員

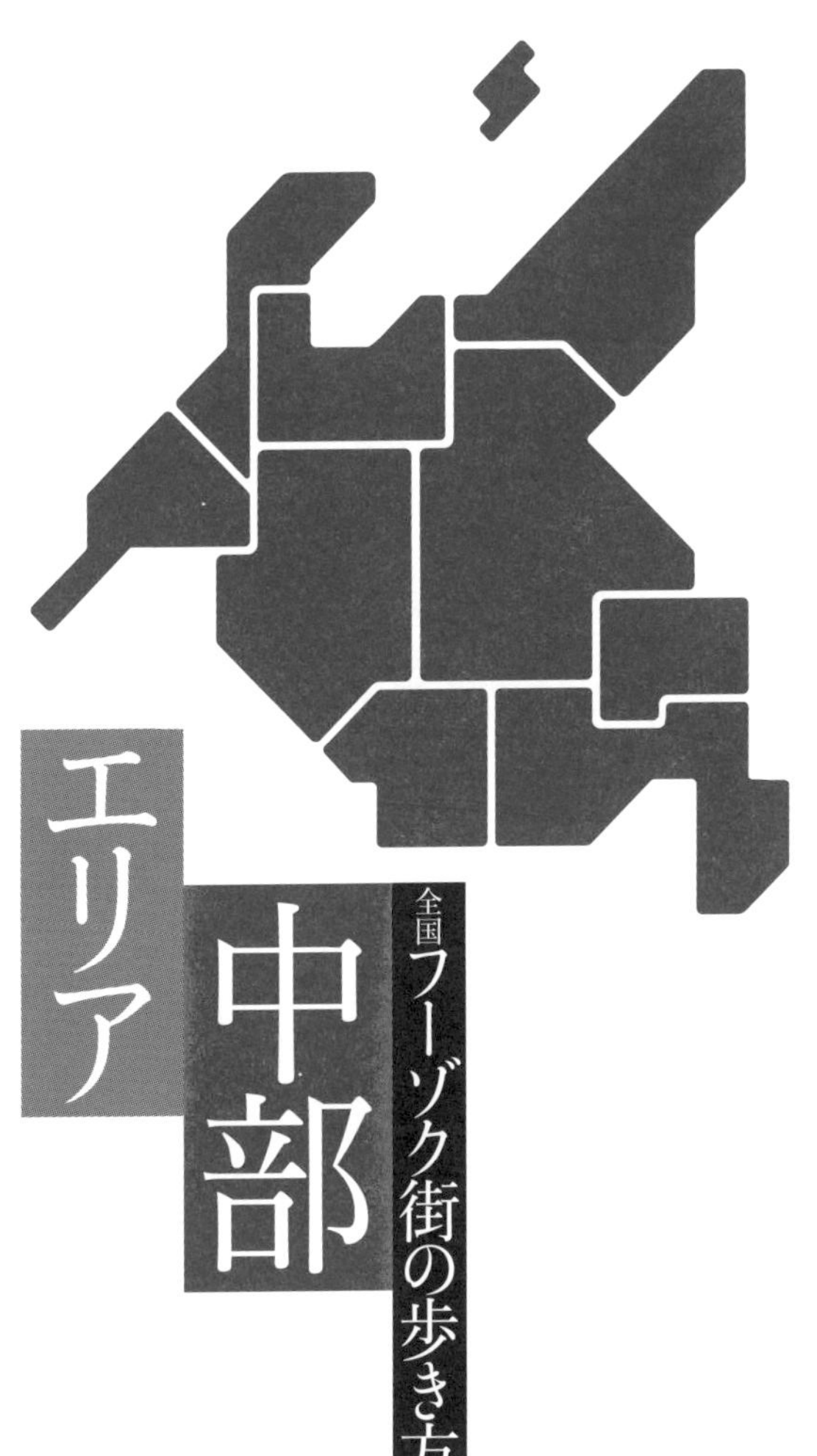

全国フーゾク街の歩き方

中部エリア

過激サービスはないがおじさんの心を満たす老舗ソープ

店名 **VIP ROOM**
業種 **ソープ**
場所 **山梨 甲府**

JR金手駅から徒歩15分。
住所 **甲府市中央1-20-4**

旅館にせよ和菓子屋にせよ〝老舗〟というブランドに我々は安心感をもつ。長く続いてるってことは、客をないがしろにしてこなかった証なのだから。が同時に、老舗に過度な期待はしない。トガらず、安定した、悪く言えば凡庸ともとれるサービスが、長続きの秘訣と知っているからだ。

この老舗のソープランドも同じことだ。はやりの「NN」なんてサービスは望むべくもないから、過激好きな人には物足りないだろうが、安定の射精でほっこりしたいおじさんにとっては、やはり名店と言える。店の常連51才が照れ笑いを浮かべながら語る。

「恋人プレイが上手な嬢が多いんですよ。そこが気に入ってるといいますか」

その点でも疲れたおじさんにはもってこいだ。

基本料金

9時〜19時
60分 16,000円
80分 22,000円
90分 28,000円

17時〜24時
60分 19,000円
80分 25,000円
90分 31,000円

このお手軽さを味わえば箱ヘルのありがたみがわかる

店名 **リッチドール**

業種 **店舗型ヘルス**

場所 **静岡 静岡市**

JR静岡駅北口から徒歩10分。

住所 **静岡市葵区人宿町1-6-2**

箱ヘル（店舗型ヘルス）のメリットは、何といってもホテル代が浮くことだ。フーゾク遊びはなにかとカネがかかる。なのに追加でホテル代、こんなバカらしいことはない。それだけではない。箱ヘルさえあれば、ホテルを探す手間、移動時間などいろんなことが省略できてしまう。そう考えると、デリヘルという業種を否定したくなる。なんて不便なんだ！

さて、リッチドールである。この店は静岡県下で唯一の箱ヘルで、料金もお手ごろ価格（40分：1万3千円）で、さらに嬢の見た目レベルも合格点だ。

となれば、人気に火がつくのもうなずける話だろう。みなさんも静岡にお越しの際は、リッチドールで盛大に射精していただきたい。箱ヘルのありがたみをとくと噛みしめながら。

基本料金

40分　13,000円

ハンドコース

30分　7,000円

※オプションにて上半身のみタッチ可能

※嬢によってはハンドコースが不可の場合も

指名料　1,000円

店名 **スチュワーデス**

業種 **ソープ**

場所 **新潟 古町**

JR新潟駅から車で5分。

住所 **新潟市中央区東堀通5番町432-2**

現役の医学部生が騎乗位で腰を振る

これは、店の常連客が後輩から聞いた話である。今この店にとんでもない人気のソープ嬢がいるらしい。ただ単にサービスが良かったり、顔が良かったりという話ではない。

人気の秘訣はズバリ、その嬢は某大学の医学部医学科に在籍中だからだ。金を払えば入れるところではなく、小さいころから日能研などでしっかり勉強し、受験戦争を勝ち抜いてようやく入れる医学部。そんな秀才ちゃんが腰をフリフリしてくれるのである。

学歴コンプレックスの男にはタマらんし、同大学の理系キャンパスの冴えない男たちも、その娘に筆おろしをしてもらいたいがために日夜通っているとのことだ。

彼女は愛想もよく、筆おろししたあとにキャンパス内でも挨拶してくれるそうな。

基本料金

60分 20,000円
80分 25,000円
100分 31,000円

写真見学 無料
写真指名 無料
ネット指名 無料

店名 **スウィートリップス**

業種 **デリヘル**

場所 **長野 権堂**

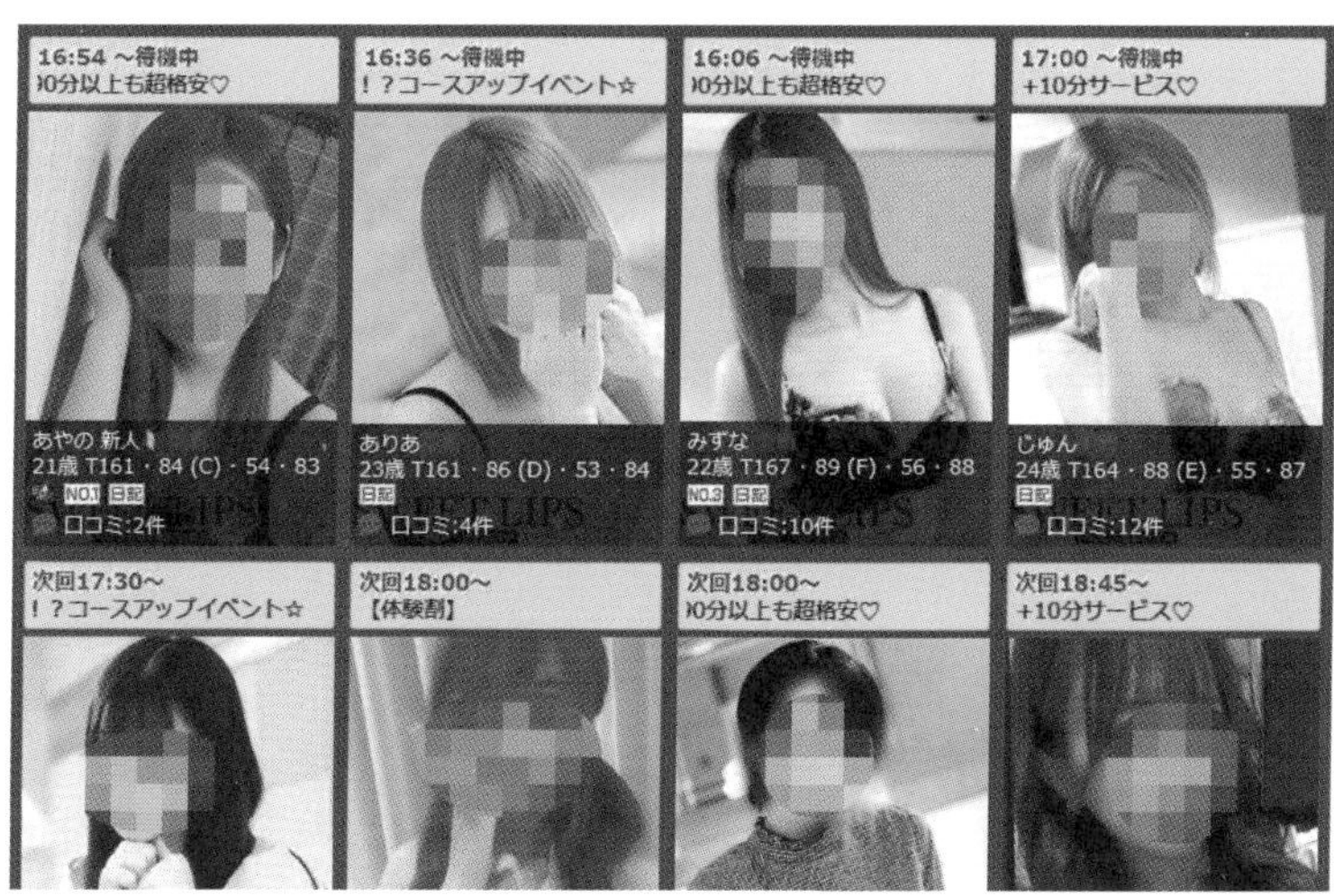

恋人みたいにイチャイチャしてくれるからハマるのも仕方なし

10代～20代前半の女の子を集めた店だ。系統でいえば、ロリ系になるのだろうが、ギャルっぽい娘もいれば、清楚系やオネーサン系などもいるので、かなりバラエティに富んでいる。

もちろん、在籍嬢のラインナップはハイレベル。たとえフリーで入っても後悔することはない。だが、何と言っても、最大の魅力は接客態度だ。

店の教育がちゃんと行き届いているのか、みんな愛想が良くて、常にイチャイチャと接してくれる。まるでホンモノの恋人になったように。これじゃ、店にハマる人間が続出するのも仕方なしである。

基本料金

70分 18,700円
90分 23,100円
120分 30,800円
150分 39,600円
180分 48,400円

延長30分 11,000円
指名 2,200円
本指名 2,200円
特別指名 2,200円～

店名 **イキすぎハイスタイル**

業種 **デリヘル**

場所 **富山 富山市**

基本料金

60分 16,000円
75分 20,000円
90分 25,000円
120分 35,000円
150分 45,000円
180分 56,000円
210分 67,000円
240分 77,000円
270分 88,000円
300分 99,000円

その他のコース

- **即尺コース**+2,000円
- **学園制服着衣コース**+2,000円
- **ブルマ電マコース**+3,000円
- **スク水電マコース**+3,000円
- **動画撮影コース**+6,000円（撮影機材1台につき6,000円）
- **イキすぎコース**+10,000円

入会金 無料
指名 2,000円
本指名 3,000円
延長30分 10,000円

出稼ぎ嬢が未知の性技を教えてくれる

この店の常連41才はこう話す。

「富山の最強フーゾク店はどこか。そう聞かれたら、僕は迷わずこの店の名前を出します」

ふむ、ならば理由を説明してもらうとしよう。

❶**ハイレベルな嬢がわんさか**　他県から出稼ぎでやってくる嬢が多く在籍しているが、彼女たちの容姿は必ずと言っていいほどハイレベル。店側が厳選しているに違いない。

❷**テクニシャン揃い**　ローリングフェラやバキュームフェラなど、エロテクが得意な嬢がたくさんいる。彼がローリングフェラというものを初めて知ったのは、この店に通っていたおかげだという。

最後に言いたいことはないかとの問いに彼はほがらかに答えた。

「我が故郷、富山を訪れた際は、名物の寒ブリやホタルイカを食べていくのもいいけど、せっかくなので、このデリもぜひ堪能していってください」

ここの嬢のイチャラブ接客のせいで僕の先輩は離婚しました

店名 **ルーフ金沢**

業種 **デリヘル**

場所 **石川 金沢**

この店の美点は以下2つに集約される。まず、在籍嬢のほとんどは地元の女の子、しかも美人だけを厳選して取りそろえている。店の常連は語る。

「僕の過去を振り返っても、女の子選びで失敗した記憶ってないですね」

同店が石川の風俗店ランキングでいつも上位に食い込んでるのはダテじゃないってことのようだ。イチャラブ接客の得意な娘が多いのも見逃せない長所だ。

「以前、ここの嬢のイチャラブで完全に舞い上がってしまった僕の先輩は、それが原因で奥さんと離婚しています」

怖い話ではあるが、彼女たちの魔力がいかにすごいかの証左とも言えよう。

基本料金

60分 A14,300円 B16,500円
75分 A18,700円 B20,900円
90分 A23,100円 B25,300円
120分 A31,900円 B34,100円
150分 A41,800円 B44,000円
180分 A51,700円 B53,900円

指名料 2,200円
延長30分 11,000円

A＝シルバーコース
B＝ゴールドコース

地元のおっちゃんが断言する金沢ナンバー1のデリ

店名　**ウィザード**

業種　**デリヘル**

場所　**石川 金沢**

今回、話を聞かせてもらった店の常連客は東京在住者で、美味い寿司を食うためだけに、ときどき金沢へ行っているという。

「この店は地元のおっちゃんに教えてもらったんです。ここが金沢のナンバー1だと。やっぱり地元の人が猛プッシュするだけあるなと思いましたね。すでに何度も遊んでいるんですけど、女の子はいい子ばかりだし、テクもしっかりしてるしで、すっかり気に入っちゃいました」

電話口から、彼がタバコの煙を吐き出す音が聞こえた。

「私はまだ経験ありませんが、現役AV女優が在籍してたり、顔出しの動画撮影（有料）OKの子が結構いたりするのも評価すべきでしょうね」

基本料金

60分　17,600円
75分　22,000円
90分　26,400円
120分　36,300円
150分　46,200円
180分　56,100円

延長30分　11,000円
指名　2,200円
本指名　3,300円

店名 **ヒルズウエスト**

業種 **デリヘル**

場所 **福井 福井市**

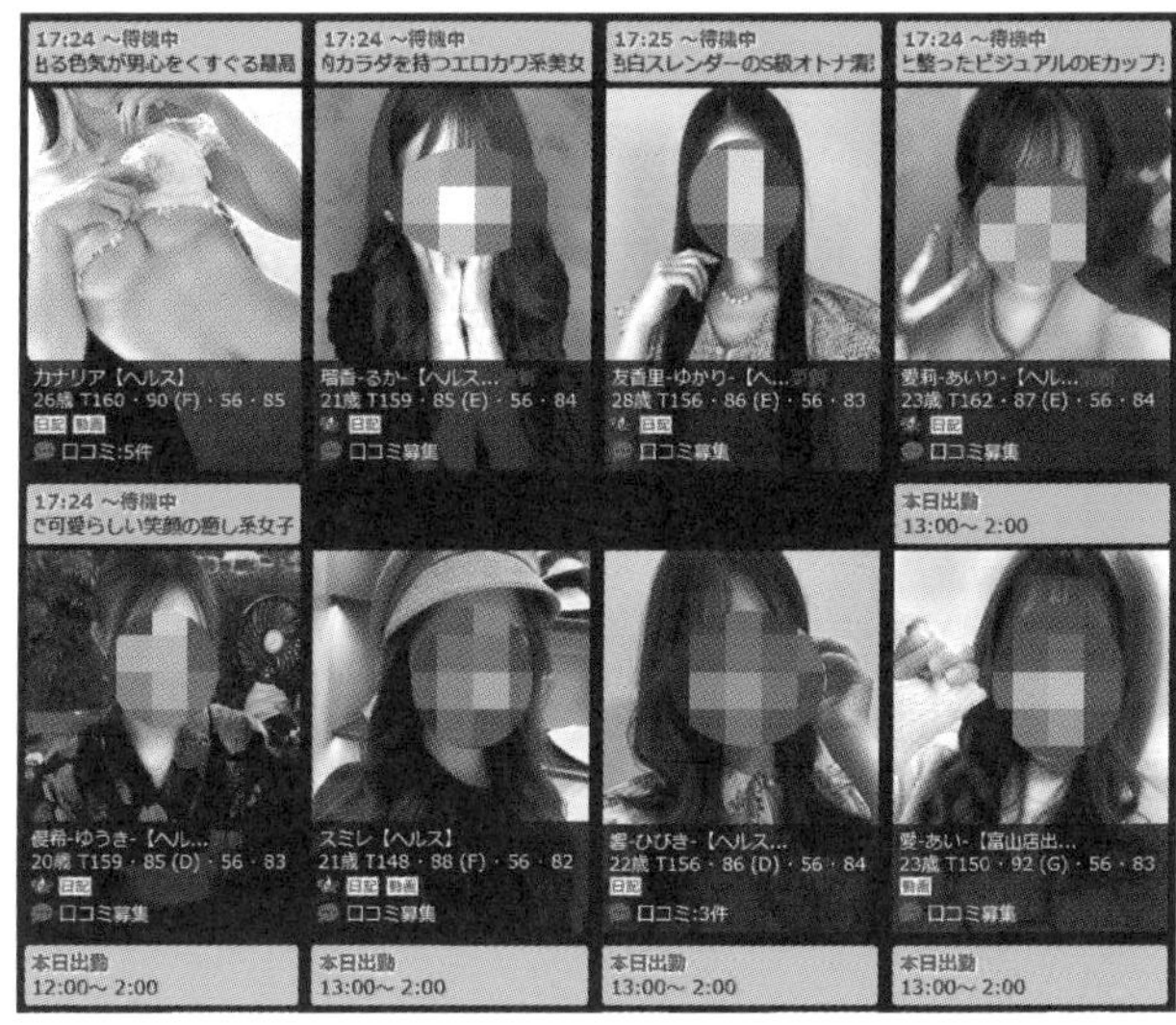

出稼ぎ組には惚れちゃいけないぜ

また投稿が。さっそく、店の常連にここの良さを教えてもらおう。

こんな田舎にここまでのレベル&規模のデリが存在するだけでも感謝です。可愛い娘率も高いし、人数も多い。しょぼいソープより断然コッチです。

さすがに福井の娘だけじゃなく、県外からの出稼ぎ組もチラホラおります。彼女らは短期でいなくなっちゃうので、そういう娘をオキニにしちゃうと別れがツラい！　なるべく惚れないように注意しましょう。

基本料金

10時～18時
60分　13,200円
75分　17,600円
90分　22,000円
120分　30,800円
延長30分　11,000円

18時～翌2時
60分　15,400円
75分　19,800円
90分　24,200円
120分　33,000円
延長30分　11,000円

エステコース
60分　13,200円
90分　19,800円
120分　26,400円
延長30分　8,800円
本指名　2,000円

地元民、歓喜！ ついにNN可能ソープ店が おらが町に

店名 **チューリップガールズ福井店**

業種 **ソープ**

場所 **福井 福井市**

JR福井駅から徒歩5分。

住所 **福井市中央1-11-19**

2023年春、福井のフーゾク業界に激震が走った。長らく福井のソープ界を牛耳っていた名店「ホットヘブン」と「ひえん別館」が相次いで閉店したのだ。おそらく、コロナのせいで。福井のソープはその2店のみ。県民は「これで我が故郷はソープ不毛の地になってしまった」と肩を落とすなか、救世主が。

ホットヘブンとひえん別館それぞれの跡地に、それぞれ新しいソープが誕生したのだ。しかもイマドキの流行をちゃっかり導入してるところがニクイ。NNプレイ、すなわち、ノースキン&ナマ中出しである。福井県はソープ不毛の地になるどころか、一躍ソープの最前線に躍り出たわけだ。福井の遊び人は歓喜の雄叫びを上げたことだろう（ただし、もうひとつのソープ新店はNN不可）。

ちなみにNN可能嬢の見分け方は、店長のコメント欄に【VIP】という文字があるかないか。あれば予約時に3千円追加で中出し可能になる。ドクドクと発射すべし。

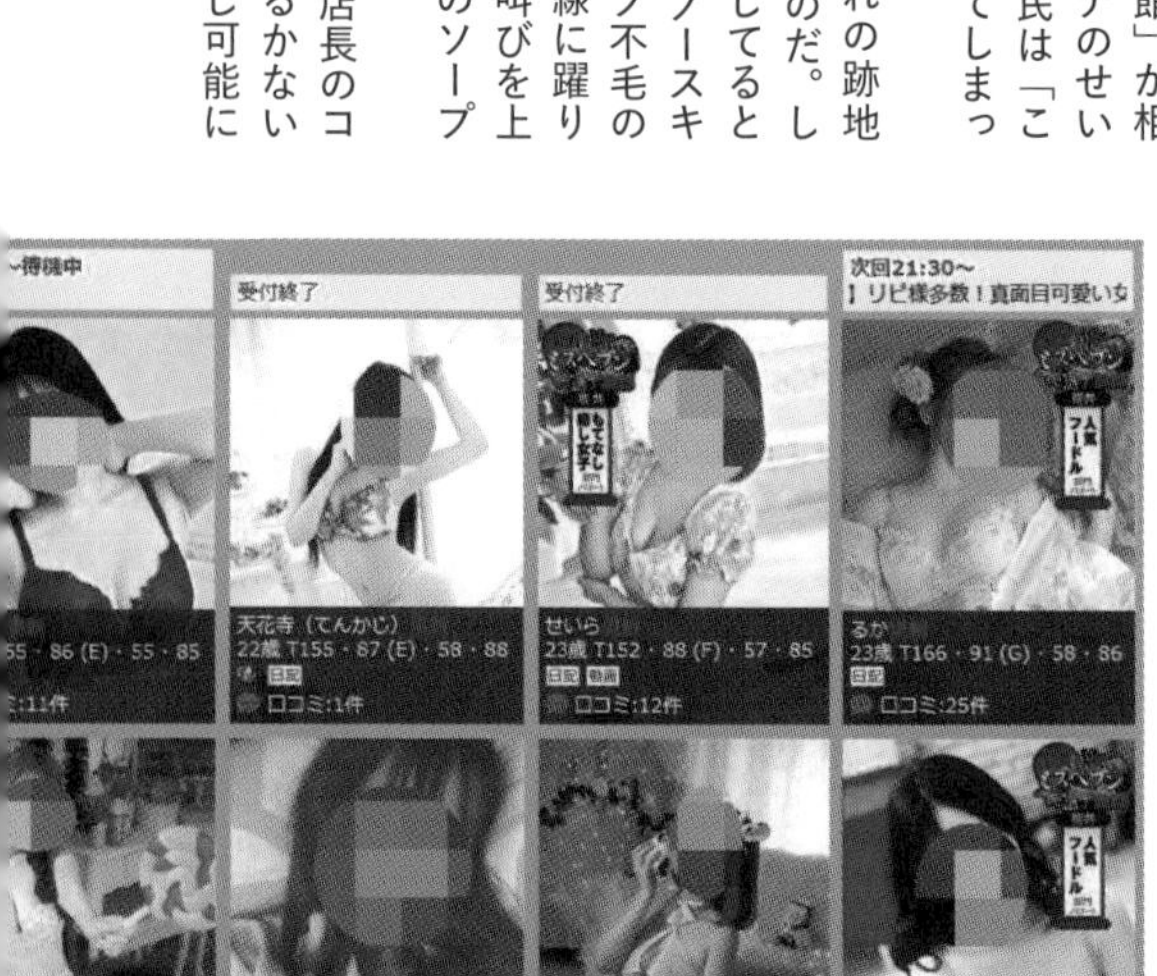

基本料金

50分	18,000円
70分	22,000円
90分	26,000円
120分	39,000円

写真指名 無料

ネット指名 1,000円

リピーター指名 2,000円

VIP 3,000円

くたびれおばちゃんが当たり前の熟女ギョーカイに なぜか可愛い系が

店名 **奥様CLUB華美 岐南店**

業種 人妻デリヘル

場所 岐阜 岐南町

地方に暮らす熟女好き男の悩みにはこういうのがあるそうな。熟女フーゾクには、何故くたびれたおばちゃんしかいないんだ！　この件について語ってくれたのは岐阜在住の男性だ。

「東京みたいな都会ならそうじゃないのかもしれないけど、この岐阜のド田舎では、美しい熟女なんてまずフーゾクでは働きません」

しかし、この店だけは例外なんだとか。

「なぜか可愛い系の奥さんがそろってるんです。正直、嫁さんと離婚して、結婚したくなった嬢も数人いますよ」

よければ、いらなくなった奥さんを引き取りますよ。もちろん顔を確認してからですけど。

基本料金

60分	14,000円
80分	16,000円
100分	20,000円
120分	24,000円
150分	31,000円
180分	38,000円
210分	45,000円
240分	52,000円
270分	59,000円
300分	66,000円
延長30分	8,000円

最上級ランク嬢は広瀬すずレベルです

店名 **スタイリッシュバッハ**

業種 **ソープ**

場所 **岐阜 金津園**

JR岐阜駅から徒歩3分。

住所 **岐阜市加納水野町2-23**

再び、投稿が届いたのでご紹介したい。

岐阜の金津園にはソープランドが山ほどありますが、現時点で、もっとも人気が高いのはこの店だと思います。

それだけに、女の子の顔面レベル、濃厚サービスはトップクラス。一応、高級店とされているものの、そこまで料金が高くないのもポイントでしょう（90分で総額4万2千円）。

財布に余裕のある人は、店の最上級ランク嬢の、センチュリオン嬢とぜひ遊んでみてください。料金はグッと上がりますが（120分で総額6万5千円）、芸能人顔負けのチョー極上娘が身も心もトロトロにしてくれます。広瀬すずレベルの嬢がですよ！

基本料金

フラッグシップコース

90分 45,000円
120分 55,000円
160分 70,000円
※指名料込み

最上級センチュリオンコース

120分 65,000円
160分 80,000円
190分 90,000円
※厳選された
極上キャストのコース
※指名料込み

センチュリオンお試しコース

100分 55,000円
※指名料込み
※初めての指名限定
※本指名は不可
※対象外の嬢あり

店名　**IRIS**

業種　**デリヘル**

場所　**岐阜　岐南町**

金津園のプロテクよりも素人っぽさが好きならば

岐阜のフーゾクは金津園の名声に押されがちだが、ソープ以外でナイスな店はある。たとえば、この店に入り浸っている常連客はこの点を推したいらしい。

「どちらかというと若くてキャピキャピした子が多いので、そういうのが好きな人なら大いに気に入ってもらえると思います」

彼が続ける。

「しかも、現在は業界未経験の新人が続々とこの店からデビューしています。初モノ食いに目がない人は、メルマガの登録を忘れちゃだめですよ！」

基本料金

フリーコース

60分　12,000円
80分　16,000円
100分　21,000円
120分　26,000円

通常コース
（詳細は嬢の各ページを要確認）

60分　8,000〜15,000円
80分　12,000〜20,000円
100分　17,000〜25,000円
120分　22,000〜31,000円

写真指名　1,000円
本指名　2,000円

熟女の柔らかい肌とマットプレイは抜群に相性がいい

店名　**ガーデン -人妻ダイスキ-**

業種　**デリヘル**

場所　**愛知 一宮**

地元の遊び人たちの間で、フリーで入っても、大ハズレのない優良店として知られている。なので必然的に、嬢のレベルは高い。ハイレベルなのは容姿だけではない。客をもてなす接客態度、ならびに射精に導くテクニックまでもが高い水準を保っているそうな。

そして、ここにもうひとつ、重大な特徴が。マットプレイが可能なのだ（嬢によっては不可の場合も）。料金が割高になるせいか、この店のマットを経験済みの客はひとりしか見つけられなかったが、彼いわく、極上の快楽を得られるらしい。

そもそもマットでのニュルニュルプレイは、嬢との密着感を楽しむお遊び。そのニュルニュルこそ、熟女の熟れた柔らかい肌と抜群に相性がいいというのがその理由だそうだ。うむ、大いに納得！

基本料金

通常	
70分	16,000円
90分	21,000円
120分	26,000円
180分	38,000円

※指名料込みの総額

マットコース	
70分	20,000円
90分	28,000円
120分	34,000円

※指名料込みの総額

延長30分　10,000円

店名 **ダイスキ**

業種 **デリヘル**

場所 **愛知 一宮**

街ゆく美女とヤリたいって妄想が現実に

街ゆく女性とすれ違う。めっちゃ美人!　あの娘とエッチしたい!　ああ、フェラ顔も見てみたいな〜。——男なら一度くらい、こんな妄想を抱いたことはあるはずだ。

そして、この店のコンセプトもまったく同じ。なので当然とばかりに清楚系美女ばかりが集められ、キャバ嬢のようなケバい子は極端に少ないと客からの評判も良い。接客の際、フレンドリーな子が多いだの、気遣いのできる子ばかりというのも嬉しい限り。

ソープテクニックが堪能できるマットコースがあるのもポイントだ。新規割引をはじめとする各種の割引が充実してるのも客ファーストの表れだろう。

ただ常連の中にはオプションの種類がたったの5種類しかないとの声も。そこさえ及第点なら、まさに完璧な店なのだが。

基本料金

モーニング

70分　14,000円
100分　19,000円
※モーニングコースは
10時〜14時まで

フリー

70分　15,000円
100分　20,000円

通常

70分　18,000円
90分　24,000円
120分　30,000円
180分　40,000円
※表示金額は指名料込みの総額

マットコース

70分　22,000円
90分　31,000円
120分　38,000円
※表示金額は指名料込みの総額

延長30分　10,000円

店名 **五十路マダムエクスプレス豊橋店**

業種 **デリヘル**

場所 **愛知 豊橋**

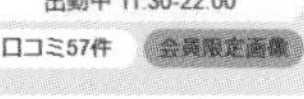

リクエスト出勤にも対応。シュッとしたマダムの多い熟女デリヘル

店名こそ五十路マダムだが、実際は、30代、40代、60代の嬢もいるため、幅広いニーズに応えている。しかも大手風俗グループの傘下なので、在籍嬢も150人以上と多数だ。したがって、必ず好みの熟女が見つかるという寸法である。

女性も50代にさしかかれば、若いころどんなに美貌を誇ったとしても、多少なりとも劣化するものだが、ここの嬢は不思議とシュッとした良嬢が豊富との声が少なくない。特に関東方面からやってくる出稼ぎ嬢はレベルが高いと好評だ。

さらにこの店、リクエスト出勤にも対応してる。これは文字通り、嬢のオフ日に出勤をお願いする制度で、嬢の都合がつけば、ちゃんと出勤してくれる（リクエスト出勤のやり方はググってください）。

使い勝手のいい店は客がずっと支持してくれる。この店もそこに含まれるだろう。

基本料金

70分 13,000円
100分 17,500円
130分 23,000円
160分 28,500円
190分 33,500円
本指名 1,000円
延長30分 7,000円

店名 **Aroma de TOKYO 三河店**

業種 **派遣型風俗エステ**

場所 **愛知 岡崎**

美女に顔騎されつつ、手コキ発射するのが一番気持ちいい

いま流行りのメンズエステではない。れっきとした風俗エステ、つまりヌキ有りだ。施術内容の前半は、肩や腰、腕、足へのオイルマッサージとソケイ部（太ももの付け根あたりの部位）マッサージが主なところ。

後半のヌキに関しては、乳首舐め、ローション手コキが攻撃の主軸で、顔面騎乗、パウダーマッサージあたりが主軸に華を添えるスパイスといったところか。

実は、この顔面騎乗と手コキの合わせ技が最高だと称する常連客は多い。パンティ越しの顔面騎乗でモーレツな圧迫感を覚えながらの射精が、一番気持ちいいのだと。

ちなみにこの店のエステティシャン全体的に美女が多いらしい。美女の顔騎なら、M男でなくとも、一度くらいは味わってみたいものだ。

基本料金

40分 トライアル 11,000円
70分 初心者 17,000円
90分 標準 22,000円
120分 ゆったり 29,000円
150分 極上 36,000円
※トライアルコースは
岡崎市内限定で指名不可

入会金 1,000円
指名 2,000円
延長15分 6,000円

店名 **三河安城岡崎ちゃんこ**

業種 **デリヘル**

場所 **愛知 安城**

基本料金

三河安城駅限定
60分 8,000円／**80分** 12,000円
100分 16,000円／**120分** 20,000円
延長20分 4,000円

デリバリー料金
60分 10,000円／**80分** 14,000円
100分 18,000円／**120分** 22,000円
延長20分 4,000円

3P
60分 16,000円／**80分** 24,000円
100分 32,000円／**120分** 40,000円
180分 64,000円／**延長20分** 8,000円

入会金 無料／**指名** 無料
本指名 1,000円

右のGカップと左のFカップを揉みしだきながらの3Pは確実に興奮する

この店の特徴をひと言でいえば、「安くてサービスがいい店」となるだろうか。三河安城限定とはいえ、プレイ時間60分で、1万円に届かないのは愛知のフーゾクではまれだ。その分、女の子のレベルはそれなりと言うほかないが、それでも一部の嬢はお目目パッチリの愛くるしい容姿をしている。冗談抜きで磯山さやかレベルのほどよいぽっちゃり嬢も在籍してるのだ。

が、何といってもこの店の真骨頂は低料金の3Pコースだ。普通のデリヘルで3Pなどしようと思えば、それこそ出費がかさむが、ここでは60分1万6千円しかかからない。試す価値、大いにアリである。ポチャデリヘルは巨乳の宝庫なので、右のGカップを揉みつつフェラをさせ、左のFカップに乳首を舐めさせつつ、揉みしだくなんて芸当もできるわけだ。

店名 **エロエロ星人**

業種 **デリヘル**

場所 **愛知 東岡崎**

「エロエロ星人」へようこそ♪

☆三河岡崎市デリヘル風俗店情報☆

愛知県デリヘルお店人気ランキングNO.1　エロエロ星

当店は、全国紙『ヘブンネット』で
１８２６日連続デリヘルお店人気ランキング
ナンバー１の格付けをいただいている
『奇跡のデリヘル』です！

⇒お客様はコチラから入星

基本料金

通常

60分　19,000円
90分　26,000円
120分　35,000円
150分　43,000円
180分　51,000円
延長30分　11,000円

エロエロパックコース
(ホテル代込み)

90分　29,000円
120分　38,000円
150分　46,000円
180分　54,000円
※利用ホテルは店側が指定

エロエロデートコース

120分　42,000円
150分　50,000円
180分　58,000円
※デートコースは本指名嬢限定で、嬢の承諾も必要

デートコースは ヘルス代込みだから そのままホテルに突入して ベロチューできる

岡崎の人気デリヘルだ。ヒミツは嬢のレベルが高いことにある。この店には可愛い娘しかいないと断言する客までいるほどだ。現役女子大生の在籍嬢が多いのも特徴である。昼間はキャンパスライフを満喫するお嬢さんたち。これだけでボッキものである。が、エロエロ星人の良さを語るとき、避けて通れないのが、デートコースの存在だろう。

　デートコースを設けているフーゾク店は山ほどあるが、この店のデートコースはひと味違う。デートを楽しんだあと、そのままホテルに直行、ヘルスプレイに突入できるのだ。デートコースにヘルス代金が含まれているため、より本物に近い、自然なデートを満喫できるわけだ。デートの行き先は飲食店がほとんどなので、選択肢は少ないが、嬢との本格的な恋人気分を味わえるはずだ。

パネマジなし、店員の電話対応は丁寧。欠点らしい欠点がないマジメなデリヘル

可愛い娘が多く在籍する店との呼び声が高い店だ。しかもこの店にはパネマジが、いっさい存在しないとのウワサも。事実、「写真より実物の方がキレイとか初めてだ」との声もちょこちょこ聞く。であるなら、この話も信憑性はグンと増すが、そもそもこの店、欠点らしい欠点がないのだ。嬢のレベルが高いのは前述したとおり。店員の電話対応も丁寧で愛想がいいと評価は上々である。

さらに見落とせないのは、店側がつけた嬢のキャッチフレーズがとても正確なことだ。

たとえば、HPに「●●●（嬢の名前）♥黒髪清楚即イキ何度も」と書かれていたら、見た目セイソ系で即イキする敏感嬢が本当にやってくるらしい。これについてある客は、「ドエロって書かれてたからマユツバ気分で待ってたんだけど、マジでドエロな娘が来たのでビビリました（笑）」と証言する。おそらく採用面接の際、女の子の聞き取りをしっかりやっている証拠かと。マジメな店だ。

店名 **デリドス**
業種 **デリヘル**
場所 **愛知 岡崎**

基本料金

80分 23,000円	延長30分 11,000円
100分 28,000円	延長60分 20,000円
120分 33,000円	指名 2,000円
150分 42,000円	特別指名 2,000円〜
180分 50,000円	

ルックスは三重県下イチ。だからフリーでも安心

フーゾク遊びで客が気になるのは、なんと言っても、女の子のルックスだ。特にフリーで入ったときの心細さは尋常じゃない。その点、この店の客はそういう心配とは無縁だ。

なんせルックスレベルは県下イチ。店側もそこは自負しているようで、採用にあたっては厳しく女性の容姿をチェックしてるそうだ。ある常連は言う。

「この店に出会ってから、僕はほとんど指名をしてません。だいたい、いつもフリーで入ってます。こんな綱渡りができるのも、店に対する絶大な信頼と安心感があるからなんです」

店名　**CLASSY.**

業種　**デリヘル**

場所　**三重 四日市**

基本料金

スタンダード
50分 18,000円／**70分** 22,000円
90分 28,000円／**120分** 37,000円
延長30分 12,000円
電話予約 2,000円／**本指名** 2,000円

プレミアム
50分 20,000円／**70分** 24,000円
90分 30,000円／**120分** 39,000円
延長30分 13,000円
電話予約 2,000円／**本指名** 2,000円

ロイヤルプレミアム
50分 24,000円／**70分** 28,000円
90分 34,000円／**120分** 43,000円
延長30分 15,000円
電話予約 2,000円

本指名 2,000円
入場料 無料／**パネル指名料** 無料
会員登録手数料 2,000円

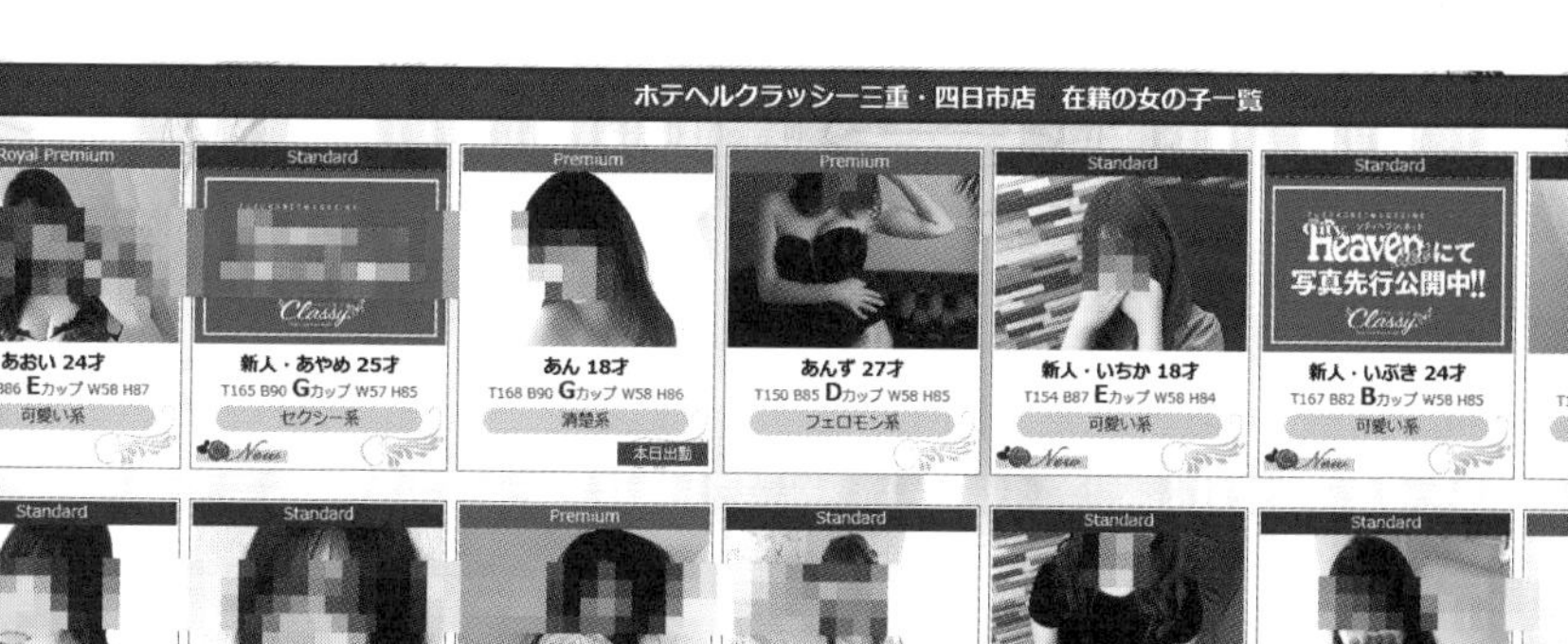

全国フーゾク街の歩き方

関西エリア

ハズレの多い雄琴で、まず間違いないソープといえば

男たちの憧れ、雄琴温泉。日本三大ソープ街の一つとして知られているだけあり、いつかは訪れてみたいと思っている方も多いだろう。その際、地元在住の38才男性からひとつ、注意事項が。

「僕のような関西の男なら全員知っていますが、ここらの格安店で遊ぶと、とんでもないオバハン嬢に当たることがしょっちゅうなんです。30代なんてまだ当たりの範疇で、50手前のモンスターを引くことも珍しくありません」

では、我々初心者はどうするべきなのか。

「脇目もふらず、『とけい台』に行ってください。ここは35年もの間、地元で愛され続けてきた老舗店でして、実力は折り紙つき。20代の女の子しか採用していないので、オバハン嬢に当たる心配は一切ありません。清楚系からギャル系まで、色んなタイプの嬢をそろえているので、まず間違いないでしょう」

良きアドバイス、ありがとうございました。

店名 **とけい台**

業種 **ソープ**

場所 **滋賀 雄琴温泉**

JR「おごと温泉駅」より送迎あり。

住所 **大津市苗鹿3-7-5**

基本料金

40分	14,000円
50分	17,000円
70分	23,000円
100分	34,000円
120分	40,000円
140分	46,000円
150分	51,000円

指名料

40分	2,000円
50分	2,000円
70分	3,000円
100分	4,000円
120分	5,000円
140分	6,000円
150分	6,000円

ステージに上がった嬢を自分の目で見て指名する

日本三大ソープ街の一つ、雄琴温泉。そんな由緒正しきスケベタウンで、指名時に唯一顔見せ可能なソープが、この店だ。

ここは、1時間毎に客を総入れ替えするシステムになっており、待合室に入ると、ステージに一人一人嬢が上がってくる。で、好みの娘だったら手を上げて指名できると。実物を見て決められるから、パネマジの心配がないのだ。

ただ、プレイ時間は最長でも50分までとなっているので、ねちっこいセックスは、この際、あきらめよう。

店名 **ガールズファンタジー**

業種 **ソープ**

場所 **滋賀 雄琴温泉**

JR「比叡山坂本駅」より送迎あり。

住所 **大津市苗鹿3-7-7**

基本料金

40分 16,200円

50分 20,200円

指名 3,000円

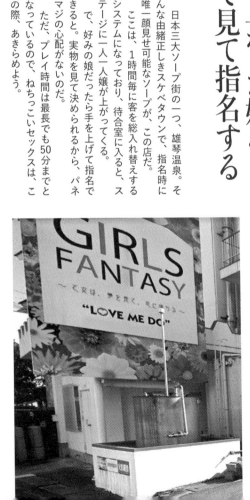

満足度は清水寺並みの安定の老舗ヘルス

この投稿者は転勤キッカケで京都に移り住んだ。当然ながら関東の知り合いが多い。で、彼らがこっちに遊びに来るたびに、投稿者が自信を持って毎回オススメしているのが、この「クレイジーダック」だという。

ここ、京都のフーゾクでは、1位、2位を争うほどの老舗店なのだが、とにかく店側の教育が徹底しているそうな。

「ディープキスではしっかりと舌を絡ませてくるし、フェラのテクニックも総じて高い。おまけに嬢のルックスも安定しているので、正直、文句の付けようがないんですよ」

彼の知るかぎり、ここで満足しなかった知り合いは、過去に1人もいない。もはや清水寺か金閣寺ぐらいの安定ぶりだ。京都に来た際は、ぜひ、立ち寄るといい。

店名 **ダック京都**

業種 **店舗型ヘルス**

場所 **京都 京都市**

地下鉄「三条駅」から徒歩5分。

住所 **京都市中京区新京極通三条下ル東入ル松ヶ枝町457-7 六角会館2階**

基本料金

ミセスクラス

30分 7,900円
40分 8,900円
50分 11,000円
60分 13,000円
90分 20,000円
120分 24,000円
※税抜

レギュラークラス

30分 8,900円
40分 9,900円
50分 12,500円
60分 14,500円
90分 21,000円
120分 26,000円

指名料金 1000円～2500円
パネル見学 無料

さくら〔27歳〕
T157 B90 W59 H88

もも〔ミセス〕
T153 B99 W59 H91

せいか〔28歳〕
T164 B90 W58 H8

店名 **プルプルハウス**

業種 **店舗型ヘルス**

場所 **京都　木屋町**

京都なんだから現役の女子大生ももちろんいます

阪急「河原町駅」2番出口から徒歩4分。

住所 **京都市下京区西木屋町通四条下ル船頭町228**

京都の地元民によると、この地でコスパの良いヘルスといえば、「プルプルハウス」一択となるらしい。プレイ料金は、30分で1万1千500円。店舗型なのでホテルを押さえる必要はないし、嬢のレベルも安定している。化け物じみた嬢などひとりもいないそうな。

さらに、店の常連客によれば、京都ならではの恩恵もある。京都に大学が多いということはそれだけ現役女子大生との遭遇率も高くなるわけで、毎度満足しているという。

「個人的には、ずっと前に遊んだ、地方出身の同志社大生（自称）って娘がいまだに忘れられません。ホンマ、いい娘やったな〜」

よほど楽しい思い出だったんですね。ありがとうございました。

基本料金

通常料金（10時〜24時）

30分 A11,500円 B12,500円
40分 A15,000円 B 16,000円
45分 A18,000円 B19,000円
60分 A23,000円 B25,000円
★60分 A25,000円 B27,000円

※45分コースと★60分コースはローションプレイ付き

早朝料金（6時〜10時）

30分 A10,000円 B11,000円
40分 A13,000円 B14,000円
45分 A16,000円 B17,000円
60分 A20,000円 B22,000円
★60分 A23,000円 B25,000円

※45分コースと★60分コースはローションプレイ付き

A＝フリー　B＝指名

店名 **京都の痴女鉄道**

業種 **店舗型ヘルス**

場所 **京都 木屋町**

阪急「河原町駅」から徒歩1分。

住所 **京都市下京区木屋町通四条上ル真町96-5 トップハットビル7階**

基本料金

基本痴漢コース
（新規客・非会員）

45分	12,000円
55分	14,500円
65分	17,500円

基本痴漢コース（会員）

45分	11,000円
55分	13,500円
65分	16,500円

新! ハーレム乱入コース
（新規客・非会員）

45分	15,000円
55分	17,500円
65分	20,500円

新! ハーレム乱入コース（会員）

45分	14,000円
55分	16,500円
65分	19,500円

占領ヘルスコース
（新規客・非会員）

55分	19,500円
65分	22,500円
110分	38,500円

占領ヘルスコース（会員）

55分	18,500円
65分	21,500円
110分	37,500円

ゴールド会員限定SPコース

SP50分	15,000円
SP60分	17,000円

延長30分	13,000円
延長60分	26,000円

チカン3回転で触りまくって唇の柔らかい子を指名

こちらは3人の嬢に痴漢した後に、その中から1人、ヘルス指名ができる店だ。このシステムの良さをここの常連に語ってもらおう。

「僕はいつも3回転では、胸や尻の張りを確認します。男ってやっぱり、ボリューミーな女体が好きでしょ？　このシステムはそういう体を探し当てるのに都合がいいんですよ」

なるほど、張りの確認ときたか。なかなか賢い利用法だ。普通なら適当に体をまさぐって終わりだもんな。さすがは常連客である。

「あと、3回転中は女の子にキスもできるんですけど、僕の場合はどの娘がどういうキスをするのかの確認をさせてもらってます。唇の柔らかい娘が好きなもんで。で、あとはキスの上手い娘を指名して、あちこちトロけさせてもらうのが俺流です。偉そうに言うことじゃないんだけど」

フリー客でも良嬢を付けてくれる

店名　**レディエージェント**

業種　**デリヘル**

場所　**大阪 泉佐野**

南大阪エリアで人気のデリヘルだ。それだけに評判は上々。

具体的にはまず、嬢の容姿レベルが全体的に高いことが挙げられ、のみならず、愛嬌のある娘が多いなど接客面について評価する声も少なくない。

しかし、この店最大の利点は、気軽にフリーで遊べることだ。大阪フーゾクの悪いところは、フリー客に平気で質の悪い嬢を付けがちなところだ。指名料をケチる客など客扱いしたくないと思ってるのだろう。

その点、ここならそんな心配は無用。いつもフリーで利用してる客からこんな声が届いてる。

「いつもフリーで入っとるんやけど、毎回、想像した以上のイイ娘をつけてくれてるで。他の店やったら絶対にありえへんわ」

少しでも安く遊びたい人にはピッタリだ。

基本料金

60分　15,400円
80分　20,900円
100分　26,400円
120分　31,900円
180分　48,400円
240分　64,900円

写真指名　1,100円
本指名　2,200円
30分延長　11,000円

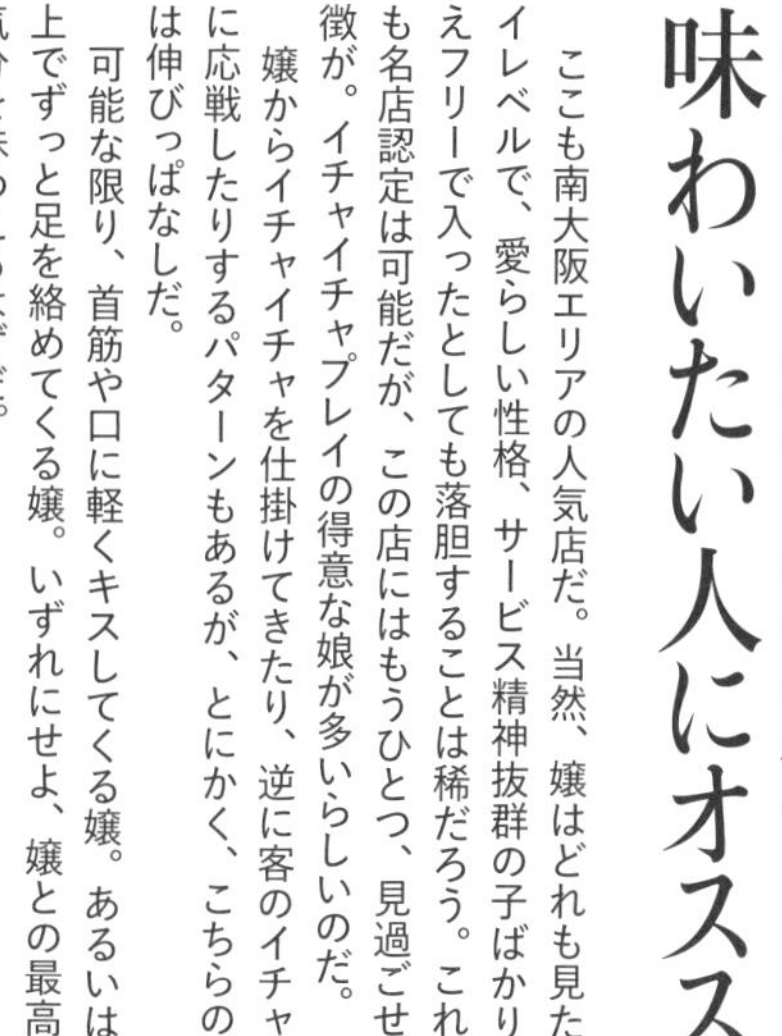

最高の恋人気分を味わいたい人にオススメ

ここも南大阪エリアの人気店だ。当然、嬢はどれも見た目がハイレベルで、愛らしい性格、サービス精神抜群の子ばかり。たとえフリーで入ったとしても落胆することは稀だろう。これだけでも名店認定は可能だが、この店にはもうひとつ、見過ごせない特徴が。イチャイチャプレイの得意な娘が多いらしいのだ。

嬢からイチャイチャを仕掛けてきたり、逆に客のイチャイチャに応戦したりするパターンもあるが、とにかく、こちらの鼻の下は伸びっぱなしだ。

可能な限り、首筋や口に軽くキスしてくる嬢。あるいはベッド上でずっと足を絡めてくる嬢。いずれにせよ、嬢との最高の恋人気分を味わえるはずだ。

店名　**クール堺**

業種　**デリヘル・ホテヘル**

場所　**大阪 堺**

ラブホテル「カサデルアモール」の向かって右隣の雑居ビル2階。203号室が受付。

住所　**堺市堺区翁橋町1-3-18 ニューみゆきビル203号**

基本料金

デリヘル
60分　16,500円
80分　22,000円
100分　27,500円
120分　33,000円
140分　38,500円
160分　44,000円
180分　49,500円
ネット指名料　2,200円

ホテヘル
45分　14,300円
60分　16,500円
80分　22,000円
100分　27,500円
120分　33,000円
140分　38,500円
160分　44,000円
180分　49,500円

入会金　1,100円
パネル指名　1,100円
本指名　2,200円
延長15分　5,500円
特別指名料　1,100円〜

※特別指名料は女の子の人気度によって変動

この店の登場で「和歌山のソープ嬢は低レベル」との揶揄(やゆ)は止まった

店名 **KINDAN -禁断-**
業種 **ソープ**
場所 **和歌山 雑賀**

ラブホテル「ニューエンペラー」そば。ショーパブ「ダンシングレディ」の真向かい。JR和歌山駅、南海和歌山市駅まで無料送迎アリ。

住所 **和歌山市新雑賀町35**

かつて、和歌山のソープ嬢は低レベルだと言われていた。近県に本番フーゾクが盛んな地域、すなわち飛田新地（大阪）や雄琴（滋賀）や福原（神戸）があり、主だった美女はそちらにことごとく吸い上げられていたのだ。

しかし、2019年にこの高級ソープがオープンしてから、状況が変わった。もはや誰も和歌山のソープ嬢を揶揄しなくなったのだ。当然のことながら、ここの嬢の容姿は県内でも突出しており、テクニシャンも多数在籍している。聞くところによると、多少のパネマジはあるそうだが、キレイには違いないので許容範囲だそうな。

さらにここは、高級店ならではのエロコースも用意されている。なんとNS挿入とNNが可能なのだ（嬢によってはNGの場合も）。NS&NN可能嬢の見分け方は簡単。HPのプロフィールに「高級コース対応」と書いてあればOKだ。思う存分、中出しを堪能してほしい。

基本料金
70分　30,000円
90分　40,000円
120分　50,000円
延長30分　15,000円

高級コース（NS＆NN）
60分　40,000円
90分　55,000円
120分　70,000円
延長30分　20,000円

入会金　無料
指名料　無料

店名 **未熟な若奥**

業種 **デリヘル**

場所 **奈良 天理**

いろいろあった結果、この体験入店嬢は俺のチン●をしゃぶるハメにとの妄想に死ぬほど興奮

ジャンルとしては若妻デリヘルとなり、20代前半から30代後半の嬢がそろっている。もちろん、彼女たちが本物の人妻かまではわからないし、真実を追求するつもりもない。こちらとしては人妻と信じて遊ぶだけだ。

さてこの店、体験入店嬢が頻繁に入ってくる。しょっちゅうと言ってもいいほどだ。したがって、業界未経験者の割合も一定数いて、恥ずかしそうにチンコをしゃぶる姿に興奮できたりするわけだ。疑問なのは、なぜ彼女たち未経験者は過酷なフーゾク業界に飛び込むのか。もちろん、高収入が目当てなのは明白だが、知りたいのはそこじゃない。どうして高額収入が必要なのかだ。

離婚した元ダンナが養育費を入れてくれないから、子供をバカ高い私立の学校に入れたから、ダンナの両親を施設に入れるカネがないからなど。

実際に嬢に聞いてみたり、妄想するなどして、とにかくストーリーを用意するのだ。いろいろあった結果、この嬢は俺のチン●をしゃぶるハメになった物語を。これさえあれば、死ぬほど気持ちいい射精を体験できる。

基本料金

60分 18,700円
70分 20,900円
80分 23,100円
90分 25,300円
100分 28,600円
120分 35,200円
150分 44,000円
180分 52,800円
210分 61,600円

3Pコース

60分 A39,600円 B29,700円
80分 A48,400円 B34,100円
100分 A55,000円 B36,300円

パネル指名 1,100円
本指名 2,200円

A＝女2人男1人
B＝男2人女1人

店名 **ビギナーズ**

業種 **ソープ**

場所 **神戸 福原**

神戸っ子が童貞を捨てにくる10代の多い名ソープ

地下鉄「高速神戸駅」6番出口から徒歩8分。

住所 **神戸市兵庫区西橘通2-3-5**

神戸に住んでる男なら誰もが知ってる、福原ソープの名店だ。今回、話を聞かせてくれる店の常連やその友だちも、高校卒業してすぐ、ここで童貞を捨てたという。以来、小銭ができるたびに通いつめてるそうだ。では改めて話を聞こう。

「ここが人気の理由はやっぱり、女の子の質の高さにあると思うんです。誰に聞いたか忘れましたけど、ここを運営してるグループって、元々はスカウト会社もやってたらしくて」

なぜか彼はそこから一気に喋るスピードを速めた。

「だからか分からないけど、やけに若い娘が多いんです。週に1回のペースで10代の新人さんが入ってくるし、みんな清楚な女子大生っぽい娘ばかり。それでプレイ代金も45分1万6千500円なんだから、通わない手はないですよ」

基本料金

45分 16,500／**65分** 22,000円

85分 27,500円／**105分** 34,100円

朝割

朝6時〜（先着30名）《予約可能（前日21時より）》

45分 11,000円／**65分** 16,500円

85分 22,000円／**105分** 27,500円

サービスタイム

朝6時〜10時《予約可能（平日のみ）》

45分 15,400円／**65分** 19,800円

85分 24,200円／**105分** 29,700円

ビギナー料金（入店から5日間限定）

45分 15,400円／**65分** 19,800円

85分 24,200円／**105分** 29,700円

※指名料込 ※割引併用不可

指名 1,100円〜

写真見学 無料

店名 **ホットポイント**

業種 **店舗型ヘルス**

場所 **兵庫 神戸**

各線「三宮」駅より徒歩3分。

住所 **神戸市中央区北長狭通2-1-4**

神戸で軽くヌクならハズレなしのここで

神戸の男で知らない者はいない、老舗の箱ヘルだ。人気の理由は、女の子のレベルの高さだろう。清楚系の娘を中心に、若くてカワイイ娘がウジャウジャいるので、フリーでもハズレを引く心配はない。

プレイ料金は30分で1万円。近辺のヘルスよりは若干、高めだが、安定を求めるなら、ここで間違いない。

基本料金

30分 A10,000円 B11,000円
40分 A12,800円 B13,800円
50分 A15,800円 B17,800円
60分 A18,800円 B19,800円
80分 A22,800円 B26,800円
100分 A31,800円 B35,800円
120分 A34,800円 B38,800円

指名 1,000円～
入会金 今だけ無料（期間不明）
コスチューム 1,000円

指名料 1,000円～
入会金 今だけ無料（期間不明）

A＝6時～10時
B＝10時～23時50分

ソープは高いんだからパネマジにはダマされたくない

ソープ遊びで一番怖いのは何か。この問いに多くの人が異口同音で答える。それはパネマジだと。ピンサロとは違い、1プレイで何万円も飛ぶんだから、どうしても失敗だけは避けたいわけで…。

「だから、僕のようなビビリマンにはここはすごくありがたいんですよ」

そう語るのはこの店の常連だ。彼はかれこれ3年ほど通い続けているらしい。どういうことか？

「店側がパネマジしてこないんですよ。毎回必ず、写真通りの女の子が来るんです」

彼によれば、店側がパネマジを使わないと公言してるわけではない。ただただ、フツーに写真どおりの娘がやってくるに過ぎない。そこにこそ説得力があるというものだ。

「みんな言ってますよ。この店でパネマジにダマサれたことは一度もないって。まあ、そもそもここの女の子ってほぼ全員ハイレベルなルックスだから、パネマジの必要性がないのかもしれないけど…」

とのことです。

店名 **聖スムーチ女学園**

業種 **ソープ**

場所 **兵庫 福原**

地下鉄「高速神戸駅」から徒歩3分。

住所 **神戸市兵庫区福原町1-16**

基本料金

40分 15,000円
60分 20,000円
80分 26,000円
100分 32,000円
指名 2,000円

3Pコース
80分 52,000円
100分 64,000円

タイムサービス（10時〜19時）
80分 44,000円
100分 56,000円
指名料 2,000円

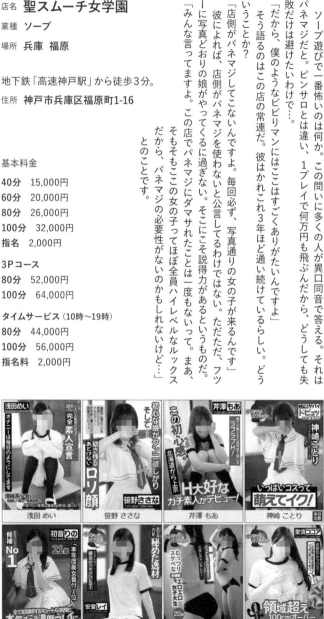

イチャイチャ度がずば抜けて高い神戸メンエスの女王

現在、神戸はメンエスブーム真っ只中。シロート味あふれる美女に、股間回りをスリスリしてもらえるとあって、男たちはこぞって通っている。そんな数あるメンエスの中でも、今トップの座に君臨しているのが「クイーン」だ。

店の常連が口を開く。ここの魅力はなんといっても、プレイ中のイチャイチャ度がずば抜けて高い点にあるという。

「耳元で『かわいいね〜…』なんてささやいてきたり、チンチン回りを触るときはニコっと微笑んでくる。よっぽど店側の教育が徹底しているんでしょうか」

「ホレられたかもって勘違いしかねない状況ですね」

「まさにそんなことがありましたよ。あのときは、この娘本当に俺に気があるのかな？　なんてガチで勘違いしかかったこともありますし。予期せぬサービスを受けたときなんて、今の嫁と子どもを捨てて、この娘と本気で結婚したいなんて思ったほどですから」

とにかく、神戸のメンエスに行くならクイーン一択のようだ。

店名 **クイーン**
業種 **メンエス**
場所 **神戸 三宮**

住所非公開のため、
詳細は直接、
店舗にお尋ねください。

基本料金

60分（事前予約不可） 10,000円
90分 13,000円
120分 18,000円
150分 23,000円
180分 28,000円
210分 34,000円
240分 40,000円

ダイヤモンドランク

ダイヤモンドランクの
セラピストの料金。
指名料込みの金額。

90分 20,000円
120分 25,000円
150分 30,000円
180分 40,000円
210分 47,000円
240分 54,000円
270分 61,000円

全国フーゾク街の歩き方

中国・四国エリア

店名 **素人専門キラキラ学園**

業種 **デリヘル**

場所 **岡山 岡山市**

本物の地元の制服だから非モテOBの夢が叶う

また投稿が届いた。さっそく紹介しよう。

素人学園系のフーゾクは世の中に腐るほどあるが、僕がオススメするこの店は一味違う。

よくあるフーゾクの制服はアダルトショップで買ったような、生地が薄っぺらい布でできているのが常だが、ここは違う。地元の本物の制服を着た子がやってくるのだ。しかも僕の母校の制服を着た娘までいるではないか。中学高校とイケてないグループにいた僕は、当然彼女なんてできたことがない。一緒に登下校をしていたカップルをうらやましく指をくわえて見ていただけだった。

僕は学生時代の鬱憤を晴らすかのように母校の制服を着た娘を指名し、勝手に思いを寄せていた女性を想像しながら射精してやった。

まーこれは、自分だけに可能な特殊なプレイだったわけだが、本物制服に興味があるなら、ぜひみなさんも！

基本料金

60分	16,500円
90分	25,300円
120分	33,000円
150分	40,700円
180分	48,400円

デートコース

120分	35,200円
150分	42,900円
180分	50,600円

ムラムラコース

60分	14,300円
90分	23,100円
120分	30,800円
150分	38,500円
180分	46,200円

本指名	1,100円
延長30分	8,800円
チェンジ（初回無料）	2,200円

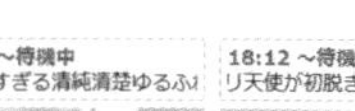

巨乳だけどデブじゃないマットプレイのためのような体形

店名 **ぐらどるえっぐ**

業種 **ソープ**

場所 **広島 薬研堀**

広島電鉄「銀山町駅」から徒歩3分。

住所 **広島市中区薬研堀5-19**

言わずもがな、ソープのマットプレイは人気が高い。ヌルンヌルンのマットの上で体を擦り合わせるあの快感は、他の風俗ではなかなか味わえないからだ。そのマットで重要になってくるのは肉付きだ。巨乳女性のマットこそ最高だが、肥満体だと興醒めしてしまうものだ。

そこでこのソープ。巨乳しか在籍していないのだが、店のコンセプトで、くびれが存在している女性しかいない。名前のとおりグラビアアイドルのような体形の女ばかりなのだ。まるでマットのために生まれてきたかのような、素晴らしい女性たちだ。

基本料金

45分 18,000円

60分 22,000円

80分 28,000円

100分 34,000円

ぐらどるコース

各コース +3,000円

※コース内容、詳細は要問い合わせ

指名料 2,000円

本指名料 3,000円

延長30分 12,000円

巨乳率がやたらと高いコスパ抜群の人気ソープ

鳥取県内で圧倒的な人気を誇る大衆ソープだ。人気の秘密は、2つある。ひとつは嬢のルックスレベルの高さ。常連客いわく、こんな片田舎に、ありえないほどの美人がそろっているんだそうな。

そしてもうひとつは、巨乳率の高さ。在籍嬢の多くがEカップ以上で、なかにはHカップ（！）さえ複数人いるのだ。

おそらく店長の方針なのだろうが、地方の店でここまで大きな乳にこだわり抜き、集結させるとは、アッパレというしかない。

料金設定もかなりリーズナブルで、最短の韋駄天コース（45分）なら1万5000円ポッキリ。コスパ抜群の名ソープといえよう。

店名 **やんちゃ姫**

業種 **ソープ**

場所 **鳥取 米子**

住所 **米子市皆生温泉3-6-23**

基本料金

韋駄天コース（45分）
15,000円

福助コース（60分）
20,000円

豊楽コース（75分）
25,000円

夢見コース（105分）
35,000円

指名 1,000円
延長30分 10,000円

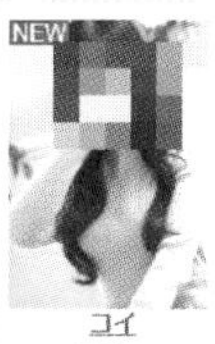

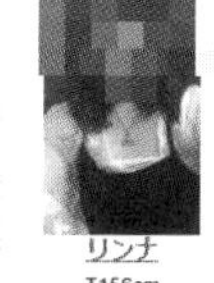

驚くほどの美女と恋人気分になれる

店名　**ローズローズ**

業種　**ソープ**

場所　**島根　松江**

玉造温泉駅からバスに乗車し、
「温泉上」で降車。そこから徒歩3分。

住所　**松江市玉湯町玉造1199-1 玉造観光センター**

ROSEROSE（ローズローズ）は島根県で唯一のソープランドだ。とはいえ、一社独占企業のように偉ぶったところはなく、むしろ店員や嬢は、みな物腰が柔らかく、接客態度も丁寧なんだそう。それだけ教育が行き届いているのだろう。では肝心のプレイ内容はどうなのか。

「ここ、ひとことで言ったら嬢と恋人気分になれるソープなんです。部屋の照明やアロマも凝っているので、本当に彼女の家に遊びに来た気分になるんです」

答えてくれたのは隣の鳥取県から月イチペースで遊びに来る41才男性だ。彼はここで初めて遊んだとき、嬢のレベルの高さに驚いたという。

「松江にこんな美女が！　ってビックリしまして。でも上には上がいて、人気嬢にもなると女優クラスですよ。まあ、彼女たちってホントに予約が取りづらいから、まだ対面したことはないんですけど。こんな片田舎なのに、ソープだけはレベルが突き抜けてるんですよ。不思議ですよね～」

まったくだ。

基本料金

40分 A16,000円　B17,000円
60分 A22,000円　B23,0000円
90分 A30,000円　B31,000円
120分 A39,000円　B41,000円

※会員、非会員ともに延長30分で
10,000円がかかる
※指名料は無料

A＝会員　B＝非会員

みなさんもスケベなドMちゃんをいじめてやってください

店名 **ドMなバニーちゃん下関店**

業種 **ソープ**

場所 **山口 下関**

JR下関駅から徒歩3分。

住所 **下関市竹崎町3-13-3**

基本料金

45分 16,000円
60分 23,000円
80分 28,000円
100分 33,000円
延長30分 12,000円

入会金 2,000円
予約料 1,000円
指名料 2,000円
特別指名料 ＋1,000円〜

店の常連が言う。

「名前からしてスケベそうなこの店は、在籍している女もかなりスケベでして」

なになに？

「僕がよく指名している女の子は、ダイナマイトボディ&名器&全身性感帯で、月に3回は指名して通うほど気に入ってます。カーテンを開けてご対面、この瞬間から僕と彼女の逢瀬は始まるんです。挨拶代わりにねっとりとしたディープキスで、全身がぐったり脱力してしまうんですよ」

ふむふむ、それで？

「チン●を入れると入口は狭いのに、不思議と痛くないんです。膣肉がしっかりとチンコ全体を包み込んで圧迫してくるんですね。まるでオナホールですよ」

なるほどなるほど。

「毎回、バックで名器を堪能しつつ、乳首を強めにこねくり回しながら、膣奥にグリグリと押し込んでやると、ドMっぽいアエギ声が部屋に響き渡るんですね。声に合わせてマン●が絡みついてくるのが名器たるゆえんでしょう」

これ、店の紹介というより、単なるオキニ自慢じゃ…。

フリー紳士も安心できるソープ天国の名店

店名 **Club151A**（クラブいちごいちえ）

業種 **ソープ**

場所 **香川 高松**

高松琴平電鉄「片原町駅」から徒歩10分。

住所 **高松市城東町2-10-20 K2ビル5階**

激震!!!!! 新

151Aの日(151)
T0 B0() W0 H0

新人割！！

新人割(151)
T0 B0() W0 H0

このバナー

おまかせ40分10,000円！(151)
T0 B0() W0 H0

40分12,00

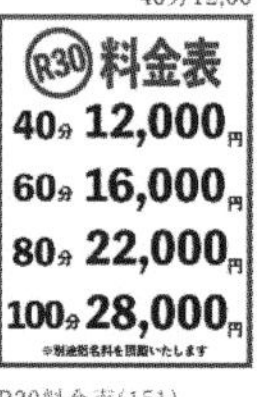

R30料金表(151)
T0 B0() W0 H0

新人割！！

新人割【R30】(151)
T0 B0() W0 H0

◇151A

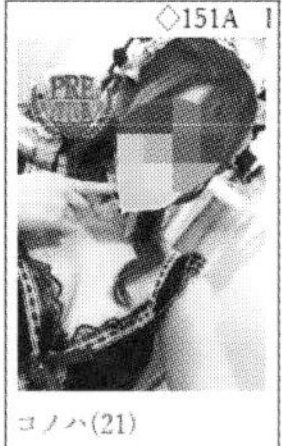
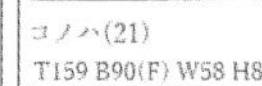
コノハ(21)
T159 B90(F) W58 H86

★151A

スズ(23)
T158 B83(C) W57 H85

☆151A

レン(25)
T164 B86(D) W56 H85

店の常連が言う。

「香川に名店など存在しているのかと思われる方も多いかもしれんけど、何を隠そう、香川はかなりのソープ天国なんです。そりゃ東京には敵わんけど、そこそこ数がそろってまして」

理由のひとつとして、ソープのない岡山から、女の子たちが瀬戸大橋を渡って働きに来ているためでもあるらしい。

「数あるソープの中で特に僕がオススメするのはこの店。ソープランドなのにフリーで入ればデリヘルよりも安く遊べてしまうし、ハズレが非常に少ない。僕は相当気に入った娘なら何度か指名するけど、それ以外はフリーで遊ぶ。そんなフリー紳士にとって、いつ行ってもそれなりに女の人数をそろえてくれるこの店はホンマにありがたいんですわ」

基本料金

40分 13,000円
60分 18,000円
80分 24,000円
100分 30,000円
延長10分 4,000円
※マットは60分コース以上から
※コースの組み合わせでロングも可能

指名料 1,000円
プレミアム指名料 要問合せ

手コキコースにヘルスコースもある総合フーゾク店のような〝エンタメ〟ソープ

店名 **ラヴィジュール**
業種 **ソープ**
場所 **徳島 徳島市**

JR徳島駅から徒歩15分。菓子工場「坂井昭栄堂」に隣接。紅白柄のハデな建物が目印。

住所 **徳島市鷹匠町1-30 K2ビル1階～4階**

この店はただのソープではない。手コキコースやヘルスコース、風俗エステコースとありとあらゆるヌキを堪能できる。ちなみに、風俗エステコースには複数の専任エステティシャンがおり、本格的なジャップカサイ（タイの回春マッサージ）まで披露してくれるという。さらにラグジュアリーコースを選択すれば、なんとNNまで堪能できる。ここまで来ればもはや総合フーゾク店だ。残念ながら、文字数の制限がある以上、各コースの詳細はここで語れない。興味がある人は店のHPで確認してほしい。

以降は嬢について言及しよう。パネマジががっつり入ってる嬢もチラホラいるが、もともとキレイな娘ばかりなので、そこまで気にすることはない。この店のパネマジは客を騙そうというのではなく、むしろ身バレ防止の意味合いが強いのかも。なお、ホームページ上の年齢表記はおおむね正確なようだ。常連客が口をそろえて言うのである。実物に会っても、年齢ギャップはまったく感じなかったと。年齢重視の人にとってはありがたいことである。

基本料金

39分 14,000円／**55分** 19,000円
77分 21,000円／**88分** 30,000円
110分 40,000円／**150分** 48,000円
180分 60,000円
パネル指名 無料／**本指名** 2,000円
延長30分 10,000円

ラグジュアリーコース
40分 20,000円／**60分** 25,000円
90分 35,000円／**120分** 45,000円
延長30分 15,000円

3Pコース
88分 55,000円
110分 75,000円
150分 91,000円
180分 115,000円

※料金表示はソープ関連のものに限定し、それ以外は割愛します

美少女の正常位スマタでクリの摩擦でイカせてもらうのが最高なんです

愛媛の地元民からの評判が高い学園系の店だ。つまり、ロリコンが大好きな場所である。常連客が語る。

「ここ、四国でもっとも若い娘が多く集まる学園系ヘルスとか言われてますが、本当のところはわかりません。18才嬢が在籍する店なんて腐るほどありますからね。ただここ、マジで美少女（もちろん18才以上）が多いんです。トップクラスの人気嬢にでもなればアイドル並ですよ」

プレイ内容はどうだろう。

「うーん、これぱっかりは好きずきやけん…。まあ、僕の場合は正常位スマタが好きなんですけど、それのめっちゃ上手い子がいるんですよ。クリへ器用に押し当てるから、その摩擦で射精しちゃうと。当然、僕のオキニです」

以上です。

店名　**レッスンワン松山校**

業種　**店舗型ヘルス**

場所　**愛媛　松山**

伊予鉄道「道後温泉駅」より徒歩5分。

住所　**松山市道後多幸町5-29**
ファイブスタービル5階

基本料金

35分 8,990円/**50分** 11,500円
65分 14,000円/**80分** 17,500円
95分 20,500円/**110分** 24,000円
125分 28,000円/**140分** 32,000円
160分 36,000円
延長30分 8,000円

JKエステコース

40分 7,000円/**60分** 10,000円
トップレス付き

75分 13,000円
60分の内容+乳首舐め手コキ

90分 16,000円
75分の内容+フットマッサージ

105分 20,000円
75分の内容+フットマッサージ

延長30分 8,000円

入会金 無料
指名料（〜80分） 1,000円
指名料（95分〜） 2,000円
進学料 +1,000円〜

うなぎのようにヌルヌル絡み合ってベロチュー

店名 **ラグーン**

業種 **店舗型マットヘルス**

場所 **高知 堺町**

路面電車「はりまや橋停留場」から徒歩5分。

住所 **高知市堺町11-10**

基本料金

タイムサービス
50分 A12,000円 B15,000円
60分 A15,000円 B18,000円
70分 A18,000円 B21,000円
80分 A21,000円 B24,000円

人妻コース
50分 A11,000円 B13,000円
60分 A14,000円 B16,000円
70分 A17,000円 B19,000円
80分 A20,000円 B22,000円

延長10分 3,000円
店内写真指名 無料
ネット指名 1,000円
本指名 1,000円

A＝10時〜18時 D＝18時〜24時

高知県民は自虐しがちだ。高知のような田舎に観光に来ても何もない、せいぜい幕末関連の名所や四万十川があるくらいだと。しかし、地元の遊び人たちは違う。特定のマットヘルス店をそろって紹介してくるのだ。そのひとりが言う。

「私のオキニは、顔はキレイなんですけど、胸も尻も大きいってわけじゃない。それでも通ってしまうのはプレイスタイルのせいなんです。挨拶代わりの濃厚なベロチューだけで、チン●はもうギンギン。これだけキスが上手いのだから当然フェラも最高です。そして言わずもがな、マットでのプレイは、うなぎのようにヌルヌルとお互いの体を密着させ、ここでもまたベロチュー。もう、ここには絶対に行くべきです！」

全国フーゾク街の歩き方
九州・沖縄
エリア

競艇で勝ったらテクニシャンぞろいの名店へ

店名　**ヤングヴィーナス唐津**
業種　**店舗型ヘルス**
場所　**佐賀 唐津**

JR唐津駅から徒歩5分。
住所　**唐津市魚屋町2001**

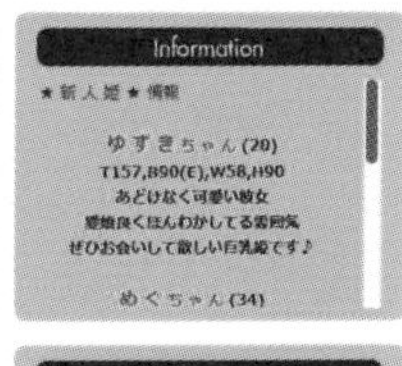

店の常連が語る。
「ボートレースからつで勝った人がこぞって向かうのが、通称『カラヤン』こと、ヤングヴィーナス唐津。なにせこのあたりでは、ここくらいしか店舗型の風俗店はないですから」
ボートレースで勝ったときのご褒美か。いいっすね〜。
「僕もボートで勝った時は何度も行きましたよ。『よっしゃ、今日はカラヤンで祝杯だ！』ってな感じで。まあ、嬢のルックスは好きずきなので何も言いませんが、テクニシャンがそろっているのは断言できます。名店と言って差し支えないでしょう」

基本料金
30分　8,000円
40分　10,000円
50分　12,000円

タイムサービス
(10時〜12時と18時〜20時)
30分（フリーのみ）6,000円

指名　2,000円

カップル3Pコースでセフレの知らない一面を目撃する

店名　**チュパチャップス**

業種　**デリヘル**

場所　**長崎 長崎市**

この店は通常のデリヘルプレイの他に特殊プレイコースを豊富に設けている。ここで言う特殊プレイとはデートコース、3Pコース、逆3Pコース、カップル3Pコース、そしてレズ鑑賞コースだ。気になるのはやはり、カップル3Pだろう。他店でもあまり耳にしないし。このコースで遊んだことのある客が言う。

「カップル3Pはカップル女性と店の嬢がタッグを組んで男性を責めるコースです。僕の場合はセフレでしたけど。だって、本物のカノジョをデリヘルに誘うのは気まずすぎますって」

ふむ、たしかに。

「そのときはセフレが興奮しすぎてすごかったんです。普段のフェラはチョロチョロっと舐めるだけなのに、自らイラマチオをしてえずいてるんですから。なんか初めての3Pだったので張り切り過ぎたみたいで。彼女の知らない一面を見た気がしましたね」

え、そんな都合のいいセフレなどいないって？　ならば、同店の通常コースでお楽しみを。彼いわく、値段の割に嬢のレベルが安定してるそうな。

基本料金

30分（長崎市限定）
10,000円

60分　17,000円

90分　22,000円

120分　30,000円

デートコース
60分　17,000円

3Pコース（男1・女2）
60分　32,000円

逆3Pコース（男2・女1）
60分　32,000円

カップル3Pコース
60分　32,000円

レズ鑑賞コース
60分　32,000円

レズプレイ
60分　17,000円
※客が女性の場合限定

指名　1,000円

延長30分　8,000円

チェンジ初回　無料

2回目以降　1,000円

キャンセル　3,000円

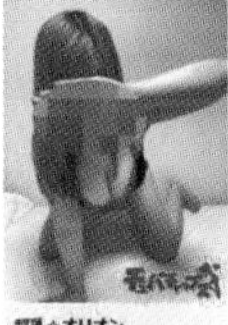

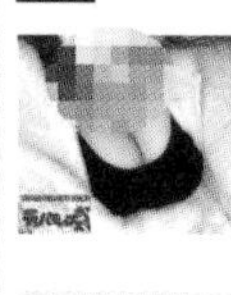

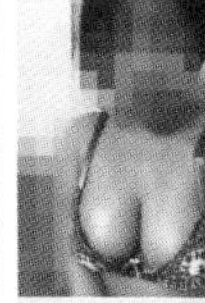

大衆店の料金なのにイラマも顔射もし放題

店名 **バニーコレクション別府店**

業種 **ソープ**

場所 **大分 別府**

JR別府駅から徒歩10分。

住所 **別府市楠町15-9**

基本料金

45分 16,000円
60分 23,000円
80分 28,000円
100分 33,000円

入会金 2,000円
パネル指名料 2,000円
予約料金 無料
延長30分 12,000円

店の常連が言う。

「このソープ、大衆店の値段なのに、即尺、イラマチオ、顔射、電マなどが無料オプションなところがありがたいんです」

大衆店でこんなサービスまでしているなら、変な嬢でも働いているのではと考えるかもしれないが、それは杞憂だという。

「僕がいつも指名しているのはパイパン美女。笑顔が素敵で、ふわふわのおっぱいでやるパイズリは声が出てしまうほど気持ちいい。しかも話上手なので時間がいくらあっても足りません」

ふむふむ。

「下のほうも名器で、正常位でチン●を入れながら電マでクリを刺激してやると、膣中がきゅーっと締まって最高なんですよ」

で、トドメは顔射でフィニッシュか？

「いや、フツー、オキニにそんなことはしないでしょ」

怖い。声が怒ってるんですけど。

温泉街で強制的に二度ヌキされる

店名　**女王蜂**

業種　**店舗型ヘルス**

場所　**大分 別府**

JR別府駅から徒歩5分。

住所　**別府市元町11-11 関屋ビル2階**

基本料金

40分　7,000円
50分　10,000円
60分　12,000円
延長30分　6,000円

指名料　1,000円

またまた投稿が届いたので紹介するとしよう。

別府温泉での女遊びなら、ソープよりもこのヘルスがおすすめです。建物がくたびれてるので、パッと見、入店する気がわきませんが、思い切って中に入ってみてください。

この店、強制二度ヌキをうたってまして、要するにスッキリしてからもまだ搾り取るようにと教育されてるんです。そのへんのソープでくたびれたおばちゃんを相手するより、よっぽどコスパがいいですよ。

ありがたい情報に感謝である。みなさん、ヘタなソープに行ってはダメですぞ。

低料金なのに嬢の質の高さが際立つ

フーゾク店の人気の度合いが嬢の質や料金設定に左右されるのは言うまでもない。ぎりぎりまであらゆるコストを下げる努力をし、いかに客から好かれる人気嬢を多く抱えるか、そこが店長（あるいはオーナー）の腕の見せどころだろう。その意味でここは成功モデルといえそうだ。常連客が語る。

「女の子は総じて容姿レベルが高いんです。しかも性格までいい子ばかり。フレンドリーで、癒しキャラがやけに多いというか」

料金も驚くほど安い。60分で1万円前後しかかからないとは破格だろう。

さらに花びら回転（同店では「華ビラ快転」と表記）の安さぶりはどうだ。2人の嬢が50分ずつ交代で客の相手をするコースだが、嬢1人につき8千円しかかかってない計算に。すごっ！

店名 **プリズム**
業種 **デリヘル**
場所 **宮崎 都城**

基本料金

50分（フリー限定）8,000円
60分 10,000円〜12,000円
※90分以上のコース料金は嬢によって変動
延長20分 5,000円

華ビラ快転コース
100分 16,000円
150分 24,000円

入会金 無料
チェンジ初回 無料
チェンジ2回目以降 1,000円

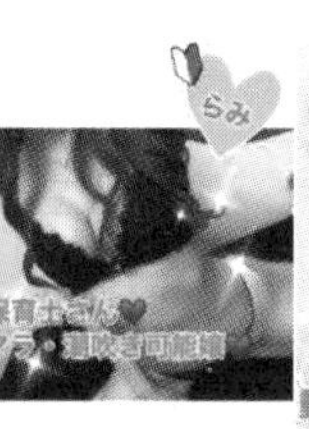

らみ(22)
T164 B85(F)/W59/H89

あめ(24)
T158 B88(F)/W59/H89

ゆわ(30)
T163 B85(D)/W58/H86

りわ(21)
T153 B89(F)/W59/H88

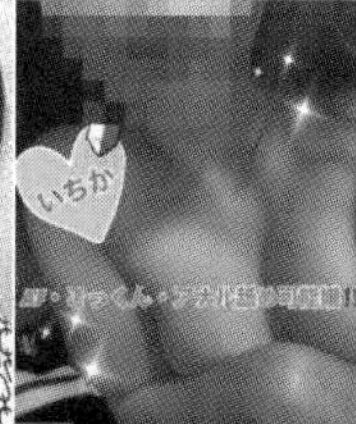

女子アナ系の美形清楚嬢が顔を覚えてくれる喜び

店名 **ピカソ**
業種 **ソープ**
場所 **熊本 中央街**

路面電車「花畑町停留場」から徒歩6分。
住所 **熊本市中央区中央街8-6**

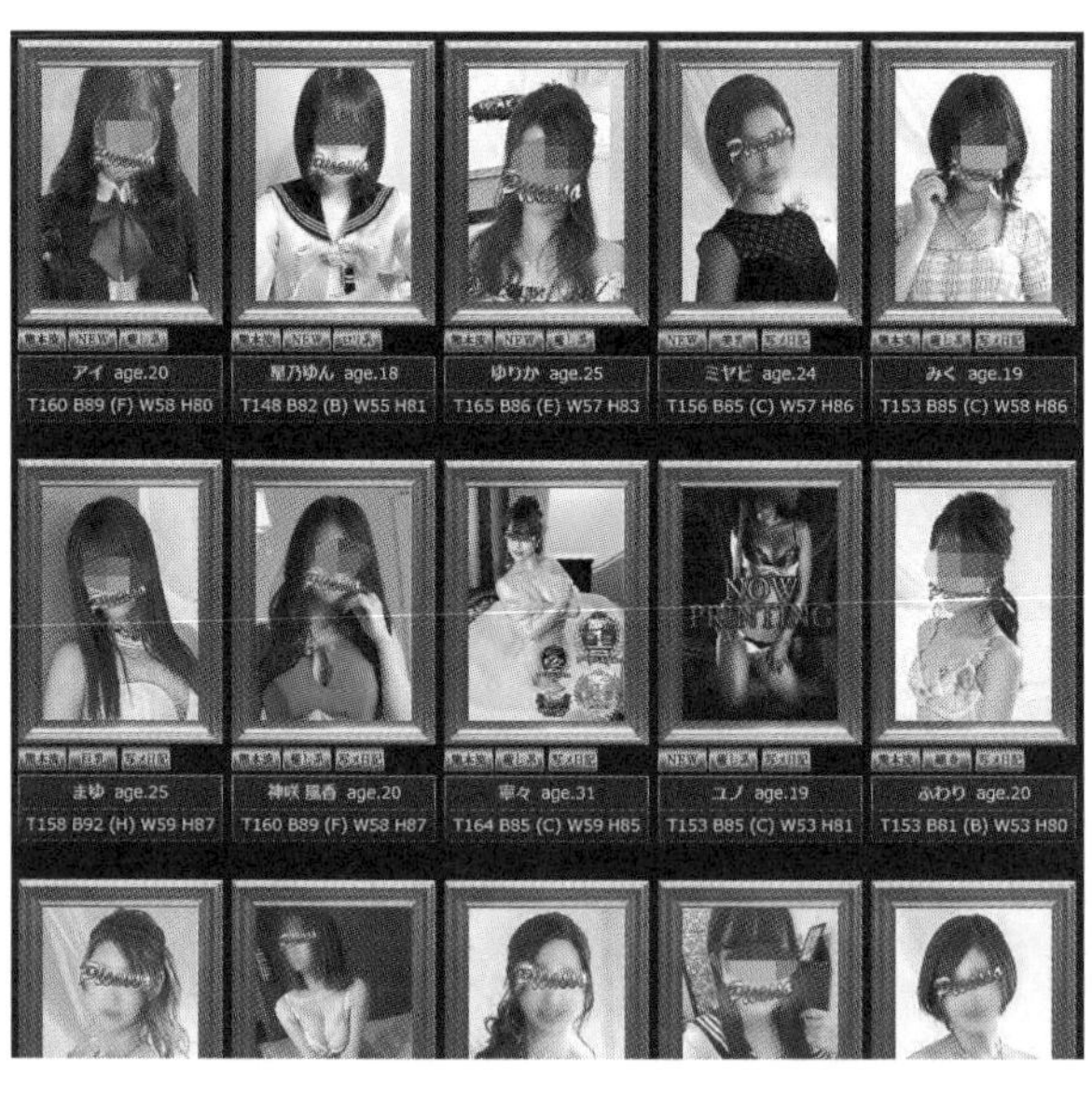

基本料金

60分 28,000円
70分 33,000円
80分 38,000円
100分 49,000円
120分 59,000円
指名 2,000円

店の常連客は言う。

「このソープはいわゆる大衆店ですが、どの娘と遊んでも絶対にハズさない、高級店並みの嬢がそろってるんです」

女子アナ系の清楚な美女がしっとりと、もてなしてくれるのだ。ロリ系ではなく、学生系でもない。大人の色気を漂わせた女性が、スゴテクを披露してくれる店だと彼は認識しているという。

「何気に嬉しいのは、一度しか遊んでない嬢にも『久しぶりですねー』って顔を覚えてもらえることかな。なんて魅力的な接客をしてくれるのかって素直に感動しちゃいます」

男心のツボもしっかりと押さえているようだ。

学校内で制服の美少女にミチミチ挿入

店名 **RAO学園**

業種 **ソープ**

場所 **熊本 中央街**

熊本下通りアーケードから徒歩５分。

住所 **熊本市中央区中央街6-17**

今回話を伺った店の常連客がほがらかに声を上げた。

「熊本の学園系ソープの最高峰といえばここです。嬢のレベルが文句ナシなんで」

最高峰というか、学園系ソープはたしかここだけなのでは？

「はい、熊本で唯一の学園系ソープですが、女の子のレベルが他の店とは段違いに高いんです。だから最高峰と」

なるほど。

「ここ、プレイルームが学校の教室みたいになってるんですけど、そこで制服の美少女にミチミチ挿入していく危ない感覚は、ちょっと他では味わえません」

ただ、熊本のソープランドなのに熊本流（次ページ参照）でないのが残念極まりない。

基本料金

60分	33,000円
70分	38,000円
80分	43,000円
90分	45,000円
100分	50,000円
110分	55,000円
120分	59,000円
150分	76,000円
180分	90,000円
240分	120,000円
300分	155,000円
延長10分	6,000円
会員証	1,000円

熊本に本格的がくえんソープ開校
RAO
ラオウ学園
SCHOOL
お電話お待ちしてまーす☆
RAO SCHOOL
当サイトは風俗コンテンツを含んでいます。18歳未満または高校生のご利用はお断りいたします。
Enter
Leave

店名　**なし**
業種　**熊本流の小レッスン**
場所　**熊本のソープ**

ナマ中かナマ外かはマークで教えてくれる

また投稿が届いたのでご紹介する。とりわけ、ソープ嬢へのナマ中出しが大好きな方は目をかっぽじってお読みいただきたい。

熊本のソープは「熊本流」と言いまして、生本番が主流です。ナマ中（NN）かナマ外（NS）かは嬢によって変わってきまして、HPのプロフ写真に「N」「NS」「熊本流」などのマークをつけてわかりやすく教えてくれる店もあれば、電話で問い合わせないと教えてくれない意地悪な店もあります。ケチケチしないで公表すればいいのに。

せっかく熊本に遊びに来たなら、ぜひ体験して帰ってください。

なんでこんな良い子がフーゾクに？と思える美女がわんさかいます

店名　摩天楼～MATENROW～鹿児島

業種　デリヘル

場所　鹿児島 天文館

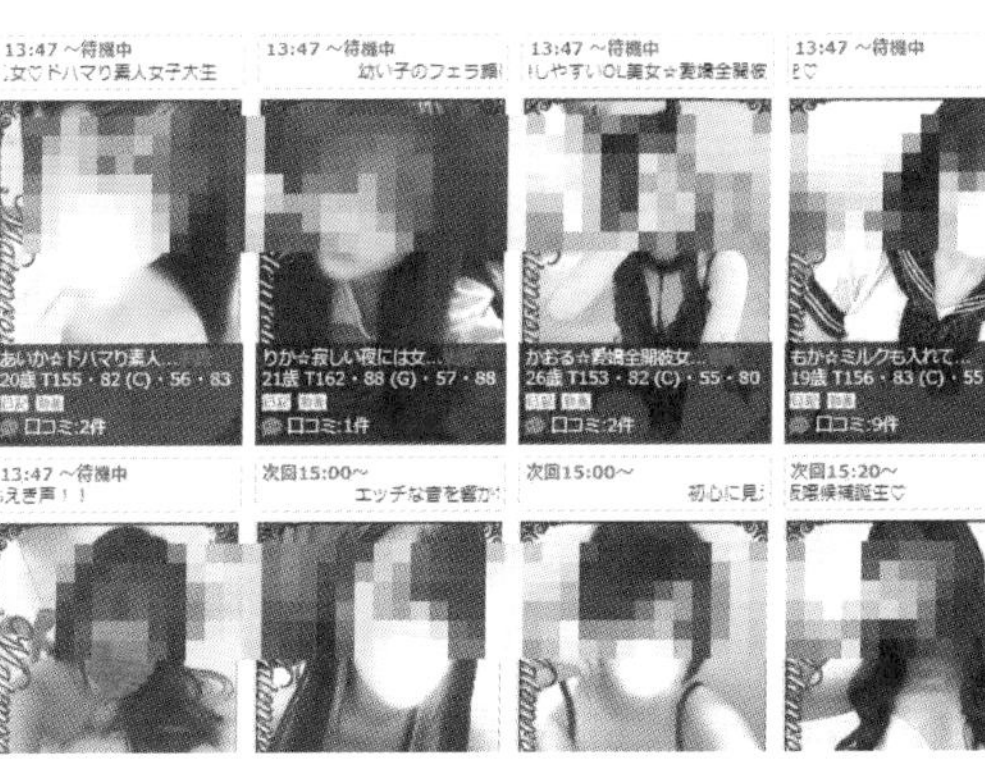

店の常連客がのっけから言い切った。

「ここは鹿児島でイチバンの名店です。女の子もカワイイ娘ばかりだし、ルックスだけじゃなくて、愛嬌のある娘もやけに多いんです。完璧じゃないですか？」

そんな理由を出されたら納得する以外にない。

「たとえば僕のオキニは肌が透き通るように白くて、スタイルもいいんですよ。顔も某アイドルに似てて、気遣いもちゃんとできるし。だからいつも不思議な気分になるんです。なんでこんな良い娘がフーゾクに？って。まあ、いろいろ事情はあるだろうから、詳しくは聞きませんけど」

最後に、彼はこう締めた。

「断言してもいいですよ。その辺のデリヘルに行って後悔するくらいなら、最初からここで遊んどけって。ここは本当に間違いないですから」

それだけ自信満々に言われると、試したくなってきた。東京から鹿児島はかなり遠いけれど。

基本料金

摩天楼クラス（一定水準を満たした嬢）
60分 13,000円／**75分** 16,000円
90分 19,000円／**100分** 22,000円
120分 28,000円
延長30分毎 8,000円
延長60分毎 16,000円

プレミアムクラス（最高水準を満たした嬢）
60分 15,000円／**75分** 18,000円
90分 21,000円／**100分** 24,000円
120分 30,000円
延長30分毎 9,000円

スタンダードクラス（採用基準を満たした嬢）
60分 11,000円／**75分** 14,000円
90分 17,000円／**100分** 20,000円
120分 26,000円
延長30分毎 6,000円

指名 1,000円／**本指名** 2,000円
自宅派遣 1,000円／**チェンジ** 2,000円
キャンセル 4,000円

アナル舐め、ディープスロート、玉舐めの各名手が控えるソープランド

店名 **千姫 御殿**

業種 **ソープ**

場所 **鹿児島　甲突町**

路面電車「新屋敷」停留所から徒歩3分。

住所 **鹿児島市甲突町8-19**

ここは数少ない鹿児島のソープの中でも人気店として認識されている。嬢のメイン層は20代。キレイどころがそろっており、清楚系、ロリ系、モデル系などありとあらゆるタイプの嬢が在籍しているんだそうな。

店の常連客が言う。

「ここは他のところより割高だけど（60分2万5千円）、その分、テクニシャンが多いのが気に入ってます。僕はいつも初めての女の子となるべく遊ぶようにしてるんですけど、この間なんかアナル舐めが異様に上手い娘に当たって、声が嗄れるほど絶叫しちゃった。あまりにも気持ち良くて」

アナル舐め以外では、彼の知る限り、ディープスロートやマットプレイ、さらには玉舐めの名手などもいるという。各名手にお相手をしてもらいたい方はぜひ。

基本料金

60分　25,000円

※基本、60分コースのみ。
もっと長いコースを
希望する場合は要問合せ

店名 **なし**

業種 **ソープ**

場所 **沖縄 那覇**

沖縄のソープは24時間営業だから真夜中でも一発ハメられます

沖縄は南国らしく、いろいろとおおらかなイメージがあるが、それはソープランドも例外ではないんだそう。

高知在住の遊び人が言う。

「実は沖縄最大のソープ街『辻(つじ)』では、24時間オープンしているお店も少なからず存在しています」

おっと、それは初耳だ。

「もともとソープランドは、風営法の関係で、深夜0時までしか営業できません。でも辻に至っては、全30軒のソープのうち、その半分近くが、密かにオープンしているんです」

ならば、どうやって営業中のソープを見つければいいのか？

「もちろん、どこも看板の明かりを落としているので、風俗案内所のニーちゃんに聞いてみましょう。僕の場合は、深夜3時に若いころの宮里藍によく似た沖縄美人さんと遊べちゃいましたよ」

沖縄っ娘にヌイてもらいたいなら メンエスに向かうべし

店名 **なし**
業種 **メンエス**
場所 **沖縄 那覇**

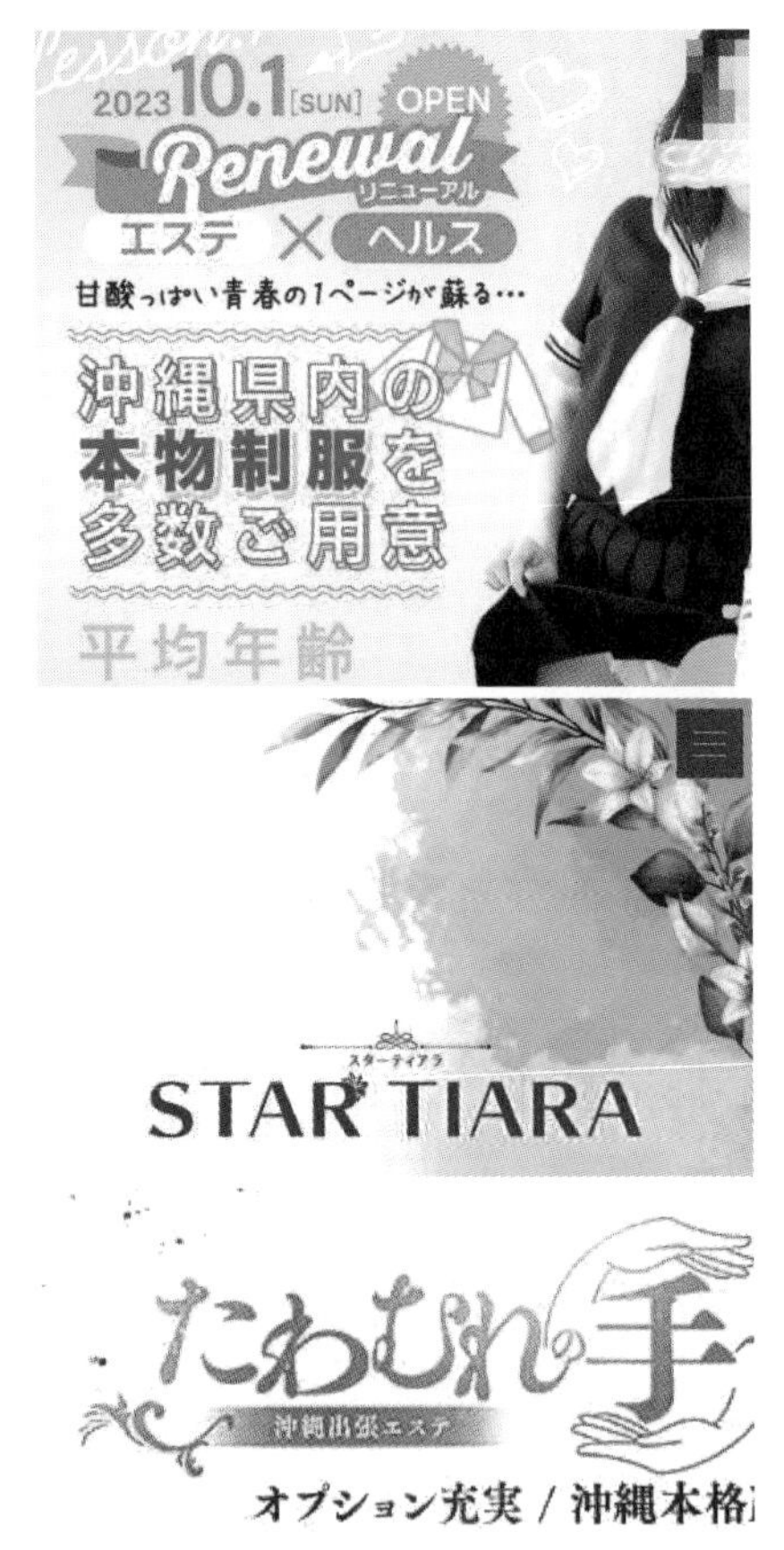

沖縄で地元民にサクっと抜いてもらうなら、普通の風俗店ではなく「メンエス」を利用すべきだ。

その理由を山形在住の遊び人に説明してもらうとしよう。

「実は沖縄にはピンサロの類が一つもなく、その代わりにメンエスやアロマ店の多くで、ヌキありがデフォルトになっているのです」

しかもソープやデリとちがって、本土からやって来た出稼ぎ嬢がほとんどおらず、従業員は地元の子ばかりらしい。

「こんがり日に焼けたウチナンチューからマッサージを受けたあと、口や手でシッポリ抜いてもらう。これぞ沖縄の夜の歩き方です」

上野オークラ劇場

しゃぶられる女装子たち

リポート 佐藤正喜 裏モノJAPAN編集長

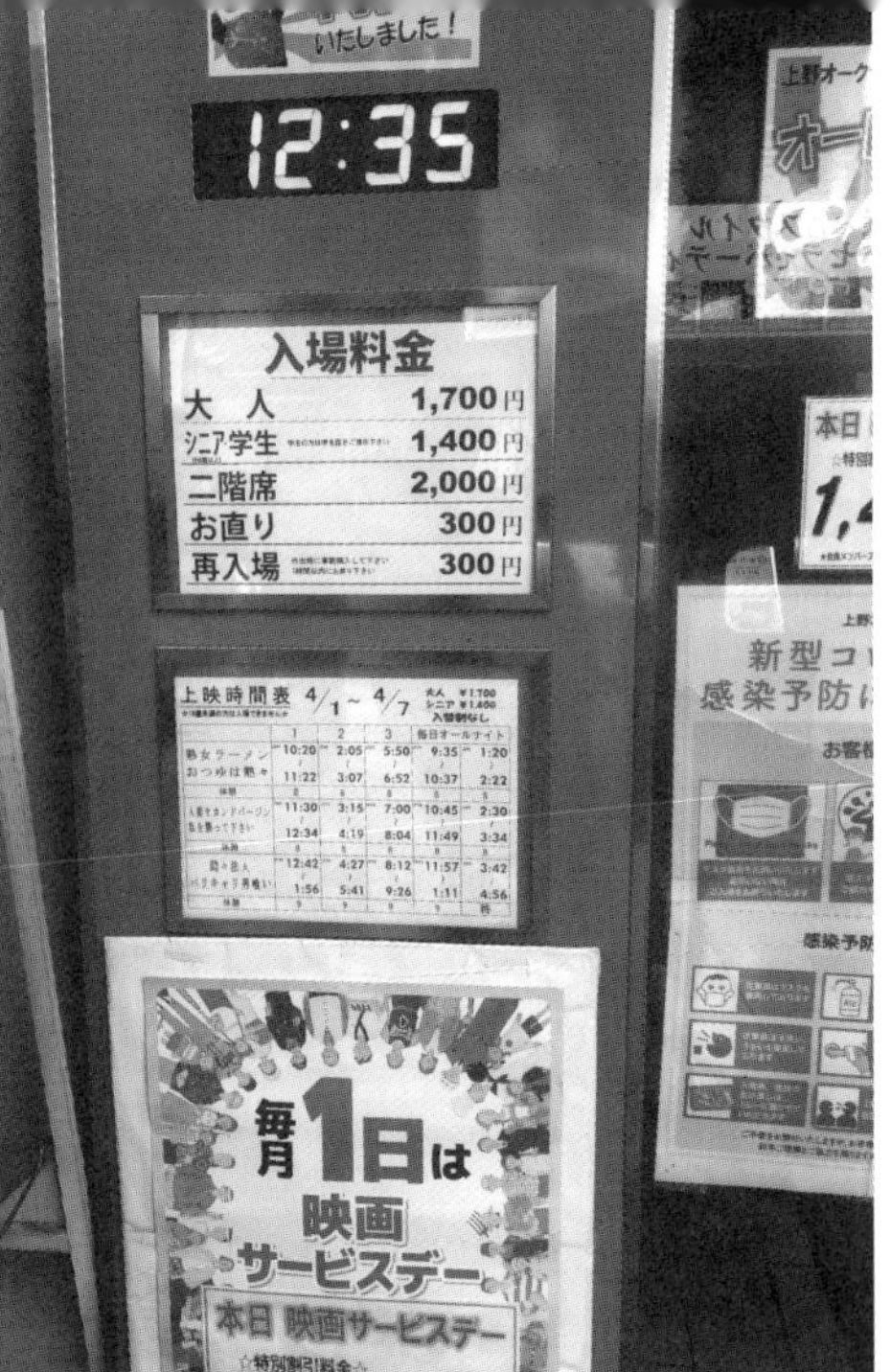

いったん外に出たいときは、再入場の300円券を買う

2階は常にエキサイティング

今回、案内するのは、上野の成人映画館「オークラ劇場」だ。

場所は上野公園の南のはじっこ、不忍池のすぐそば。ま、詳しくはググってください。

先日、久しぶりに私も訪れたので、そのときの模様を報告しながら案内するとしよう。

まず入場料は大人1700円。これで一日中、館内にいられる。一本だけ観たら強制的に追い出される一般映画館にくらべて、いかに安上がりなヒマつぶしか。

一日中いるヤツなんておるかい！　とツッコミが聞こえてきたが、いるんですここには。

ただし長時間遊ぶために必要なのは、追加300円で買える2階券だ。さきほどの1700円で入れるのは、映画館の1階部分のみ。プラスで300円券を買って初めて2階にも入れるルールになっている。2階は常にエキサイティングなので楽しみやすい。この追加投資は惜しまぬように。

ではまずは1階を探索しよう。現在、正午すぎ。1階ロビーのソファにはおっさんが3人ほど座っていて、すみっこの喫煙所にも1人。映画館に来て映画も見ないで何してるんでしょうか。

トビラを開けて、上映館内へ。スクリーンではポルノ映画が流れている。

客席は2割ほどの埋まり具合で、みんなバラバラに座って、静かに鑑賞中だ。

私も後ろの方の座席に座ってみたが、べつに何が起きるわけでもない。淡々と映画が進むだけだ。座席でシコってるおっさんぐらいはいるかもしれないが、そんなのどうでもいい。

階段で2階へ

何かが起きることを期待するなんて、映画館のマナーとしてはおかしい。でも、ポルノ映画館とは全国的にそういうものである。

女装子の太いチンコを美味しそうに

やはり向かうべきは2階だ。ロビーに出て、300円券を買い、奥の階段を上る。

階段を上りきって2階ロビーに到着。ソファには女装

脚がキレイなのでオンナかと思ってしまうが

したオカマが座っている。つやつやしすぎたウィッグに、独特のメイク。どの角度から見てもオカマだ。

そう、ここ2階は、われわれ男が、女装子と楽しむ場だ。楽しむと言われても困るだろうが、べつに騙して連れてきたわけじゃないですよ。もうしばらく一緒にフロアをうろつきましょう。

オークラルールでは、2階には本物の女性は上がれないことになっている。なのでここで見かける、もしかしてオンナかも？　と思える人たちも全員オトコである。どれほど美形でどれほどスタイルが良かろうとも。

ではドアを開けて中へ入ろう。

後ろの通路に女装子が立っていて、2人の男が両脇からチカンしている。どういうわけか、後ろの通路での立ちプレイは、ここではよく見かける光景だ。

前の方の座席に人だかりが見える。行ってみよう。

ちなみに映画上映中とはいえ、通路をいくら堂々と歩いても文句は言われない。

人だかりの中心にいたのは、席に座る1人の女装子だった。隣のオッサンが唇にキスをし、反対のおっさんは乳首を吸い、そして座席前にひざまずいたオッサンが、女装子の太いチンコを美味しそうにしゃぶっている。

「あ〜、あ〜」

女装子のオンナ声、つまり男が女の真似をしたアエギ声が周囲にひびく。

女装子はぞくぞくと2階へ

1階ロビーにも女装子はいる

こういう世界に興味がない人も、ちょっと不思議な気持ちになるはずだ。私も関心はないはずなのに、スタイルのいい女装子がチンコをしゃぶられてる光景を目にすると、なんとなくアリな気分になってくる。この場の誰に感情移入してるのか自分でもよくわからないが。

「触ってもらえるだけでありがたいと思わなきゃ」

中央付近にも、髪の長い客、すなわち女装子が座っていた。薄暗いなりに身ぎれいに見えるのだが、周りにはだれもやってきていない。もったいない話だ。

隣に座り、初心者を装って小声で話しかけてみる。

「どうもー。初めてなんですけど遊べます？」

「あら、そうなの。私はこっちだけど」

と、指で輪っかをつくるオカマ。金をもらって触らせるという意味だ。

「いくらぐらい？」

「いくらでもいいわよ」

おそらく金額によってサービスが変わってくるのだろ

う。こんな商売もあるんだな。このオカマには金がかかることを知ってるから、男たちも寄り付かないのだ。

　ロビーに出たら、ソファにまた新たな女装子が座っていた。近づいて声をかける。

「さっき、お金欲しいって言われちゃった」

「そんなの殴っちゃいなさい。オカマのくせになに言ってんのよ。触ってもらえるだけでありがたいと思わなきゃ」

　この人のほうがマトモなのかどうかよくわからんが、触ってもらって、しゃぶってもらって、お金までもらおうなんてのはムシのいい話なのかもしれない。

　その後も、この人を含めて数人の女装子が、体をまさぐられてるシーンを拝見したが、自分からチンコをしゃ

意気投合して外出する即席ペア

女性が来るととんでもないことに

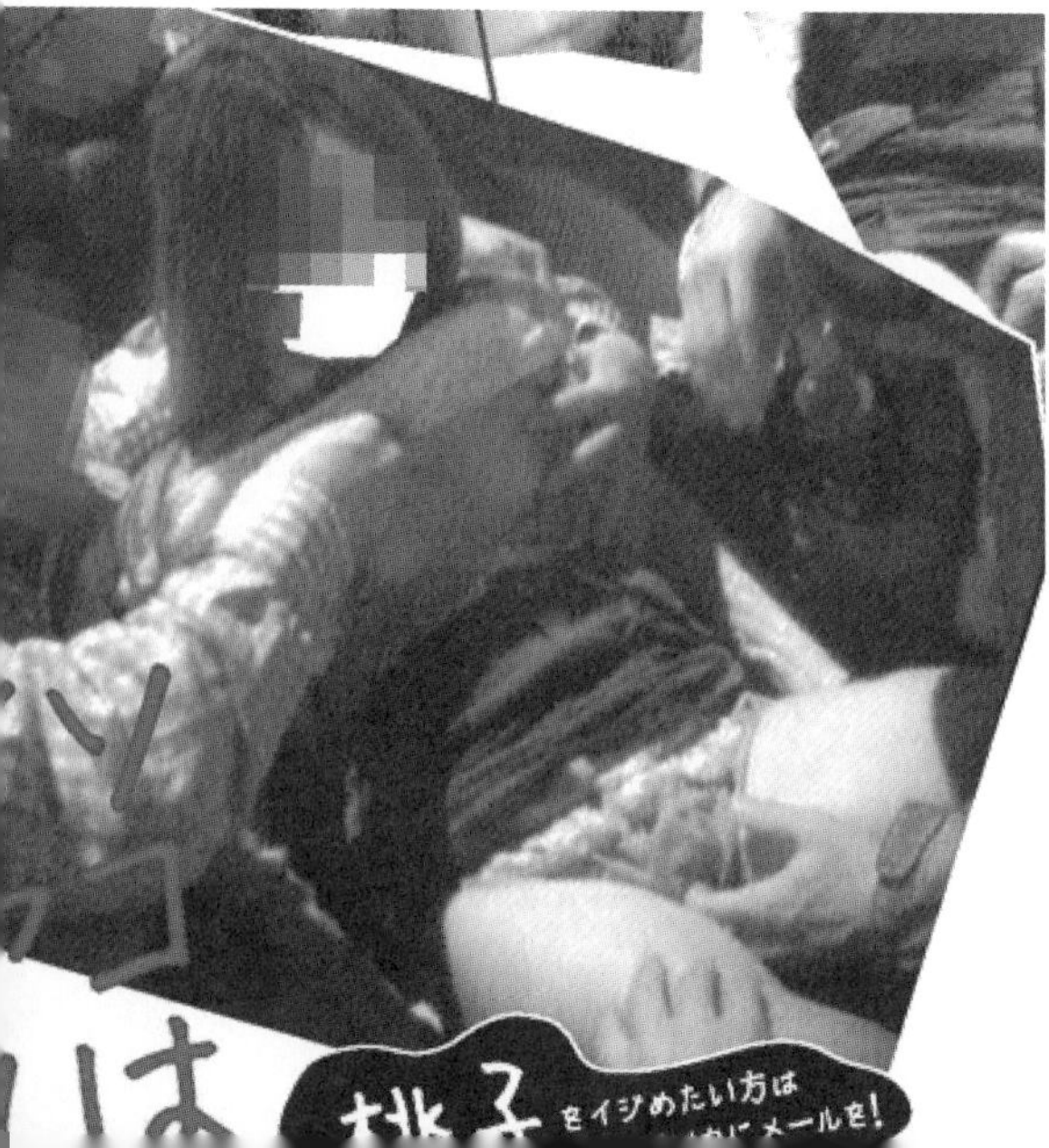

ぶってるのは1人だけだった。他はみんな受け身だ。

まーこれは私なりの考えだが、フェラしてもらうなら多少のお金を払うのもやむなし、するだけなら無料であるべきではないだろうか。（一般のオトコの立場の話です）

イケそうならとことん行く

そろそろ胸焼けしてきたので、1階に下りよう。

1階には、ごくたまに本物のオンナが、男に連れられてやってくることがある。

もちろんそれは調教プレイの一環であって、胸やマン●を露出したり、ある程度はおさわりさせてくれたり、手コキくらいは応じてくれたり。

過去に裏モノ連載のドレイちゃん（正真正銘のオンナ）をここに連れてきたときは、四方八方からおっさんたちの手が伸びてきて、あちこちまさぐられまくり、ドレイちゃんが泣いてしまったこともあった。イケそうならとことん行くのが、ここの客のわがままなところだ。

1階とは、ポルノ映画を見ながら、そういうカップルをひたすら待ち続ける場所だとも言えるのだが、いかんせん、いつやってくるかわからないため効率は悪い。現にいまもカップルはいないし。

その代わりに、とも言えないが、後ろの通路に、素っ裸になったオッサンが仁王立ちになり、小汚いおっさんにフェラされてるシーンに遭遇した。1階はシンプルなホモプレイも行われる場所なのだ。

★

これから行く人は、スリや置き引きが多いことを知っておいてほしい。

あと、睡魔に負けて眠ってしまい、起きたらチンコを触られてた、なんて話もよく聞くのでそれなりの覚悟を。

1、2階とも盛り上がるのは土日です。

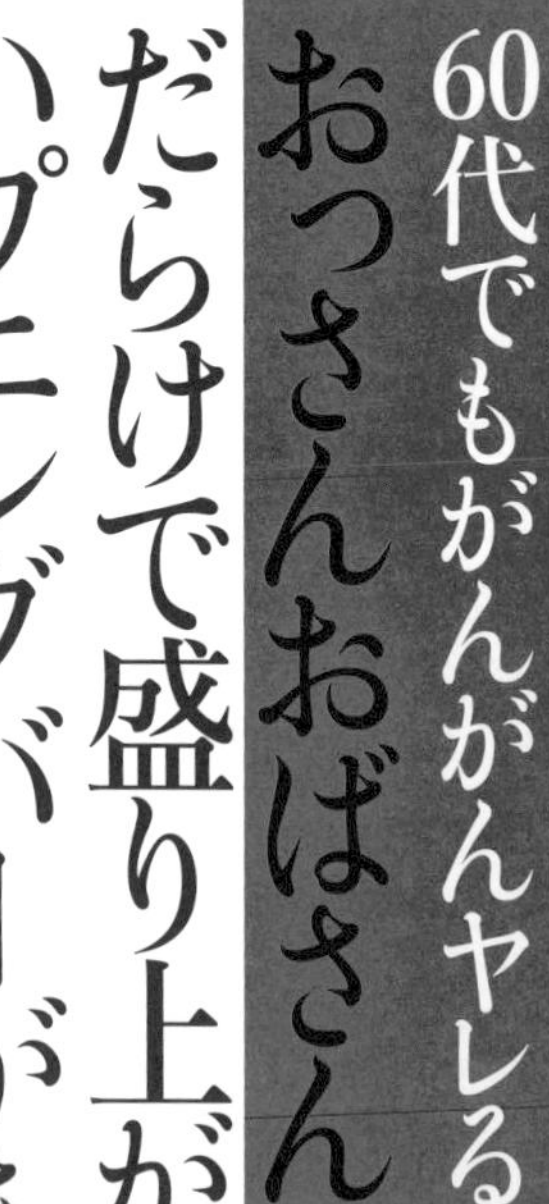
※写真はイメージです

60代でもがんがんヤレる おっさんおばさんだらけで盛り上がるハプニングバーがあった

リポート 久保利通 46才 フリーライター

ハプニングバーの客には、確固としたヒエラルキーがある。その順位は、若い女、オバハン、ニーチャン、そして最後はオッサンだ。

若い美女に冷たくあしらわれ、肩を落とす中年オヤジ。そんな哀愁漂う場面を何度目撃してきたことか。

だから40を過ぎたあたりで、俺もそういう場所にはパッタリ足を向けなくなったのだが…。

吉報が届いた。連日、中年男女だらけで大盛り上がりを見せているハプバーが存在するらしい。場所は都内・御徒町(おかちまち)。上野に隣接するエリアだ。聞き捨てならぬ話である。行かねば!

やはり、噂は本当だったようだ

午後6時。JR御徒町駅で下車し、山手線の線路に沿うように南へ。HPによると、その店「S」は駅から徒歩数分のところにあるらしい。

ぶらぶらと歩きながら考える。Sってどんな店なんだ

>>82
ほんと40後半からの店つくってあげて
20代のカップルですが40、50の図々しいおっさんらが
彼女が嫌がってんのに絡もう絡もうとしてくるから
うざいんだよな

キモイ中年男性の集まりで嫌です。
あと、我が強いおっさんもウザイです。

おっさんはどこでも嫌われがち
(ハプバー掲示板より)

ろう。オッサンオバサン客が幅を利かせてるハプバーなんて聞いたことがない。

かつて俺が遊んでいた新宿や渋谷のハプバーでもオッサン客は見かけたが、若いニーチャンたちの勢いに押され、みな隅っこでつまらなそうにしていたものだ。ハプバーというのは、オッサンが輝けない場所。そういう偏見があるからこそ、盛り上がりの様子がまったく想像できない。

やがて、前方に雑貨屋らしき店舗が現れた。たしか、これが見えたらSに連絡を入れ、誘導してもらう流れなんだっけ。

「すいません、そちらの店に行きたいんですけど」

「いまどちらです?」

「雑貨屋の前です」

「でしたら目の前の路地を…」

まもなく、無事にSへたどり着いた。外観はずいぶん年季の入った一軒家で、パッと見、全然ハプバーっぽさが感じられない。が、木製のドアにはしっかりSの文字が。たしかに、ここで間違いなさそうだ。

しばし、周辺を観察していたところ、見知らぬカップルがふらっと現れ、Sの中に入っていった。男の方は40前半。女も同じくらいの歳ごろに見える。

やはり、噂は本当だったようだ。普通のハプバーではあまり見かけない中年カップルといきなり遭遇するとは。

このジーサン、ちゃんとチン●勃つのか?

インターホンを押すと、ドアが開き、スタッフが顔をのぞかせた。店長らしい。

「中にどうぞ」

ドアの内側は玄関になっており、ここで靴を脱ぐよう言われる。

店長が口を開く。

「おひとりですか?」

「あ、はい」

「4千円になります」

破格の値段設定である。都内のハプバーの料金相場は、

これがハプバーだと？

入場料と入会金を合わせて2万円ほどだ。おそらく、このあたりもSが連日賑わっている理由のひとつなんだろう。コミコミ4千円なら、たとえ女とハプニング（セックス）が起きなくても、あきらめがつくわけで。

店長に案内され、2階へ。そこは広さ10畳ほどのバースペースになっており、壁にはずらりとロッカーが。どうやらSでは、このスペースを拠点にして遊ぶ仕組みになってるらしい。

それはさておき、ビックリしたことがある。男性客の顔ぶれについてだ。40代半ばが2人、50代前半がひとり、さらに60代をすっ飛ばして70代にしか見えない痩せたご老体もひとり…。客が中年オンリーのハプバーだなんて初めての経験である。

にしてもこのジーサン、ちゃんとチン●勃つのか？

そもそも、その年齢で性欲がまだあることに驚きを禁じ得ないんだけど。

呆気に取られていると、3階の方から笑い声が聞こえてきた。先ほど見たカップルだろうか。

店長に断りを入れた。

「あの、上の階に行ってみてもいいですか？」

「どうぞ、ご自由に」

彼によると、3階は談話室になっており、さらにその上の4階がプレイルームだという。では様子を見に行くか。

白髪交じりのオッサンにズコズコ

3階の談話室ではカップルを中心に男性客が8人ほど輪になっていたのだが、ここでまた、俺は軽いショックを受けた。8人全員が40代以上なのはいいとして、そのうちのひとりが、軽く60は越えてそうなジーサンだったのだ。よほどカップルとの会話が楽しいのか、満面の笑みを浮かべている。

女もいた。年は40代後半くらい。言動から察するに、単独で来店した常連客と思われる。

体型がスラっとしてルックスもそこそこだったため、すかさず声をかけてみたものの、ガン無視されるハメに。確実に俺の声は聞こえたハズなのに、知り合いらしき他の男性客としゃべり続けている。なんて感じの悪い女だ！

その後、とりとめのない雑談が30分ほど続いたところで、カップルの男が面白い提案をした。

「彼女に目隠しして、みんなで順番に挿入しませんか？」

すかさず隣りの彼女に視線を移す。

「複数でハメるから、何番目が俺のチン●だったか当ててみてよ」

「やだ、何それ～」

AVでよくある、彼氏のチン●当てゲームをやるよう

※写真はイメージです

だ。

ドッと場が沸いた。

「それいいねえ、楽しそう！」

彼氏が参加者を募り、6名が手を挙げた。むろん、俺もそのうちのひとりだ。

全員で4階のプレイルームへ移動する際、彼氏に呼び止められた。

「ねえねえ、まだシャワー済んでないよね？」

「あ、はい」

「いや、シャワーも浴びてないのに参加とかあり得ないっしょ」

「ですよね。すぐ浴びてきます」

「うぃーっす」

女を提供してやってるとの意識が働いているのか、やけに上から目線の態度が鼻につく。ま、言ってる内容は真っ当だし、素直に従うんだけどさ。

大急ぎでシャワーを浴び、4階のプレイルームへ。すでにゲームは始まっており、マット状の床に寝転んだ全裸の女が、白髪交じりのオッサンにズコズコされてる。服を着てるときは気が付かなかったが、なかなか肉感に溢れた魅力的ボディだ。いいねえ。はやく俺も入れたい！

60代ジーサンがエネルギッシュに腰を

彼女のそばには彼氏の他にもうひとり、男性客が控えていた。トッチャン坊やみたいな外見の50代男で、口うるさく場を仕切っている。

「はい、次の人。ほら早くして、彼女さん、待ちくたびれちゃうじゃん」

この手の男は、ハプバーにおいて決して珍しくはない。カップル客に媚びを売り、あとで自分だけちゃっかり女を抱かせてもらおうとしているのだ。その必死さが逆に笑える。

話をゲームに戻そう。挿入といっても、ひとり10回ほど腰を振れば交代なので、すぐに自分の番がやって来た。コンドームを被せたチン●を膣口に引っかけて、ゆっくり押し込むと、ヌルンと入っていく。挿入部を触った手にはベッタリと愛液がつき、彼女のコーフン具合を如実に示しているかのようだ。うーん、エロい。

感度もなかなか良かった。

「あ、あ、うん、気持ちいい」

しかし、これからというときに無情にも交代のお告げが。

「ほら、もう終わりだから、つぎの人と替わって」

トッチャン坊やに命じられるまま、チンコを抜く。と、背後で人の気配を感じた。ん、誰だ？

振り返った先では、先ほどの常連女と60代ジーサンが正常位の体勢でまぐわっていた。バチンバチンと肉の音が響くほど、エネルギッシュに腰を振っている。

興味津々でその様子を見守っていると、やがてジーサンの動きが止まった。どうやらフィニッシュしたらしい。スッキリした表情で部屋を出ていこうとするジーサン。思わず声をかけてみた。

「失礼ですけど、下半身、めちゃめちゃお元気ですね」

爽やかな笑顔が戻ってきた。

「うんうん。この歳になってもさ、勃ちだけは若いころとまったく変わらないんだよね」

すげー。

いかついオッサンが女の尻に指を挿入

バースペースに戻ると、また新たなカップル客が来店していた。〝まん防〟(22年2月当時)が発令されている状況だというのに、大した客入りだ。

改めてカップル客に注目する。男は50オーバーの土建屋の社長のようないかつい風貌だが、女の方はかなり若く、ギャルっぽい服装をしている。下手すると、ギリギリ20代かも。

相当な酒好きなのか、土建屋は強めのハイボールを何缶も空にしたあと、ギャルを伴って談話室へと消えてい

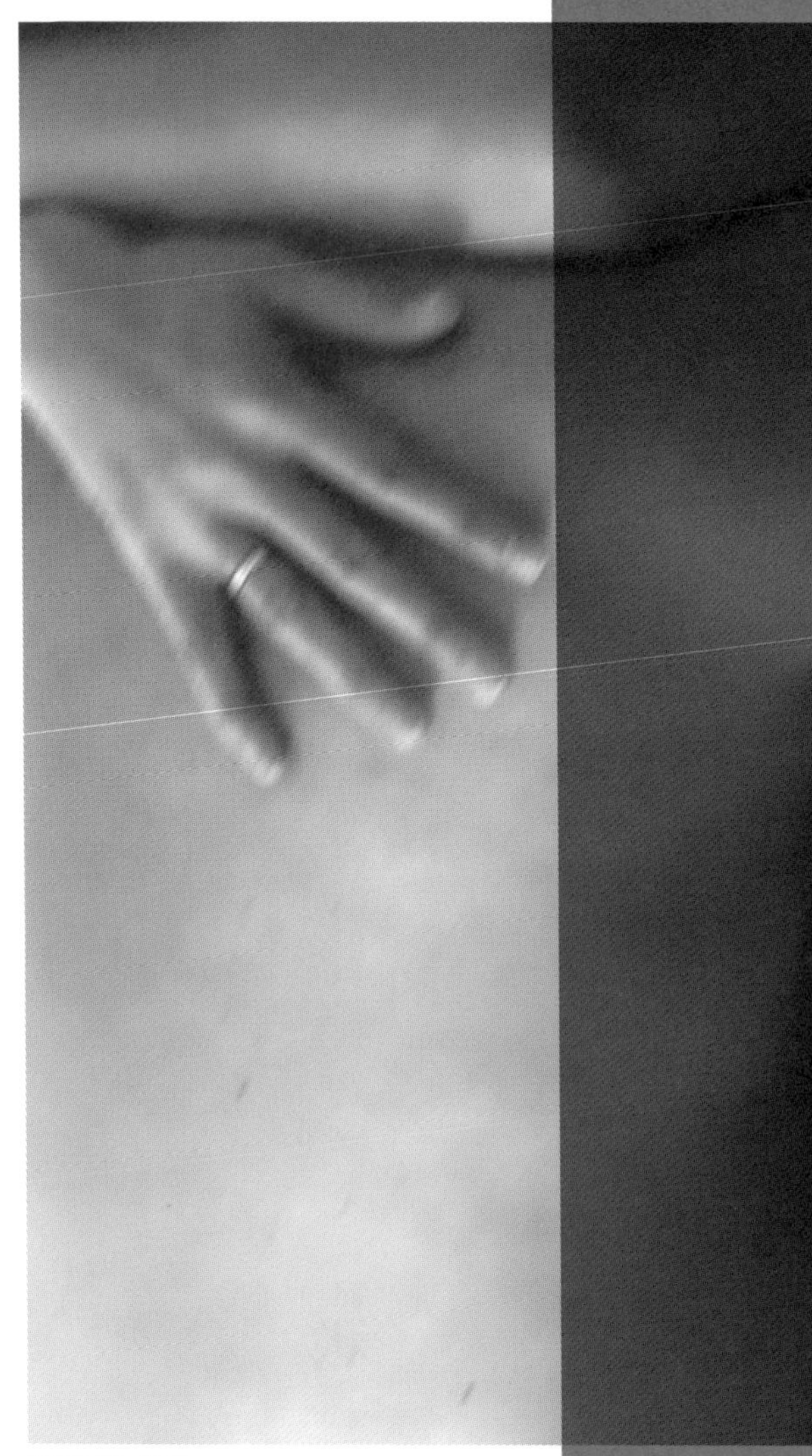

※写真はイメージです

った。その後ろを俺を含めた男たちが、ゾロゾロとついていく。

談話室の床に腰を下ろすと、土建屋が居並ぶ男たちの顔を見ながら、バチーンとギャルの尻をぶっ叩いた。

「こいつ、めっちゃドMなんですよ」

誰かが質問する。

「もしかして普段から彼女さんを調教してるんですか？」

「ですね。今日もここに来る前、がっつりイジメてきましたよ。こいつ、アナルが大好きで」

土建屋がギャルのズボンを強引に脱がせると、ぷりんぷりんのエロ尻が現れた。彼女は嬉しそうに「いやん」と笑っている。

さらにパンティまで剥ぎとった土建屋は、おもむろにコンドームを2本の指にはめ、彼女のアナルにねじ込んだ。

土建屋がギャルの耳元でねちっこくささやく。

「これ、好きなんだろ？」

「うん、超ヤバい…」

いかついオッサンが女の尻に指を挿入し、その様子を食い入るように凝視する10人以上のオッサンやジーサン。

しばらくアナルをホジホジしていた土建屋だが、ふいに指を抜き、隣にいた俺に話しかけてきた。

「よかったら、オニーサンも指入れてみます？」

「え、いいんですか!?」

直後、聞き覚えのある声が耳に飛び込んできた。

「ついでに俺もいいですか？」

誰かと思えば、例のトッチャン坊やが、後ろでスタンバっている。すでにコンドームを指にはめて。なんじゃコイツ、またしゃしゃり出てきやがって！

これには土建屋も失笑するしかない様子。

「あは、なんだ、もう準備してたんですね。じゃどうぞどうぞ」

図々しいトッチャン坊やに割り込みをされた形となったが、それだけこの店は、オッサンが気兼ねなく楽しめる場所とも言える。それにしても、ここの客って、みんな活き活きとしてるなあ。

★

男性客は常連が大半。さらに内輪ノリな傾向もやや見受けられるし、若い女性客もほとんど来ない。しかし、そこさえ気にならなければ間違いなく、中年男性のパラダイスだと保証する。

大阪・新世界の映画館には『談話室』という名の乱交ルームがあります

リポート・高橋義男（仮名）　45才 大阪府在住

漫画 子原こう

大阪の新世界
といえば
日立ーTソリューション
飲食店が軒を連ねる
観光地だが――

変態たちが集まる
エロスポットも存在する

みなさん
はじめまして
私、大阪在住の
変態オヤジで
ございます

今日はこのスポットを
紹介させてもらいます

新世界 東映
ポルノ映画
日劇
シネマ
日劇
ローズ
2F
日劇
通天閣の目と鼻の先にある
映画館「日劇会館」だ

ポルノ映画
日劇
シネマ
日劇
ローズ
俺の目的は
映画じゃありません

日劇シネマ 上映中
ではご案内
しましょう

まずは必ず「日劇シネマ」のチケットを購入
入場券
TICKET

おっちゃん！談話室行くわ！
はいよ〜

ウィーン

ギィ…

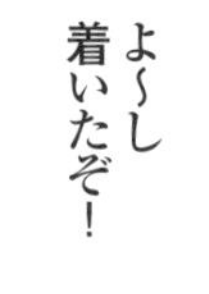
よ〜し着いたぞ！

「談話室」とは……

常連しか知らない休憩スペースのこと

まだ女は来てへんな…

ふう

ガチャッ
誰かキタっ!

ども~

あ、ども!
ああ、久しぶり~

おお!
いつものオバチャンだ!

サワ サワ
あん!ちょっともう!

ええやろ~?

まあええけど~

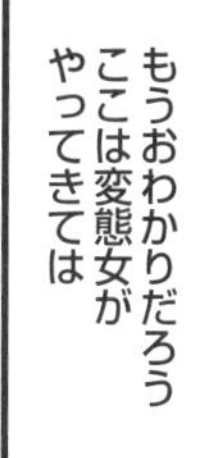
もうおわかりだろう
ここは変態女が
やってきては

露出やプレイを楽しむ
世にも珍しい空間なのだ
失礼
しま～す
あん、気が
早いな～

このオバチャンは常連で
週2日くらいは
触られにやってくる
ああ……

もうこんなん
なってるわ

ちょっとシゴてえや
あん

お、俺もっ！
スコスコ
スコスコ
これじゃ手が
足らんわ～

もうしゃあないな～
こっちもや！

しゃあないな～

パクッ

スコ スコ スコ スコ
たっ…
たまんね～
スコ スコ スコ スコ スコ
ぢゅぽ ぢゅぽ
ぢゅぽ ぢゅぽ

あっ、あっ、あっ
で、出る！

はううっ！
ドピ
ピピピ！

次はこっち舐めてくれ！
ワシが先や！
はぁ～気持ちよかった～
これだけでもビックリだが「談話室」のスゴさはこんなもんじゃない

夜9時を過ぎると
客が増えてくる

そろそろ誰か来ても
ええんやけどな～

ガチャッ
おっ！
来たぞ！

こんばんは～
げえっ
女装か～

ポルノ映画館という場所柄
女装子が数多くやってくる

女装した
男に
興味はない
俺は
女狙い
なのだ！

こんばんは……
キター！
結構美人な
カップルやんけ！

土日週末の1日粘れば
最低でも1人は
素人女がやってくる
ども～

ちょっとそこに並んで
手を出して
シュッ シュッ
はい これ使って
彼氏の指示は絶対なのだ
俺はそこで見てるんでメチャクチャにしてください
あ……
ああん……
んん……んん……
んっ、んっ

くぅ～
もう我慢
できんわ！
カチカチャ
ビン！

ピリッ

クルクルクル

あの、俺
いいですか？
いいですよ

グッ

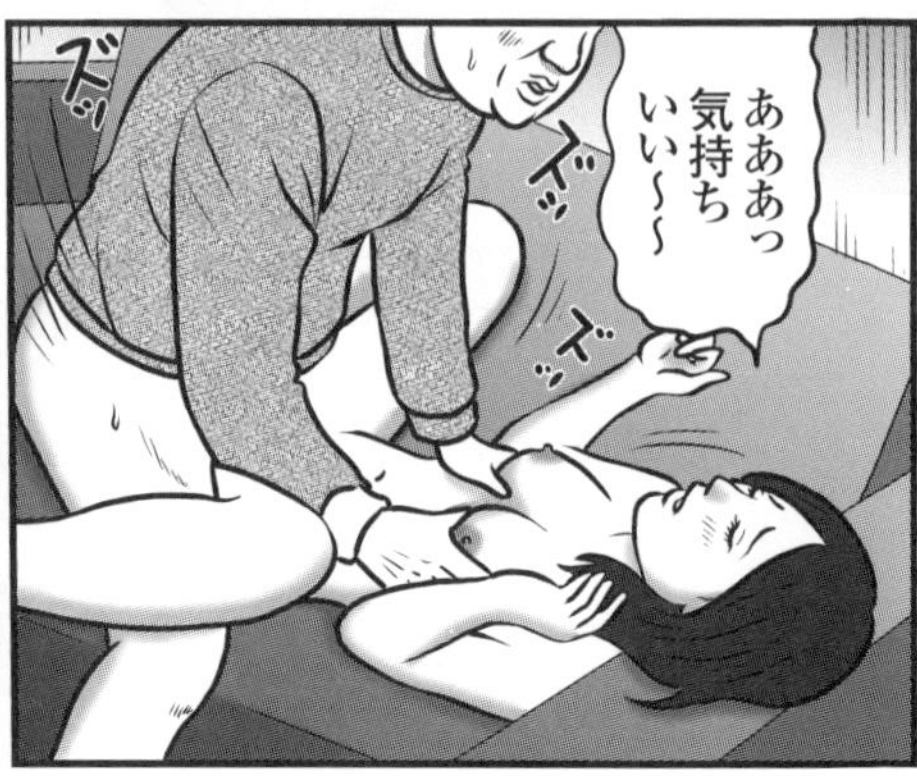
あああっ
気持ち
いい～～
ズッ
ズッ
ズッ

あああん！
あああん！
ズッ
ズッ

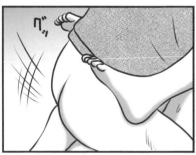

ハプバー顔負けの
大乱交である
ズッ
ズッ
んんん〜〜！
んっ！
んっ！
ズッ
ズッ
あああ
イ、イクッ！

あああっ！
あああ〜〜！
ドピピピ！
あああ！
イクぅ〜！

は〜
は〜

出したら
はよどけや！

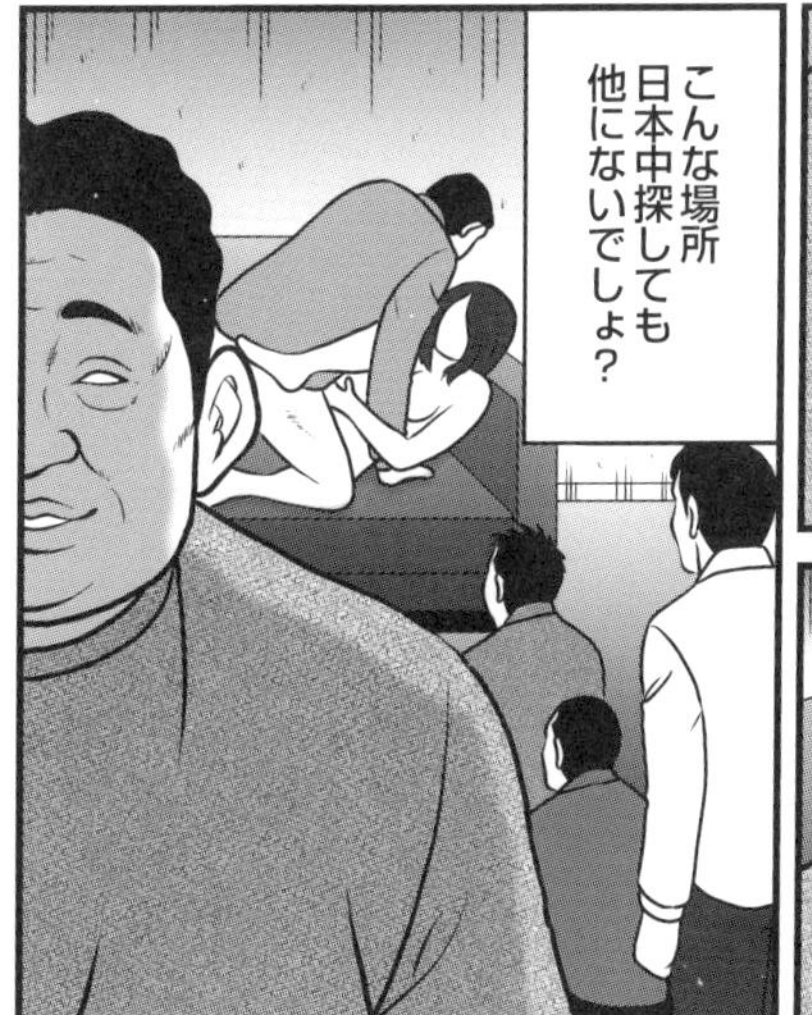
こんな場所
日本中探しても
他にないでしょ？

全国フーゾク街の歩き方

2023年11月27日　第1刷発行

著者　裏モノJAPAN編集部 編
発行人　尾形誠規
編集人　藤塚卓実
発行所　株式会社　鉄人社
〒162-0801 東京都新宿区山吹町332 オフィス87ビル3F
TEL 03-3528-9801　FAX 03-3528-9802
http://tetsujinsya.co.jp

デザイン　鈴木 恵（細工場）
印刷・製本　株式会社 シナノ

ISBN978-4-86537-265-6　C0026

本書へのご意見・ご要望は直接、小社までお願いします。